王元化
著作集

思辨随笔

王元化 著

上海书店出版社

《思辨随笔》签售会

王元化像

出版说明

王元化（1920.11.30—2008.5.9），湖北江陵人。著名学者、思想家、文艺理论家。号清园，曾用笔名洛蚀文、方典、函雨等。他从二十世纪三十年代开始写作，在漫长的学术生涯中，发表了多部作品。他对《文心雕龙》的解读，对五四启蒙思想的剖析，对卢梭"公意"的追问，他整个思想历程的"三次反思"等，都对当代思想学术产生了深远影响。他"不降志，不辱身，不追赶时髦，也不回避危险"的精神风骨，亦成为后学追慕的楷模。为了更好地传播王元化先生的思想学术，传承其精神文脉，更加完整地展现先生个人的观察、思考、认知与研究，我们此次以精装本形式推出"王元化著作集"，集中呈献给广大读者，谨以此表达对先生最真挚和最深切的纪念。

二〇二二年十月

目 录

序 1

一　文化传统构成四要素 1
二　态度与思想 2
三　功利主义之争 3
四　道德继承 5
五　时代与理念 8
六　游民与游民文化 11
七　抽象继承法 12
八　再谈"五四" 13
九　中体西用 15
一〇　知识结构的整体 17
一一　体改与启蒙 18
一二　尚同 19
一三　鸦片战争时的抗英人物 21
一四　毛泽东与文化传统 23
一五　鲁迅与太炎 26
一六　再谈鲁迅与太炎 28

一七　胡适论清学 31

一八　谈胡适之学 32

一九　鲁迅与周作人 35

二〇　摆脱依附　找回自我 36

二一　"一切都不会白白过去" 36

二二　把病"表"出来 38

二三　"文革"批孔 39

二四　曲笔构陷 40

二五　理论准备不足 42

二六　中国农民特殊论 43

二七　"横以孤" 44

二八　不拘一格降人材 46

二九　"蛆虫儒"与"蛆虫僧" 48

三〇　阴鸷反噬之术 49

三一　"告奸"与"除阴奸" 49

三二　牛马、豺狼、鹰犬 52

三三　权术举例 53

三四　书狱妙喻 54

三五　嚼饭与人徒增呕秽 55

三六　南朝的士族与庶族 56

三七　奉朝请 58

三八　扶桑不是日本的旧称 59

三九　扶桑为东方理想国说 61

四〇　《中国通史简编》的误译 …… 63

四一　达巷党人 …… 65

四二　释"无所成名" …… 66

四三　孔子与射御 …… 67

四四　子见南子的行为准则 …… 69

四五　子见南子合于礼说 …… 71

四六　释孔子矢词 …… 73

四七　释物 …… 75

四八　达名、类名、私名 …… 79

四九　三才说 …… 80

五〇　矛盾论与治不逾官说 …… 80

五一　三教治道说 …… 82

五二　玄学再估价 …… 83

五三　早期传入的因明学 …… 85

五四　译经理论 …… 85

五五　钟会四本论 …… 87

五六　驳己亥出都仓皇可疑说 …… 88

五七　佛窟寺为梁徐庆造 …… 90

五八　《学隶图跋》钩沉 …… 91

五九　《纵难送曹生》…… 92

六〇　对观众的虚伪的服从 …… 94

六一　狗儿爷与农民意识 …… 95

六二　学术良心 …… 96

六三　谈浮躁 ……98

六四　文化交流 ……100

六五　需要纠正的一种学风 ……101

六六　综合研究法 ……102

六七　研究方法与说明方法 ……103

六八　原则与原则的运用 ……104

六九　由抽象上升到具体 ……105

七〇　简单化 ……107

七一　氢氧碳不等于肉 ……109

七二　哲学史上的一种提法 ……111

七三　摆脱阶级观点局限 ……112

七四　谈诠释 ……114

七五　重共性轻个性 ……115

七六　形式逻辑 ……116

七七　知性概念 ……117

七八　感性——知性——理性 ……118

七九　知性的分析方法 ……119

八〇　知性在一定范围内的效准 ……120

八一　知性是理性认识的一个环节 ……121

八二　费希特的"自我意识" ……122

八三　黑格尔体系 ……123

八四　黑格尔的体系思考 ……124

八五　逻辑链锁 ……125

八六　历史与逻辑的一致性 125

八七　费尔巴哈批判绝对哲学 127

八八　直接判断中的主谓关系 128

八九　康德的百元之喻 129

九〇　专门名词 131

九一　释"道"与"德" 132

九二　《墨辨》与《荀子》的认识分类 134

九三　韩非解老 135

九四　"前识" 136

九五　魏晋的意象言之辨 137

九六　释自然 141

九七　释虚静 141

九八　玄佛并用 143

九九　玄学解《易》与汉儒《易》学异旨 144

一〇〇　三教同源说 146

一〇一　《灭惑论》与梁武帝之学 148

一〇二　王弼何晏《论语注》 150

一〇三　对任继愈道与理说献疑 151

一〇四　梁代玄风复阐 153

一〇五　释慧琳《黑白论》 154

一〇六　刘勰依古文说解《易》 154

一〇七　才性与才气 156

一〇八　"回到乾嘉学派" 158

一〇九　明末将卒骄横 159

一一〇　嘉道两朝士气衰颓 160

一一一　"以理杀人" 161

一一二　六诗与六义 162

一一三　声一无听　物一无文 164

一一四　文章繁简 165

一一五　金圣叹示释弓 165

一一六　"情"和"自我" 166

一一七　韩非并不集法家大成 167

一一八　龚自珍与法家 169

一一九　龚自珍生平行事 170

一二〇　记熊十力 172

一二一　熊十力二三事 173

一二二　谈汤用彤 180

一二三　杨遇夫回忆录 183

一二四　记郭绍虞 188

一二五　与友人书：谈古史辨 191

一二六　与友人书：谈公意及其他 194

一二七　《文心雕龙讲疏》序 198

一二八　日记摘录 202

一二九　《刘岱墓志》 209

一三〇　刘勰世系 211

一三一　刘勰卒年 212

一三二　顾准其人其书……215

一三三　无辩……217

一三四　选言判断……218

一三五　《孔疏》破《郑笺》……219

一三六　生气灌注……221

一三七　陆机的感兴说……222

一三八　善入善出……224

一三九　诗与人为一说……225

一四〇　美在生命……225

一四一　主导的情志……226

一四二　情志A……228

一四三　情志B……230

一四四　情致译名质疑……232

一四五　知性不能掌握美……233

一四六　破"抓要害论"……234

一四七　两种表象……235

一四八　形象思维和理论思维……236

一四九　艺术形象……237

一五〇　形象思维中的个别与一般……238

一五一　驳形象化说……239

一五二　观念性的统一……240

一五三　审美主客关系……241

一五四　破艺术清洗论……243

一五五　美的理念辨析 245

一五六　情况——情境——情节 248

一五七　风格与作风 251

一五八　矫揉造作的作风 252

一五九　风格论的贫困 253

一六〇　风格的主观因素与客观因素 254

一六一　自由与主观任意性 256

一六二　新形式 257

一六三　"不穿制服的将军" 258

一六四　新思潮与新成果 259

一六五　"各领风骚三五天" 259

一六六　垂杨柳和黄花鱼 260

一六七　新的不一定都是好的 261

一六八　圣像艺术 263

一六九　说真诚 264

一七〇　以翻译入文学史 264

一七一　席勒格的讥讽说 265

一七二　柯勒律治谈《理查二世》 266

一七三　撒缪尔·约翰逊的"褒贬格" 268

一七四　谈史密斯《莎士比亚评论集序》 269

一七五　泰纳 272

一七六　莎剧在中国的上演 274

一七七　黑格尔论莎剧的偏见 274

一七八　莎剧不能上演说 276

一七九　忒耳西忒斯式的酷评 278

一八〇　开拓鲁迅研究的领域 280

一八一　斯坦尼不懂契诃夫 282

一八二　批评家对《海鸥》的攻击 283

一八三　意识流 284

一八四　创作的直接性 286

一八五　写真实的厄运 288

一八六　艺术的偶然属性 289

一八七　京剧与戏改 290

一八八　知·好·乐 294

一八九　"义脉不流则偏枯文体" 295

一九〇　文质概念引入文学始于佛经传译 296

一九一　写意传统 297

一九二　从宥情到尊情 299

一九三　反刍 301

一九四　社会和艺术二元标准质疑 302

一九五　艺术思维过程 303

一九六　破创作过程分段进行论 305

一九七　批判者 307

一九八　与友人论学书 309

一九九　日本的《文心雕龙》研究 311

二〇〇　释宰 312

二〇一　释"文成规矩，思合符契" ……313

二〇二　别林斯基与自然派 ……314

二〇三　狂暴的维萨里昂 ……315

二〇四　他从不掩饰自己的见解 ……317

二〇五　车尔尼雪夫斯基与《同时代人》 ……318

二〇六　罗曼·罗兰和他的时代 ……319

二〇七　在孤独中工作 ……320

二〇八　"心的光明" ……322

二〇九　谈卓别林 ……322

二一〇　女性赞 ……324

二一一　《鲁迅传》与传记文学 ……325

二一二　鲁迅的曲折历程 ……326

二一三　人格力量与思想力量 ……327

二一四　哈姆雷特的犹豫 ……329

二一五　巴尔扎克的小说情节 ……330

二一六　果戈理的讽刺 ……331

二一七　《姚尼奇》……332

二一八　《海鸥》与新形式 ……335

二一九　生活吸干了他的生命 ……338

二二〇　庸俗胜利了 ……340

二二一　契诃夫的"小笑话" ……342

二二二　《约翰·克利斯朵夫》……342

二二三　早期讽刺文 ……344

二二四　《京师乐籍说》......346

二二五　文如钩锁　义若连环......347

二二六　汉剧《宇宙锋》......349

二二七　川剧《帝王珠》......351

二二八　秦腔《赵氏孤儿》......354

二二九　《芙蓉镇》的不足......356

附录......358

《思辨短简》序......358

《思辨发微》序......361

序

五年前刊行的《思辨短简》是本书的初版本,那个本子收入短文一百五十三篇,共十五万字。出版不久,即告售罄,一直没有重印。两年前香港出版了经过增订的港版本,书名改为《思辨发微》。今年台湾又以港版本为底本,出版了台湾版本。现在上海文艺出版社出的这个本子《思辨随笔》是重新编定的,较以前有了很大变动,文字经过了修改,篇幅也作了大幅度调整。由最初的一百五十三篇,增至二百二十九篇,其中删去了原初版本和港台本的数十篇,字数则达二十五万言。

这本集子所收的文字,倘从一九四〇年写的《金圣叹示释弓》、《文章繁简》等算起,截至一九九三年止,前后已有五十三年,跨越了半个多世纪。在这漫长的岁月中,世事沧桑,我的思想也经历了不少变化,其中原委决不是一篇短短的序言可以尽其底蕴,只有留待他日有了充裕的时间再来追述。

编纂本书的宗旨和体例,在初版本跋和港台本序中已详,现不赘述,读者自可参阅本书的附录。这里需要说一下的是关于修改旧作问题。我过去是不赞成对旧作加以修订的,近来却有了一些不同想法。我不想像前人一样说"不悔少作"。因为少年时代固然有其活泼的生机和无邪的童稚,但由于盲目热情所导致的痴迷,由于缺乏独立思考所形成的陋见,却是应该向之诀别的。掩饰这些早年出现在自己身上的思想痕迹固然不对,但也没有必要对已经认识到的错误加以珍惜。不管一个人经历了怎样的变化,作为思想史和文化现象的研究,必须保存他在不同历史阶段所呈现的本来面目,而不容加以掩饰或更易。但对于一般读者来说,求知是主要目的,作者应该把自己认为是更好一些的东西奉献出来。

过去我谈到删改旧作问题时,曾按照习惯见解引章太炎为例,这也不大公正。由《訄书》到《检论》,太炎诚然作过多次修订,这是由于他在不太长的时间内经过了急骤的思想变化,而并不是由于他隐讳过去,示人以华衮。一位作者不愿让自己已经认识到的误失再在读者中间流传,这本是人之常情,但我们往往喜欢作过苛之论。从我自己的愿望来说,我也希望自己每一论点都能贯彻始终,永远正确,无奈在荆棘丛生的理论道路上,我却一再蹉跌,有过犹豫,有过彷徨,也走过弯路。不过,我相信细心的读者,仍可从本书中窥见,中国学人纵使历经劫难,处于困境,也还是本着自己的良知,在挣扎、反思、探索……他们并没有趋炎附势,也没有随波逐流。

本书收入了我在六十年代初就开始酝酿的有关方法论的文章,其中《论诠释》、《综合研究法》、《原则与原则的运用》、《由抽象上升到具体》、《知性的分析方法》等,在当时是较早接触这一问题的文字。八十年代大陆学术界兴起了方法论的热潮。那时以在社会科学领域内援用自然科学方法最为突出,有人甚至用系统论等来直接剖析历史,号称新义。这些自命富有开创意义的新观点新方法，一时蔚然成风，形成一股似乎势不可挡的滚滚潮流。对于这股趋新猎奇之风，我开始在钦羡中多少有些茫然，继之是惶惑，终于对它进行了较为冷静的思考。当时的一些想法就写进收入本书的《新的不一定都是好的》和《各领风骚三五天》等文之中。五四时期胡适曾批评中国学术界是"目的热方法盲"，他所鼓吹的科学精神主要就是指方法论。胡适本人在治学上也是吸取了本世纪初美国所盛行的科学实验室精神。这几年我越来越对大陆上那些运用自然科学方法的论著发生疑问。这倒不是受到海外批判科学主义的影响，而是感到自然科学的规律和社会科学的规律很不一样，因此也就很难以前者去解释后者的各种现象。其实纵使在自然科学领域内，倘要通过实验去揭示某种规律，也需要排除干扰，在纯净的状态中进行，那么怎么可以将自然科学方法直接用到性质迥异的社会科学领域中来呢？近读《十力语要》，其中有些话虽针对当时，却也适用于今日。如称："知识之败，慕浮名而不务潜修。品节之败，慕虚荣而不甘枯淡。"这是指一些人对于未经深探的新学新说，徒惊其声誉，震其权威，炫于社会上千百无知者的辗转传说，遂沉迷其中。袭取外人的皮毛，其后果则是毁弃了自己的本性，从而渐渐失去了"独立研究与自由发展之精神"。

十力先生并不是一个食古不化的人。他早就说过东方文化其毒质至今已暴露殆尽。他所关怀的是发扬其中固有的优质。我觉得他对东方文化的认识，甚至比今天一些自命有思想的学者要清醒得多。近年来海峡彼岸一位论者曾对他痛加指摘，措词严厉，甚至夹杂着詈骂。斥他"既骄且吝，好名好胜而又目空四海，时时贪、痴、嗔三毒习气横发而又不知自检"。这使我想到本书所收《忒耳西忒斯式的酷评》一文中所举那种伎俩。我不知道论者是否把具有特色的大批判带到彼岸？十力先生不断修订自己的观点是出于追求真理的热忱，而不是趋承上意，取媚权势，凡熟悉他的人都对此有所理解。但这位论者却别出心裁，判定他于五十年代初删削《新论》，乃是迎合当局反宗教宣传。这真是惊听回视之论。其实，在此以前他早已由佛入儒。我以为他后来在《明心篇》中所说："吾惟以真理为归，本不拘家派。但《新论》实从佛家演变出来。"这几句话道出了他在反思佛学时删削旧作的真正原因。可是论者的政治情结对十力先生于一九四九年在去留问题上的选择深表反感，以致耐不住呵责他在大陆的十八年是"虽生犹死"，而所著"每一本新书都可以说是一种负积累，标志着他学术水平的倒退"。这还不够，论者同时还对他的为人也作了寻垢索瘢的挑剔。我不想对这些武断呆语进行辩解。据我所知刘述先生和郭齐勇先生已对论者的考释作了辩正。好在十力先生所撰各书俱在，读者自可参考。倘有人对这些著作的得失成败不虚美不掩恶，作实事求是的探索，倒是大有裨益的。但这就需要躁释矜平，更不能狃于政治上的党派偏见妄生穿凿，厚诬前人。

这篇序言是在上海罕见的炎夏中写就。我每天工作三四小时，从来还没有感到这样吃力。现在全书即将问世，我可以实现我的多年宿愿了，那就是将本书奉献给我的亲爱的母亲桂月华。她于一八八七年八月初一生，一九八六年五月十五日殁。她的慈祥、仁爱、贤慧伴我度过幸福的童年。抗日战争时期，在日伪统治下的恐怖岁月里，她为我受尽惊吓，给予我只有母亲所能给予的关怀和帮助。在以后二十多年的坎坷命运中，母爱是我得以排遣寂寞、孤独、苦闷，从颓唐中振作起来的力量源泉。那时如果没有她和另几位亲人，我不能想象，我将活得多么凄苦……如今她离开这个世间已八年了,她始终安息在我的心中。十年浩劫后,我曾在一篇短文《女性赞》中涉及到她,这篇短文收在本集中,作为我对她的默默的纪念。

作者

一九九四年七月十五日写于炎夏时的清园

注:本篇原为上海文艺出版社 1994 年版序。——编者

一 文化传统构成四要素

为什么在建国三十多年中文化研究几乎是空白？原因是多方面的，其中有一个重要原因就是把这种研究看成是与马克思主义相对立的。目前人们逐步明白了这种看法是不对的，从而形成了近年来的研究文化热。但是我们的思想中还存在着一种因袭的陈旧观念，那就是认为，每个时代的文化都是当时的政治经济的反映；什么样的政治经济形态，就会产生什么样的文化。这个看法也不是完全不对，但我们决不能把这一点作简单的理解。文化和经济发展是不平衡的，因而把政治经济和文化的关系作单纯直线的理解是错误的。我们应该认识到，文化具有相对的独立性，具有自身的发展规律，这不是政治经济的规律所能代替的。同样的社会形态在不同的民族那里出现了不同的文化类型，就足以说明这一点。在文化史上，有没有在不同的历史时期、不同的社会条件下，存在着一种共性的东西呢？应该说是有的。正如人性分为"人的一般本性"和"在不同历史时期变化了的人性"，而不能用共性寓于个性来取消共性。在我们的文化史中也像这里所说的"人的一般本性"一样，存在着一种共同的东西，即我们民族文化传统在不同的历史时期、不同的社会条件下具有某种共性。我们的文化研究，不仅要研究各个历史时期文化的不同特点，同时还应在历史长河中去探寻人们思想中所潜藏文化传统的共性成分。

我认为，构成文化传统的因素大概有以下四个方面：（一）不同文化类型在创造力上表现的特点。（二）它的心理素质。（三）它所特有的思维方式、抒情方式和行为方式。（四）价值系统中的根本概念。

一九八六年

二 态度与思想

一九一九年，蒋梦麟在《晨报》发表《新旧与调和》一文说："新思想是一个态度，这一态度是向那进化一方面走，抱这个态度的人视吾国向来的生活是不满的，向来的思想是不能得知识上充分愉快的。"杜亚泉在《何谓新思想》中争辩说："态度非思想，思想非态度。"态度是心的表示，且常属于情的表示，而思想则是心的作用，且专属于智的作用。两者不能混同。对向来的生活与知识感到不满足、不愉快，是一种感情，感情不是思想。主张推倒旧习惯，改造旧生活、旧思想，是一种意志，意志也不是思想。接着，蒋梦麟再为"新思想是一种态度"的观点进行辩论，认为态度与思想并非毫无关系，"态度变了，用官觉的方向就变，意志也就变，理性的应用也就变"。这篇文章刊载于《东方杂志》，文末附有杜亚泉的按语，按语再驳蒋说："以感情与意志为思想之原动力，先改变感情与意志，然后能发生新思想，是将人类的理性变为情欲的奴隶。先定了我喜欢些什么，我要什么，然后想出道理来说明所以喜欢及要的缘故。此是西洋现代文明之病根。"这里所说的西洋文明的病根，即杜亚泉在下文中所指出的第一次大战时，西方以国家主义、民族主义、竞争主义等等名目，作为发动战争、进行侵略的借口。杜亚泉曾多次撰文对这种行径加以指摘，并引俾斯麦回答奥人的话："欲问吾开战之理由耶？然则吾于二十四小时寻得以答之。"认为这正是先有了要什么的态度再找理由去说明的生动例证。

许多人至今仍相信思想取决于态度的正确。解决思想问题，不是依靠理性的认识，而是先要端正态度，先要解决爱什么，恨什么，赞成什么，反对什么的问题。这种态度决定认识的观点，正是马克斯·韦伯说的意图伦理（an ethic of intentions）。我们都十分熟悉这类意图伦理的性质。它使学术不再成为真理的追求，而变成某种意图的工具，这种作为意图工具的理论文章，充满了独断和偏见，从而使本应具有的学术责任感沦为宗派意识。

一九九三年

三　功利主义之争

陈独秀质问《东方杂志》上发表的《功利主义与学术》一文，作者为钱智修，又署坚瓠，是杜亚泉在商务的同仁。他与陈寅恪曾在复旦公学同学，一九二〇年杜亚泉辞职后，钱继掌《东方杂志》的笔政。钱对改革的看法与杜相近。他有因革说："因者，取于人以为善，其道利在得。革者，创诸己而见长，其道利在异，因革互用，同异相资，故甲国之学，即以先进之资格为乙国所师，乙国之学亦时以后起之变异为师于甲国，而学术即因转益相师而进步。"他也和杜亚泉一样，在中西文化问题上主张调和论。他那篇引起陈独秀质问的《功利主义与学术》，主要阐明文化结构的两个不同层次，即"高深之学与普及教育之关系"。鉴于时人多以功利主义蔑弃高深之学，他对此加以批评。他借"儒家必有微言而后有大义，佛家必有菩萨乘而后有声闻乘"来说明高深之学与大众文化、通俗文化之间的关系。

当时国学正在衰落，面临这种惨淡景象，他无限感慨地说："濂洛关闽，年湮代远，不可作矣。问有如黄顾颜王之艰苦卓绝，独创学风者乎？无有也。问有如江永、戴震之立书著说，发明绝学者乎？无有也。问有如俞樾、黄以周之久主书院，门弟子遍于东南者乎？无有也。问有如李善兰、华蘅芳之精研历算，译著传于天下者乎？亦无有也。有之，则载政客为巨魁之学会，及元勋伟人之政书尺牍耳。"后来，王国维自沉昆明湖，陈寅恪在挽词中说："凡一种文化值衰落之时，为此文化所化之人必感痛苦。"钱智修这段话正与此相应，可以用来作为阐释王国维自杀的原因。这种思想反映了上一代受到传统文化浸润的知识分子的普遍心态。

西方虽然在俗世生活中重功利、重物质，可是在俗世生活外还有宗教生活，可以使人在这个领域内吸取精神的资源，以济俗世生活的偏枯。中国情况不同，没有超越的领域。一旦受到功利观念的侵袭，正如一位海外学者所说："整个人生都陷于不能超拔的境地，所以有人慨叹现代中国人过分讲实际，过分重功利，缺乏敬业精神。很少有人为知识而知识，为艺术而艺术，只有一种工具理性。"五四时，胡适把文学革命说成是文学工具的变迁。四十多年来，盛行学术是"阶级斗争工具论"。直到今天还有人以艺术"为人道主义服务"取代"艺术为政治服务"，作为打破教条僵局的出路，而不知道自己并没有走出工具理性一步。钱智修大概是最早对工具理性进行批判的人。他在文章中说："功利主义最害学术者，则以应用为学术之目的，而不以学术为学术之目的。所谓《禹贡》治水，《春秋》折狱，《三百篇》当谏书者，即此派思想。"这种以学术为筌蹄的观点，足以妨碍学术之独立。当时像他这样的知识分子，都向往于学术具有一种自由的思想和独立的精神。钱文的不足是没有对功利主义在西方思想史上的地位和作用作一交代。他只是说功利主义之流弊"殆非边沁、约翰·穆勒辈主唱此主义时所料及者",就一笔带过了。这给对方留下口实。陈质问钱:"以贪鄙主义为政治上功利主义,以崇拜强权为伦理上之功利主义,以营求高官厚禄为学术上的功利主义,功利主义果如是乎?"这一驳诘不能说没有道理,但是针锋不接。钱文所批评的是当时中国社会上的功利主义,因此批评者应该就钱文所说的当时社会上的功利主义是否存在以及钱的批评是否正确作出评断。这才是在同一层面上探讨问题。可是陈的质问并没有这样做。以致这场论战所提出的具有重大意义的问题,因意气纠缠而没有展开下去。

一九九三年

四 道德继承

五四时期参加东西方文化论战的诸家特别把自己的注意集中在传统伦理观念的问题上。为此,陈独秀的质问专门引用了杜亚泉在《迷乱之现代人心》一文中的一段话:"吾人在西洋学说尚未输入之时,读圣贤书,审事物之理,出而论世,则君道若何,臣节若何,仁暴贤奸,了如指掌;退而修己,则所以处伦常者如何,所以励品学者如何,亦若有规矩之可循。虽论事者有经常权变之殊,讲学者有门户异同之辨,而关于名教纲常诸大端,则吾人所以为是者,国人亦皆以为是,虽有智者不能引为非也,虽有强者不敢引为非也。"这段话特别引起陈独秀的反感,他在质问中提出义正词严的责难:"请问此种文明,此种国基,倘忧其丧失,忧其破产而力图保存之,则共和政体之下,所谓君道臣节名教纲常,当作何解?谓之迷乱,谓之谋叛共和民国,不亦宜乎?"末两句话已经从文化问题牵连到政治问题上去了。可是杜亚泉在回答质问时毫不示弱地坚持自己的见解:"至原文所谓'君道臣节及名教纲常诸大端'记者确认为我国固有文明之基础。"这并不是任性使气,而确是他对传统的基本观点。并且这也不是杜亚泉一个人的看法,大凡对传统取同情态度的人都持同样观点。在论战后期,梁漱溟和未参加论战的陈寅恪等,都对这一观点作了更充分的发挥。稍晚,一九二四年,柳诒征撰《中国文化西被之商榷》,直截了当地指出:"西方立国在宗教,东方立国在人伦。"这一点甚至连陈独秀本人也不反对。一九一六年,他在《吾人最后之觉悟》中说:"儒者三纲之说,为吾政治伦理之大原,共贯同条,莫可偏废。"五四时期,曾到中国来讲学的杜威、罗素,也都对中国传统伦理观念特别加以注意。梁漱溟曾记杜威于一九二〇年某晚在北京大学哲学研究会上讲话:"西方哲学偏于自然的研究,东方哲学偏于人事的研究;希望二者调济和合。"最近海外学者也把中国的"道德主体"、"和谐意识"与西方的"认知主体"、"政治主体"相区别。中国的传统文化自然不能仅仅用伦理道德来概括,但它渗透到传统的各个方面,影响之广,从民间文艺的忠孝节烈观念,直至穷乡僻壤的不识字妇女的信念(笔者少时在乡间往往可以见到作为纲常名教象征的贞节牌坊),它成为传统中十分重要的主导力量,却是不容讳言的。这也是尊重传统的人重视伦理道德的原因。如果从中抽掉伦理道德,传统也就所剩不多了。

但是,传统伦理道德观念又是和当时社会别尊卑明贵贱的等级制度紧密相连的。于是,引发了这样的问题,为什么杜亚泉、梁漱溟、陈寅恪等等还会对传统伦理道德采取维护态度?他们都不是顽固派,可以说都是主张革新的开明人物。杜亚泉作为一位自由主义思想家，带有浓厚的民主色彩。他虽然服膺理学，但决不墨守。一九一八年，他撰《劳动主义》一文，称许行之言深合孔子之旨，与子路迥别，是劳动主义者。孟子则是分业（分工）主义者。他批评孟子说的"有大人之事，有小人之事"与"劳心者治人，劳力者治于人"，以为"依此，则劳心者得食于人之特权"，故称孟子的分业是"伪分业"。在这个问题上他所赞同的，不是孔孟，而是托尔斯泰在《我的忏悔》中所倡导的体脑结合"四分法"。这不是理学家所做得到的。梁漱溟的情况也一样。他自称对王学泰州学派最为服膺，认为"晚明心斋先生东涯先生最合我意"。前人称泰州王氏父子传阳明之学，结果却造成了王学之终结，这话是不错的。陆陇其曾指出泰州学派后期"荡佚礼法，蔑视伦常"。梁漱溟采用泰州学派术语，称孔子伦理观念为"絜矩之道"，但又说："古代礼法，呆板教条，以致偏欹一方，黑暗冤抑，苦痛不少。"陈寅恪也存在着同样看来类似的矛盾。他一面在观堂挽词中感叹三纲六纪之沦丧，一面又赞赏被斥为"不安女子本分"的陈端生，说她"心目中于吾国当日奉为金科玉律之君父夫三纲，皆欲借此描写以摧破之也。端生此等自由即自尊即独立之思想，在当时及其后百余年间，俱足惊世骇俗，自为一般人所非议"。陈寅恪从写法俗滥、为人轻视的弹词小说《再生缘》中，发现了一个平凡女子为人所不见的内心世界，说明他具有一颗深入幽微的同情心。

从上述可以看出，他们并不是没有认识到传统伦理道德在旧社会中所表现的呆板僵硬和带给人们的黑暗冤抑。他们也并不是对此无动于衷，漠然视之。甚至比他们更为赞颂传统的陈嘉异也不是主张开倒车回到从前封建时代。他说："夫一民族之成立，所悖（悖字疑讹）者非仅血统、语言、地理、宗教等关系使然；为其枢纽者端在此形成浑然一体之民族精神。……惟是此精神，其民族若不善于运用之，则易流为固定的传统思想而不随时代之变易以适应其环境，则此精神或且为一时代之障碍物。所谓时代错误（anachronism or ignorant of the modern times）一语，即自此而来。"陈嘉异的民族精神论乃本之黑格尔的历史哲学。这个民族精神不是凝固不变，而是发展的、与时而俱新、不断运动着的。

一九九三年

五　时代与理念

梁漱溟在《东西文化及其哲学》一书中说："孔子的伦理，实寓有所谓絜矩之道在内，父慈、子孝、兄友、弟恭，总使两方面调和而相济，并不是专压迫一方面的。"他认为西方是先有我的观念，才要求本性权利，才得到个性发展，每个人之间界限划得很清，开口就是权利义务、法律关系，谁同谁都要算账，甚至父子夫妇之间也都如此。而中国则恰好相反。西洋人用理智，中国人用直觉——情感。西洋人有我，而中国人却相反，母之于子，其情若有子而无己；子之于母，其情若有母而无己。兄之于弟，弟之于兄，朋友相与，都是为人可以不计自己，屈己从人的；不分人我界线，不讲什么权利义务，所以孝、悌、礼、让之训，处处尚情而无我。他说，这是孔子伦理的要义。但是在过去的社会中，孔子的精神理想没有实现，只是一些古代礼法，呆板教条，以致偏倚一方，黑暗冤抑，痛苦不少。然而尽管如此，在家庭里社会上，时时都能得到一种情趣，不是冷漠敌对，互相像算账

的样子，因而于人生的活气有所培养。不能不算是一种长处。（以上综述大意）

尽管对于上述某些观点以及梁书中所设想的礼乐制度在未来文化中的陶养感情作用，笔者并不赞同，但是这段话提出了令人深思的问题，这就是伦理道德的继承问题。六十年代初，这个问题曾在大陆提出，未展开讨论，便草草收场，收获不大。其实这并不是一个新问题。一九二〇年，梁启超在《欧游心影录》下篇《中国人之自觉》中说："须知凡一种思想，总是拿它的时代来做背景。我们要学的，是学那思想的根本精神，不是学它派生的条件，因为一落到条件，就没有不受时代支配的。譬如孔子说了许多贵族性的伦理，在今日诚然不适用，却不能因此菲薄孔子。柏拉图说奴隶制度要保存，难道因此就把柏拉图抹杀吗？明白这一点，那么研究中国旧学，就可以得公平的判断，而不致谬误了。"当时，陈寅恪写的《王观堂先生挽词》也说到传统伦理的现代意义所在，他说："吾中国文化之定义，具于白虎通三纲六纪之说，其意义为抽象理想最高之境，犹希腊柏拉图所谓 idea（理念）者。"所谓传统伦理中的抽象理想最高之境，即是梁文中所说的排除了时代所赋予的具体条件之后，思想的根本精神，这也就是陈寅恪所谓柏拉图的理念。柏拉图的理念说，后来为德国古典哲学家所继承。按照黑格尔的解释，个体存在只表现理念的某一方面，因此是有局限的，这局限性促成其毁灭。理念本身不可认作是任何一事物的理念，而是在这些个别的实在的结合里和关系里，实现其自身。理念的自身本质是具体的，因为它自己决定自己，自己实现自己。在传统道德继承问题上，无论是梁启超说的"思想的根本精神"，或是陈嘉异说的"民族精神之潜力"，或是陈寅恪的"抽象理想最高之境"即"理念"，都是指排除时代所赋予的特定条件之后的精神实质或思想实质。根据这一观点，等级制度、君臣关系等等，只是一定时代一定社会所派生的条件，而不是理念自身。理念乃是在这些派生条件中所蕴含的作为民族精神实质的那种"和谐意识"。过去，在道德继承问题讨论时，冯友兰曾提出抽象继承法。这一说法容易引起误解，反不如以上诸说明晰。因为民族精神和理念都是具体的，更谈不到对它们的抽象继承。传统伦理道德除了作为一种民族精神外，也体现在中国文化的思维方式、抒情方式和行为方式上。这是有继承性的。

东西文化融会调和是极其复杂的，其中不少问题至今仍悬而未决。持调和论者都主张开发传统资源，使之与西方文化接轨。但是在许多方面，传统资源十分贫乏。比如，民主是一种思想，也是一种制度。不少学者举出孟子的君轻民贵、黎民不饥不寒之类，这是很不够的，陈焯撰《议院古明堂说》，称古代明堂有今议会性质。陈嘉异据《春秋命历叙》称循蜚纪（太古十纪中的第七纪）神皇氏执政，使神民异业，说这就是政教分离。诸如此类，更不足为训。民主制是需要法治来保证的，但传统思想乃内在超越，重修身，而治国则是修身的延续，故法治理论与法治经验在传统资源中极为稀薄。内在超越者必重道德而轻法律，外在超越者必重法律而轻道德。这是两种不同模式的文化。如何使之融化，是十分困难的。目前海外学者在对付这一难题时，也常常陷入困境。至于在个性、人权等等问题上，中西文化也存在很大的分歧。西方重个人个性，故这方面十分发达。但在中国传统中则很难寻觅这方面的资源，梁漱溟曾明白宣告："宋以后所谓礼教名教者又变本加厉，此亦不能为之曲讳。数千年以来，使人不能从种种在上的权威解放出来而得自由，个性不得申展，社会性亦不得发达，这是我们人生上一个最大的不及西洋之处。"杜亚泉在《论社会变动之趋势与吾人处世之方针》中，也说到传统思想以克己为处世之本。他认为这种思想也"并非没有流弊，以其专避危险之故，致才智不能发达，精神不能振起，遂成卑屈萎靡，畏葸苟且之习惯。我今日社会之所以对于西洋社会而情见势绌者，未始非克己的处世法之恶果"。

以上这些对于传统文化的冷静思考，都是我们今天需要认真对待的问题。

一九九三年

六　游民与游民文化

杜亚泉在《中国政治革命不成就及社会革命不发生的原因》（一九一九）一文中，将中国历史划分为三个时期，以大量篇幅谈到游民与游民文化问题。他说游民是过剩的劳动阶级，即没有劳动地位，或仅作不正规的劳动。其成分包括有兵、地棍、流氓、盗贼、乞丐等。游民阶级在我国社会中力量强大，他们有时与过剩的知识阶级中的一部分结合，对抗贵族阶级势力。他认为"秦始以后，二十余朝之革命，大都由此发生"。可是革命一旦成功，他们自己也就贵族化了。于是再建贵族化政治，而社会组织毫无更变。他说这不是政治革命，也不是社会革命，只能说是"帝王革命"。游民和知识阶级结合，就产生了游民文化。这种文化以尚游侠，喜豪放，不受拘束，不治生计，嫉恶官吏，仇视富豪为其特色。

杜亚泉认为知识阶级缺乏独立思想，达则与贵族同化，穷则与游民为伍。因而在文化上也有双重性。一面是贵族性，夸大骄慢，凡事皆出于武断,喜压制,好自矜贵,视当世人皆贱,若不屑与之齿者。另一面则是游民性,轻佻浮躁,凡事皆倾向于过激,喜破坏,常怀愤恨,视当世人皆恶,几无一不可杀者。往往同一人,处境拂逆则显游民性,顺利则显贵族性。或表面上属游民性,根底上属贵族性。他说,以此性质治产必至于失败,任劳动必不能忍。这些说法都道人所未道。游民和游民文化是中国历史上的特殊现象,很少被人涉及。但是研究中国文化就不能不注意这个问题。

一九九三年

七 抽象继承法

过去在讨论批判继承文化遗产时,冯友兰曾提出所谓"抽象继承法"。据我理解,所谓"抽象继承法"是从形式上借用前人的说法,舍弃特定时代所赋予的具体内容,即舍弃其本义,使它们带有一种比喻性质,在内容上具有新的涵义。我认为,"抽象继承法"并不是不可采用。在日常生活中,我们常常用这种借喻取譬的方式援引古人的名句。但是,这种"抽象继承法"却不能作为继承遗产的原则,运用到对某一学说或某一思想家的研究领域中来。这样势必会模糊原有对象的本来面目,甚至篡改了它的本义。

"抽象继承法"只能从前人那里取得思想资料。固然每个思想家都无法避免在前人所提供的思想资料的基础上,构筑自己的理论。不过,这只属于形式方面。继承文化遗产还有内容方面。舍弃了文化遗产的思想内容,仅仅借用作为思想资料的形式,是不能涵盖继承文化遗产的整体的。批判地继承这一提法至少还没有摈弃文化遗产的思想内容,就这一点来说，相比之下，"抽象继承法"比批判地继承反而后退了。自然，我们应该理解"抽象继承法"是在彻底否定文化遗产的极左思潮猖獗时期提出的，从而企图用这一提法为文化遗产争得一席之地。

"抽象继承法"援用前人的名言名句，舍其本义，具有借喻取譬性质，自然就不能涵盖文化传统内容的诸要素，如心理素质、思维方式、抒情方式、行为方式、价值系统等等。因而，用"抽象继承法"从文化遗产所能吸收到的东西将是极贫乏、极稀薄的抽象，尽管表面看来它似乎汲取了很多古人的成果。（关于抽象继承法请再参阅本书第五节《时代与理念》）

一九八八年

八　再谈"五四"

我在论杜亚泉的文章中比较侧重于思考"五四"的另外一面，这是我过去没有接触过的，如"五四"中所出现的"意图伦理"、"功利主义"等等。关于"五四"自然应该作出全面评价。我那篇文章仅仅是对"五四"的一个侧面的反思，这确是我近来思想中的新的认识。但是，这并不是说我认为"五四"精神就不值得重视了。"五四"的个性解放精神、人道精神、独立精神、自由精神，都是极可贵的思想遗产，是我们应当坚守的文化信念。就学术争论这一方面而言，"五四"所倡导的基本精神，是理性、平等和自由。但在论争实践上所表现的非理性态度也是不可讳言的。比如陈独秀，虽然他不断大声疾呼地宣扬德赛二先生，但讨论起问题来有时却显得很专横，很不民主，如他宣告白话文讨论不容提出反对意见，在《泰戈尔与东方文明》一文中痛斥重视东方文明的人是"人妖"等等,都太霸气了。学衡派也有同样的情况,如吴宓骂对方吸收西方文化,是"齐人墦祭以骄其妾妇,而妾妇耻之","刘邕嗜疮痂","贺兰进明嗜狗粪",诸如此类,都是反理性的。我们应该反对谩骂的习气,反对意气用事。我认为"五四"时期胡适与李大钊关于"问题与主义"的争论就体现了一种理性精神,这一点连海外一位对"五四"持强烈批判态度的学者也是承认的。可惜这种精神后来丧失殆尽了。关于"五四"的精神遗产,可以说我们今天研究得还很不够。说好者只说其好,说坏者只言其坏,这实际上重复了"五四"时代形式主义的偏向。

多年来,我一直赞同独立之思想、自由之精神的说法,并曾援用"为学不作媚时语"这样的格言。在杜亚泉研究中,我更有了一些体会,产生了一些新的想法。"五四"时代的思想大师,无不具此种精神。有的较多强调理性态度,有的则较多表现为启蒙思想,然而独立精神,则是他们那一代人所共有的精神气质。关于"潮流",我想应作具体分析。第一,"潮流"可以体现历史的发展趋势,反映人民的权利、愿望、要求等,也可以不体现这些东西,成为浮在历史表层的时尚。例如,忽然兴起一种什么"热",什么"运动"等就属此类。第二,一种思潮,即使它本身是属于上述第一种,但长江大河,泥沙俱下,潮流中所挟裹而来的糟粕却是应该加以警惕的。在这样的背景下,人们往往容易迷失自己,以为一切只有顺着潮流走,才是进步,才跟上了时代。第三,潮流汹涌而来的时候,有人如果乘机借势压人,甚至宣称"顺我者昌、逆我者亡",以否定、取消对手的不同意见,这不仅不公正、不正常,而且也将对文化的发展带来摧残的后果。(顺便说一下,我在研究杜亚泉时也引发了这方面的思考。在那场论战进入高潮时，杜亚泉却忽然一下子消失了。就我所掌握的材料来推断，杜是被迫辞去《东方杂志》主编的职务而沉默下来的。我甚至有点怀疑，商务的主持人，在这个问题上起了一定的作用。这不仅有杜的家属给我提供的资料，并且也基于我对一些回忆文录所作的剖析。从商务当时的主持人方面来说，他们似乎已经产生了一种潮流滚滚而来不可抗拒的心理感受与压力。）我认为在潮流面前，要保持自己的独立思考，而不能采取趋附时髦或随波逐流的态度。胡适曾说他不趋附时髦，也不躲避危险，这句话很值得借鉴。

一九九三年

九　中体西用

我不同意把杜亚泉说成是一个"中体西用"论者。当然，对杜的研究才刚刚开了一个头，大量细致的工作有待进一步去做。我说的只是一家之言。我在那篇《杜亚泉文集序言》里确实有新的想法。现在要借此机会来补充我在那篇文章中的未尽之义，这就是关于"中体西用"问题。我一向认为，"中体西用"的提出，是曾国藩、张之洞、李鸿章等面临西方船坚炮利，面临三千年未有之变局而刺激出来的一种民族忧患，因之是有其时代的特殊背景，它不能涵盖后来思想家所提出的问题。比如陈寅恪即使说过"议论近于湘乡、南皮之间"，以及"中西体用相循诱"这样的话，但陈的时代已不同于曾、张、李的时代，他所面临的问题和曾、张、李在他们那个时代所认识到并企图加以解决的问题，已经很不相同了。陈寅恪提出上述说法，可能更多是针对当时成为主流的以西学为坐标的观点。他一再强调的"独立之思想,自由之精神",以及"不自由,毋宁死耳",固然也可以说含有中国传统士人的某些精神因子,但更基本的精神显然是来自西方的自由思想资源。这是我不能同意用"中体西用"去简单概括陈寅恪、杜亚泉这一批人物的原因。我在《杜亚泉文集序言》中,曾将当时的思想梳理为四派:(一)认为中西文化各有不同特点,持调和论(杜亚泉)。(二)认为中西文化绝无相同之处,西学为人类公有之文明(一九一八年《随感录一》),反对调和论(陈独秀)。(三)虽不排拒传统,但以西学为主体,强调两种文化之共性,不重视中国文化的特性和个性(胡适)。(四)与胡适相反,以中学为主体,亦强调两种文化之共性,也不主调和论(吴宓)。这种分法,不同于时下学界通行的"激进、自由、保守"三分法。因为这是在不同层面上所作的划分。

任何一个对中西文化有所了解的人,如果清醒地、理性地看中国文化问题,不能不说,在很多地方,中国传统的资源的确丰富,足以与西方相抗衡,如"道德主体"、"和谐意识"等等。在这些方面是可以中学为主体的。但是,不能不说,另外也有很多地方,中国的传统资源又的确很贫乏,不可能成为重建中国文化的主体。我不赞成胡适说的什么中国早在几千年前就有了民主的观点。在这些传统资源十分贫乏的地方就不可能以"中学为体"。比如孟子讲的"黎民不饥不寒"之类,难道可以作为人权和人道的根本理想么?再比如说在法律的领域内,传统资源主要是先秦的法家学说和历代律法,在这个方面讲"中体西用"能讲得通么?我曾在《清园夜读》后记中说过,我们在讲"同"讲"普遍性"时,就不讲"异",不讲"特殊性"。比如,过去在强调文化领域中政治挂帅时,就把文化的自身规律及其个性一笔勾销了。有时我们又只讲"异",只讲"特殊性",不讲"同",不讲

"普遍性"。比如说当强调中国与西方的差异时,对于中外共同具有的价值观念和价值标准就绝口不提了。所以在这个问题上,我不大赞同有的学者在今天过于强调民族主义的观点。最近有人提出不能光从民族观点看问题,而且还应该有全球意识。我觉得这是很必要的。

一九九三年

一〇 知识结构的整体

长期以来,批判继承的最简练的说法就是取其精华,去其糟粕。这个说法经过不断简化和滥用,已变成一种机械理论。照这种理论看来,知识结构只是各种不同成分的混合与拼凑,而不是有着内在联系的整体,各部分之间没有相互渗透和相互作用,没有完整的系统或体系,因而可以进行任意分割和任意取舍。但是,就知识结构的整体、系统或思想体系来说,却不容这样割裂。正是由于上述机械观点长期成为批判继承文化传统的准则,于是对古代某一思想家进行评价时,往往出现了不同观点的评论者从中各取所需,作片面的摘引,以证己说。这种摘句法可以导致截然不同的结论和截然不同的评价,形成此亦一是非、彼亦一是非的奇异局面。我们很少去把握古代思想家的思想体系,从各部分到整体,再从整体到各部分,进行见树又见林与见林又见树的科学剖析。六十年代初,理论界曾探讨了庄子哲学的思想体系。我觉得,不论这种探讨是否作出成绩,总比摘句法的引证要好。自然在探讨庄子哲学思想体系的时候,也出现了另一种倾向,即用"有待——无己——无待"的三段式硬去印证《庄子》各篇以至篇中的每句话,而忽视原则和原则运用之间、思想体系和具体观点之间的可能差距。从部分到整体,再从整体到部分,都应作细致的剖析,而不能采用简单印证的办法硬套。

就思想体系来说,我认为后一代对前一代的关系是一种否定的关系。但否定就是扬弃,而并不意味着后一代将前一代的思想成果彻底消灭,从而把全部思想史作为一系列错误的陈列所。前一代思想体系中积极的合理因素,被消融在后一代思想体系中,成为新的质料生成在后一代思想体系中。这是辩证法的常识,也是思想史的事实。但是,要真正吸取传统文化中的积极的合理因素,要真正把它们消融成为新体系中的质料,就得经过否定。正如淘金,就像刘禹锡诗中说的:"千淘万漉虽辛苦,吹尽狂沙始到金。"批判得愈深,才愈能区别精华与糟粕,才愈能使传统中的合理的积极的因素获得新的生命。

一九八八年

一一 体改与启蒙

自然,没有体制改革,现代化就会落空。但是,我认为值得注意的是在改革中不要见物不见人,忽视人的因素。今天的改革正是对于人的因素注意不够。目前,文化滑坡,教育经费短绌,水平下降,文盲数字惊人,文化领域中各个部门都面临日子不好过的严峻局面。如果人民文化水平很低,素质很差,没有起码的民主观念,又怎样去实现现代化呢?难道政治经济改革不需要人民的自觉参与和监督,只凭执政者由上而下的行政命令就可以完成吗?提出上述观点也许是警惕不要陷入用思维解决问题的"中国思维模式"。老实说,我怀疑中国是否有这种模式。向西方寻求真理的洋务运动和维新运动,他们所要求的主要是坚甲利兵,声光化电,而不是想用西方思想解决问题。鲁迅在辛亥前留学日本,他说当时留学生学理工、学商业、学军事,而偏重思想领域的学科则很少有人问津。像他一样企图用文学去改变人的精神面貌几乎绝无仅有。他找到几位志同道合的朋友,出版书刊,不是夭折,就是卖不出去。这说明用思想解决问题在中国的命运是怎样的。我们是一个务实的民族,大多数人都把行放在知的前面,强调实践,不重视理论,改革中有一种说法,即经济上去了,思想也会随着发生变化,形成文化的繁荣,我们曾一再复述这种观点。事实上,经济上去了,思想未必上去的例子是不少的。有的国家因发现珍贵资源而富了起来,但文化仍处在落后状态。有的国家经济搞得很好,人民可以拿到高工资,但思想处于禁锢状态。但是我们所要建设的现代化却是有高度文明和高度民主的国家。

一九八九年

一二 尚 同

从先秦以来,尚同贵公的思想就占据着主导地位。《吕氏春秋》曾记载了一则故事,颇足以说明这种思想倾向:"荆人有遗弓者不肯索,曰:荆人遗之,荆人得之,又何索焉?孔子闻之曰:去其荆而可矣。老聃闻之曰:去其人而可矣。故老聃则至公矣。"后人考据这段文字出于伊尹学派。伊尹为道家,主张无为,所以奉老子为至公,但并不否定孔子也是贵公的。先秦诸子学说各异,分歧很大,彼此驳难,争论不休,但大抵都倾向于强调同一性的本体论,而很少从另一侧面去考虑问题,只有杨朱学派是主张贵己为我的,可以说是一个例外。杨朱学派虽然曾经是一时的显学，但不久就遭到严厉的攻击，毕竟不能传世，直到后来一直留下了骂名。他的著作很早就已亡佚，现存支离破碎的片言只字杂在别人书中。这可以作为一种反证，说明和贵公尚同持异议、站在相反方面的思想是很快就会被淘汰的。墨子也为孟子所拒，但他的学说仍大体保存下来，不似杨朱学说那样，由于资料阙漏，今天已很难辨清它的真实面目了。这大概是由于墨子也是主张尚同的缘故罢。

尚同贵公并非不可议。倘使一个社会没有共同服从的法规，共同遵守的公理，以至为公众利益而牺牲自己的美德，那么这个社会就将解体，这是自不待言的。但是问题却在于，强调同一性的本体论却往往陷于一偏，用共性去淹没个性，用同一性取消特殊性，那就是另一回事了。体现在这种本体论中的同一性这个范畴也不是具体的普遍性，而只是抽象的普遍性。作为先秦法家代表的韩非是最明显的例子。他从君主本位主义的立场去阐明所谓"弘大而无形"的道。他认为道不同于万物，故能生万物，德不同于阴阳，故能生阴阳，以见君主不同于群臣，故能治群臣。君主和臣民的关系，正如道和万物的关系一样：道是万物的主宰，所以君主也是臣民的主宰。"道无双，故曰一"，所以君主必须认清自己是独一无二的道的化身。"明君贵独道之容"，所以君主必须专断独揽天下的大权。照韩非看来，君主就是作为本体的道的体现。墨子尚同虽也主张兼爱，但他认为天子总天下之义，只有天子尚同于天，而在下者须皆同于上。上之所是，必皆是之；上之所非，必皆非之。这也同样是用共性来消融个性。儒家比较宽松，但以礼作为至上的绝对命令。道家崇自然，自然与人工相对，有摆脱礼教的一面，但也有与自然同化的一面。儒家主张克己复礼，以礼节情。

道家主张至人无己，绝圣弃智。克己也好，无己也好，都是压抑个性或丧失个性的表现。引申到后来，理学家的存天理灭人欲和直到"文革"时的"斗私批修"、"狠斗私字一闪念"之类都在不同形态、不同程度上流露了同样思维模式的理论痕迹，也就是说在强调同一性的本体论上都具有某些类似之处。

一九八六年

一三 鸦片战争时的抗英人物

根据手边有关人物的传略、年谱、诗文集来看，鸦片战争前夕抗英派的人物是声气相通的。不仅龚自珍、林则徐、黄爵滋、魏源、张际亮、汤鹏等彼此过从甚密，早就结下深厚的友谊，就连传说因抗议遣戍林则徐而以尸谏的王鼎，也和他们有着密切的来往。王鼎当时是军机大臣，身居高位，但他并不像一般宰辅卑视龚自珍这个内阁国史馆的小小校对官，把他视为困厄下僚的清客。道光十年，王鼎邀龚自珍等饮宴，龚自珍在《饮王少宰定九丈宅，少宰命赋诗》中称王鼎"恢博不弃贱士议"，说他平易近人，不摆大官架子，并推崇王鼎是个有肝肠、有血性、鲠直不阿、强项敢言的人物。诗中说："公之奏疏秘中禁，海内但见力力持朝纲。阅世虽深有血性，不使人世一物磨锋芒。迩来士气少凌替，毋乃大官表师空趋跄；委蛇貌托养元气，所惜内少肝与肠。杀人何必尽砒附？庸医至矣精消亡。公其整顿焕精彩，勿徒须鬓矜斑苍。"这决不是一般诗人墨客在这类场合所写的敷衍门面酬酢之作。后来，林则徐因抗击英军为投降派所忌，被遣戍伊犁，王鼎为他力争是非，终以身殉，足证龚自珍诗中推重王鼎的那些话决不是阿诼之词。

当时，这些抗英派人物在厉行禁烟抵抗侵略问题上找到了共同语言。他们都以救亡图存为己任，砥砺磋商，安危与共。龚自珍早就洞见英帝国主义的侵略面目。他在《阮尚书年谱第一序》中说："粤东互市，有大西洋，近惟英夷，实乃巨诈，拒之则叩关，狎之则蠹国。"这篇序文写在鸦片战争十七年前，可以说是有眼力的。在鸦片战争前夕，林则徐奉旨驰往广东查办海口事件，龚自珍作序赠行，劝林则徐"宜以重兵自随"，并且要求随林则徐南下，为禁烟效力。这件事没有成功。次年，龚自珍辞官回到家乡，感到战事迫在眉睫，渴望投身到这场反侵略的斗争中去。这种激切的心情，从他写的怀念林则徐的诗中生动地表现出来："故人横海拜将军，侧立南天未蒇勋。我有阴符三百字，蜡丸难寄惜雄文。"黄爵滋、魏源等人也都是禁烟的坚决倡导者。鸦片战争爆发，魏源投裕谦军营协助筹划浙江防务。裕谦战败自杀，魏源愤而著书。他写的《道光洋艘征抚记》是鸦片战争实录，堪称信史。当时的抗英派，除林、黄、龚、魏外，还有姚莹。姚莹《东溟文后集》曾记述他在京师与龚自珍、魏源、张际亮、汤鹏等订交，作诗唱和，"慷慨激厉，凌轹一时"。鸦片战争时，姚莹任台湾道，曾大败侵台英舰，"毁其船，俘其人"。后来，他遭到和林则徐同样的命运，投降派诬他诳报军情，冒功欺罔；腐败的清政府将他逮问下刑部。在姚莹被逮由台押赴京师途中，张际亮正染疾在家，闻讯后，扶病陪送姚莹入都，义声动天下。他们都具有强烈的爱国心和正义感，而不顾个人的利害得失。林则徐奉旨禁烟时，已经预感到道光的翻覆无常和投降派的牵肘作梗，他是怀着决心担起艰难重任的。他在写给友人的信中说：去年赴粤，早知身蹈危机，入于坎窞，所以不敢稍迟者，冀为中原除此巨患,至于一身休咎,已置度外(据《溃痈流毒》所录大意)。金安清《林文忠公传》曾记林则徐出都前谒座师沈鼎甫说:"苟利社稷,不敢竭股肱以为门墙辱。"言毕二人相顾涕下。龚自珍同样是个有血性的人。道光十六年,龚自珍的友人王元凤以陈州知府获谴,道光皇帝亲自派使鞫审,特旨革职,发往军台。龚自珍乞假五日,送之居庸关,逾八达岭而返,并在《说张家口》一文中,力白其冤。这时,龚自珍经常向人乞籴,几乎穷到无米举炊的地步,但他还是把王元凤的家属收留在自己家中(事见《潘阿细碣》)。这种伸张正义,不畏强暴的行为在当时是很难得的。

一九七六年

一四　毛泽东与文化传统

这方面已有不少有价值的文献,如《新民学会资料》、《湘江评论》、《讲堂录》、《伦理学原理批语》等都是研究毛泽东早期文化思想的重要资料。建国初至"文革"前夕为毛泽东管理图书报刊的逄先知所写的《毛泽东的读书生活》,是记述毛泽东后期文化思想的重要文献。

毛泽东在"五四"早、中期固然赞赏胡适、陈独秀、吴虞、李大钊等,但并不主张废弃传统文化。早在湖南第一师范就读时,他就受到杨昌济的熏陶。"五四"前夕,一九一四年他在日记中写道:"仍抄曾文正公日记,欲在一月以内抄完,亦文正一书不完不看他书之意也。""五四"新文化运动开始,一九一七年,他仍自称"独服曾文正"。当时,他还往"船山学社"聆听学术报告。直至一九三七年,他成为党的领袖,在延安讲授哲学,还请边区外的同志为他搜购自己收藏不全的《船山遗书》。在湖南就读时,曾多次偕蔡和森、萧子升、易礼容等出游北京、上海、山东等地,拜访孔孟故居,向陈独秀、胡适等求学问道。这期间,除醉心阅读《新青年》外,也钻研古籍。重点阅读的书有《近思录》、《仁学》、《资治通鉴》、《读史方舆纪要》、《昭明文选》、《韩昌黎全集》等。一九二〇年他给周世钊的信中说:"东方文明在世界文明内要占半壁的地位,然东方文明可以说就是中国文明。"这都说明"五四"时期青年毛泽东对传统文化的重视。

去年出版的汪澍白《毛泽东思想与文化传统》,有一章曾根据毛泽东的《伦理学原理批语》等,从"本原论"、"格致说"、"知行观"三方面来阐述朱熹哲学对青年毛泽东的影响,足资研究者参考。我认为汪著提及颜习斋对毛泽东的影响是更值得注意的。颜习斋出生在北方一个小村落,他的生涯大多在家乡度过,他把读书比作"吞砒(霜)",强调习行有用之学。所谓习行有用之学唯兵、农、礼乐三端。《年谱》记他对张文升说:"如天不废予,将以七字富天下,垦荒、均田、兴水利;以六字强天下,人皆兵、官皆将;以九字安天下,举人才、正大经、兴礼乐。"颜习斋排斥读书强调实践,其说与宋明诸儒迥异,但仍是儒家的一个学派。(侯外庐《中国思想通史》称颜学不是儒学,而是墨学的复活。李泽厚从之。此说不确,盖墨子非攻,颜元却主张以军旅强天下。)故钱穆说他气魄之深沉,识解之毅决非南方学者梨洲、船山、亭林诸人所及,并谓其思想深层与王阳明有一定渊源,故称其"仍是宋明诸儒矩矱"。

汪著指出毛泽东于一九三七年写的《实践论》多次直接使用了知行这个中国哲学史上习用的范畴。一九五一年《实践论》公开发表时,毛泽东还特意加上"认识和实践的关系——知和行的关系",虽然后来毛泽东在关于坂田文章的谈话中说,从实践到认识,再从认识到实践的飞跃,老庄、墨子、张载、李贽、王船山、谭嗣同都"没有讲清楚";但是,用实践来概括认识论,却是和颜习斋的思想有相通之处的。颜最重亲知,强调"要在行字着力"。他名所居为"习斋"就是表示重视躬行践履之意。他最初也是信奉程朱陆王之学,后来又转而对它进行了批判。他在《言行录教及门》中说:"古今旋转乾坤开物成务,由皇帝王霸以至秦汉唐宋明,皆非书生也。读书著书能损人神智气力,不能益人才德。"他力排朱子的读书为穷理之说,以为"试观今天下秀才晓事否?读书人便愚,多读更愚,但书生必自智,其愚却愈深"。他著书很少,但留下这类排斥读书的话却很多。汪著指出,毛泽东也多次发表过类似的见解,并援引毛泽东一九六四年春节座谈会的讲话为证。"讲话"称:"明朝搞得好的,只有明太祖明成祖父子两个,一个不识字,一个识字不多,是比较好的皇帝。以后到了嘉靖,知识分子当政,反而不成事,国家就管不好。书读多了,就作不了好皇帝。"早在《反对本本主义》一文中也说过:"读过马克思主义'本本'的许多人,成了革命的叛徒,那些不识字的工人常常能够很好地掌握马克思主义。"我认为毛泽东主张知识分子只有参加体力劳动才能改造思想也和上述观点不无关系。体力劳动是指上山下乡运动,到农村去滚一身泥巴。他到了晚年更进一步提出知识分子要接受贫下中农的再教育。这时他不再像从前那样承认农民身上也有落后的东西,而是把农民当作无产者,和工人阶级等同起来了。我在文中说,据传毛泽东在晚年读的是大量线装书。现在查阅了逄先知的《毛泽东的读书生活》可将要旨转述如下:进北京后,逄为毛泽东特地买了一部《四部备要》，一部大字本《二十四史》。前者，他读了大部分。后者，则不止通读一遍。他还浏览了大量中国古代的诗、词、曲、赋、小说等。但对外国作品却读得很少。逄只举出了《茶花女》、《简·爱》、《罗密欧与朱丽叶》寥寥几部。至于经济管理，特别是国外有关社会化生产管理方面的书就读得更少了。

在上述情况下，说毛泽东继承了"五四"全盘性反传统主义，以致导致了"文化大革命"的悲剧，虽然似乎也言之成理，但却令人感到持之无故，距离事实太远了。

一九八八年

一五　鲁迅与太炎

鲁迅留学东京时曾师事章太炎，受到章太炎较深的影响。这种影响自然不仅是文字学，也不仅是排满思潮，而且还表现在学术思想方面。例如关于今古文学派的看法，对法家所采取的比较肯定的态度，以及对疑古派的反感，都留下这种影响痕迹。在近代思想史上，章太炎是推重讽刺文学的为数寥寥的思想家之一（此外是在他之前的龚自珍）。这里顺便说一下，鲁迅似乎从未提到龚自珍。首先，照理说，鲁迅和龚自珍有许多相通的地方，为什么鲁迅对他没有只字涉及呢？这是我百思不得其解的。章太炎曾斥龚自珍"欲以前汉经术，助其文采，不素习绳墨，故所论支离自陷，乃往往如谵语"。这是极不公允的，只能视为经学今古文之争的门户之见。我不能断定在对龚自珍的评价上，鲁迅是否受到了章太炎的影响。但是如何来解释这个问题呢？我希望有学力的研究者作出深入的探讨。章太炎曾在《訄书》中说："瘈夷者恶燧镜，伛曲者恶绳绳"，便是对于社会上反对揭示真相的讽刺文学的有力驳斥。可以看出鲁迅曾吸取了章太炎那种犀利的讽刺笔法。其次，章太炎继清代钱大昕、朱彝尊的余绪，破千年来的传统偏见，著《五朝学》，对魏晋时代文学作了再估价，恢复了它在学术史上的应有地位。在这一点上，鲁迅也很可能受到他的影响。鲁迅曾校《嵇康集》，写过《魏晋风度及文章与药及酒之关系》。他喜爱阮籍、嵇康等人的文章，一扫前人奉儒家为正宗、对玄学家和清谈家所采取的不屑一顾的成见，而肯定阮嵇等人非汤武、薄周孔的反礼教的积极一面。他把魏晋时代称为文学的自觉时代。这一说法不仅中肯，而且具有卓识。他在涉及古代文论时，每每征引陆机、刘勰之说，并以新见解加以引申，不仅殚其底蕴，且发扬光大，使之至今仍具有生命力。例如，他对《文赋》中的"榛楛弗剪"这一论点的阐发就是明显的例子。笔者在拙著《文心雕龙创作论》中，曾五引鲁迅论《文心雕龙》之文，其见解之精辟，就是今天看起来也令人折服。例如，鲁迅引《程器篇》"人禀五材，修短殊用，自非上哲，难以求备，然将相以位隆特达，文士以职卑多诮，此江河所以腾涌，涓流所以寸折也"，加以按语说："东方恶习，尽此数言。"又引《辨骚篇》"才高者菀其鸿裁，中巧者猎其艳词，吟讽者衔其山川，童蒙者拾其香草"，加以按语说：此言后世模仿《离骚》者，"皆着意外形，不涉内质，孤伟自死，社会依然，四语之中，含深哀焉"。这类见人所未见的简短按语所包含的深刻内容足以耐人细思寻味。自然，以上这些观点并非来自章太炎，但章太炎的《五朝学》对魏晋时代文学所作的肯定评价，应该说对鲁迅是起了诱发作用。

一九八一年

一六 再谈鲁迅与太炎

鲁迅说章太炎在革命史上的业绩比学术史上的要大。鲁迅和太炎在思想倾向上是很不同的。但是，如果不把学术上的承传当作简单的模仿或因袭，而视为潜移默化的汲取；那么，我认为鲁迅对国学的某些看法，在一定程度上是受到太炎的影响的；不论这影响是自觉的，还是不自觉的。

蔡元培称鲁迅曾受清代学者的濡染，认为他杂集会稽故郡杂书，校《嵇康集》，辑谢承后汉书、古小说、唐宋传奇，编汉碑帖、六朝墓志目录、六朝造像目录等，全用清儒家法。鲁迅自称，他在写作上先受严复后受太炎影响。我认为，鲁迅受太炎的影响，除早期文言文喜用古字和成为鲁迅文章特色的犀利笔法外，还有其他一些方面，现简述如下。

章太炎继顾炎武、钱大昕、朱彝尊的馀绪，破千年来的偏见，对魏晋南北朝学术思想，作出再认识、再评价。他的《五朝学》可以说是一篇为魏晋玄学所作的有力辩词。文章以汉末与魏晋作对照，批驳后世所谓魏晋俗敝之说，用史实证明汉末淫僻之风远过魏晋。《五朝学》说："经莫穿乎礼乐，政莫要乎律令，技莫微乎算术，形莫急乎药石。五朝名士皆综之，其言循虚，其艺控实，故可贵也。"这是对于魏晋玄学的很高评价，发前人所未发。鲁迅早年校《嵇康集》，写小说《孤独者》魏连殳采用阮籍居丧故事，这些事本身就说明了他对魏晋玄学的态度。后来他撰《魏晋风度及文章与药及酒之关系》，就更说明了他对那个时代的学术思想的重视。这篇文章的着眼点与《五朝学》不同，但从学术渊源来看，仍可发现两者之间的某种关联。最为突出的是这两篇文章都提出了玄学和礼教的关系问题。应该说这一儒玄可通的观点始滥觞于《五朝学》。按照以前的说法，两者是很难调和的。如王何解儒经就曾被儒家极端派斥为"罪深于桀纣"。太炎据史论玄学兴起之原因，认为当时倘徒陈礼教，不易以玄远，则不足以戒奢惩贪。这是史有明证的。可是后人不见汉末风气已坏至唐则尤甚这一事实，独斥魏晋，以致责盈于前，网疏于后，是极不公正的。《五朝学》称："五朝有玄学，知与恬交相养，而和理出其性，故骄淫息乎上，躁进弭乎下。"这也是说魏晋玄学实可纠汉末风气之弊。太炎指摘魏晋的，乃是自魏文定九品官人法以来所形成的士庶区别门阀制度，故他批评顾炎武所谓魏晋矜流品为善的说法为"粗识过差"。这些看法都与鲁迅相契合。

当时在古史研究中有疑古派，也有对疑古派表示质疑和不满的人，在这一问题上，也不难寻觅鲁迅与太炎的思想渊源。我认为鲁迅对顾颉刚的忿詈诋諆，不能仅归于性格作风。两人交恶除萌发于"以俟开审"之类的具体事件外，也夹杂着学术观点的分歧。后者往往是更主要的。鲁迅不止一次地讥讽了顾颉刚所谓大禹是一条虫的说法。这件事应该放在一定思想背景上来看。太炎少时师事俞樾，受全祖望、章学诚影响，后来成为经古文派的最后一位大师。他对于以今文疑群经最所痛恨。戊戌前一年，太炎致谭献信中，记述他与梁（启超）、麦（孟华）诸子相遇，"论及学术，辄如冰炭"。他在《汉学论》中称："清世言公羊已乱视听，今公羊之学虽废，其馀毒遗蠹（螙）犹在。人人以旧史为不足信，而国之史实蹶矣。"姜亮夫记太炎对他说过这样的话："宜守家法，不可自乱途辙，杂糅古今。"太炎其他弟子也发过这样的感慨:"康南海《新学伪经考》出,则群经可读者鲜矣。崔适《史记探源》出则史之可读者鲜矣。"孙思昉还记述了太炎曾指斥奇衺怪迂之谈,其中就有"斥神禹为虫鱼,以尧舜为虚造",这与鲁迅之讥顾刚几乎完全一致。(鲁迅在《理水》中亦嘲讽把禹当作虫把鲧当作鱼的说法。)顾颉刚主办的《古史辨》是疑古派的大本营,影响被及海内外达数十年。他以怀疑精神破经书之神化,其成就不容抹煞。顾称古史研究即在证伪与造伪之辨。这固然有一定道理,但往往流于为破伪而成新伪。疑古派固不可简单地说成就是今文派,但从基本上来看,仍可说倾向于今文。二十年代上半期,北京学界发生争论,有"某籍某系"之说,这一说法,实含有将鲁迅与太炎联在一起的寓意。因为当时北大中文系教师多浙籍,也多为太炎弟子。《古史辨》的疑古派多重宋学,与太炎尊汉学异。据钱穆回忆,顾颉刚在中山大学教书时,以讲授康有为今文学为中心。鲁迅则对宋代理学多所訾议,他的文章曾批评宋代业儒,在小说中曾为理学家取名为"道统",为其子取名为"学程"。这篇题名《肥皂》的小说系描写一个人物想用肥皂洗净丐女,而作者命意却在洗去假道学的伪装。我认为凡此种种都给我们提供了线索,使我们可以从学术上去探究鲁迅与顾颉刚之争的思想背景。

太炎对秦代及其学术思想的评议,也与鲁迅有某种契合。太炎撰《秦献记》、《秦政记》,为秦代申辩,称贾生过秦,为"短识"。他认为秦皇微点,独在起阿房,以童男女三千资徐福渡海求仙诸事,而"其他无过"。太炎文录有《与王鹤亭书》,其中说:"经术之用,不如法吏明矣。"鲁迅对秦代及其文化没有像太炎上述这样肯定的评价,不过,他在早年所写的《文化偏至论》等文言文中,对"平等自由之念,社会民主之思"的指摘,与太炎的两记颇有相通处。《秦政记》称:"古生民平其政者莫遂于秦",两记并以此为主导思想去评骘秦代文化,鲁迅在《华德焚书异同论》中,为始皇叫屈,说他与攻陷亚历山德府的阿拉伯人、希特勒之流不可作同日语。认为后者也做不出始皇所做的书同文、车同轨的大业。秦代无文,鲁迅在《汉文学史纲要》为李斯独立一篇,称他尚有华辞,而在划一文字上则有殊勋。其第七篇合贾谊和晁错为一章。其中谈到《吊屈原赋》、《鵩鸟赋》、《治安策》,而未及《过秦论》,不知这是否受到太炎所说的"短识"的影响?鲁迅曾明言,自己有庄周的"随便"与韩非的"峻急"。他说"背了这些古老的鬼魂,摆脱不开,时常感到使人气闷的沉重"。我认为从以上所揭示的一些资料,可以进一步发掘鲁迅与太炎在学术思想上的关系。

一九九二年

一七　胡适论清学

　　胡适在口述自传中对清代学术作了总结,指出有三大成就(整理古籍、训诂、考古),也有三大缺点:一是清人大都摆脱不了儒家一尊的成见,所以研究的范围大受限制。一是清人除了用经书、史书、子书作训诂和音韵的比较研究外,就再没有其他参考比较的材料。上述两种情况确实存在,虽然他并没有提到形成这情况的历史原因,而只是常识性的泛泛而论。至于他说的另一种缺点,则是可以讨论的。即他认为清代学者太重功力,而忽视了理解。胡适曾撰文论述清代学术,推重清人的重证据精神。顾亭林以一百六十个证据证明"服"字古音读作"逼",阎百诗以三十多年工夫考明《尚书》中的古文为伪作,钱大昕据数十例考定古无轻唇音及舌头舌上之分,高邮王氏以二十六例释"焉"字之通则……胡适对这一类治学工夫,都曾备加称颂。表面看来似与口述自传批评功力之说相悖,但并不矛盾。因为这符合他的"拿证据来"的原则,但清人治学偏重归纳法,其弊端如胡适所云,"决不能把同类的例都收集齐了,然后下一个大断案",因此必须以演绎法与之相济。胡适心目中的演绎法,即他说的"寻得几条少数同类的例时,我们的心里就起了一种假设的通则"。这假设的通则不是别的,正是他倡导的"大胆的假设"。所谓大胆的假设,用他的说法,乃是一种"艺术",一种"想象的功能"。

胡适在日记中记他于一九三七年初与汤用彤所作的一次谈话。日记中说,汤对胡自认胆小,说只能作小心的求证,不能作大胆的假设。胡适说这是"谦词"。依我看,这未必是谦词,而是老实话。这表明两人在治学方法上存在分歧。胡适在日记中也承认"锡予的书极小心,处处注重证据,无证之说虽有理亦不敢用"。凡读过汤著的人都会有同样的感受。汤著《汉魏两晋南北朝佛教史》、《魏晋玄学论稿》等,迄今仍被人认真阅读,并往往加以征引。而胡适的《中国哲学史大纲》之类,已被后出的著作所取代了。这也多多少少说明两人治学方法之间的短长所在。

一九九三年

一八 谈胡适之学

蔡元培曾称胡适家学渊源,为绩溪胡氏(胡培翚)之后。胡适后来更正了这一说法。不过,胡适少时在家乡亲友熏陶下,也确实受到他后来在口述自传中所说的"我国十九世纪一些高等学府的治学精神"

的影响，这是指由当时龙门书院山长扬州著名经师刘熙载和南菁书院山长名儒黄以周等所传播的学术空气。胡适在口述自传中，特别提到龙门书院所刊印的朱熹、张载等人的语录。他对张载说的"为学要不疑处有疑"这句话留下了深刻印象。〔案：唐德刚在《胡适口述自传》注中怀疑此语非张载所说。查张载《经学理窟·义理》有云："观书者释己之疑，明至之未达，每见每知所益，则学进矣，于不疑处有疑，方是进矣。"胡适所记不误。〕胡适对作为自己治学要旨的这个"疑"字，曾多次阐释过它的来历，但说法不一。有时他说自己也说不出他的存疑治学方法是从哪里来的。言下的意思似乎是经过长期琢磨，逐渐发展出来的。这可以解释为他受到多方面的影响，而不是承袭一家之言。但有时从他的话又可理解作，他终身谨守的治学方法，是他在哥伦比亚大学读书时，翻阅《大英百科全书》偶然发现的（参见胡传唐注）。可是在另一处地方，他又明确宣告，在治学方法上使他深深得益的是杜威说的"系统的思想和批判的法则都是在怀疑状态下产生的"。还有比这更明确的表白："近几十年来，我总欢喜把科学法则说成是'大胆的假设，小心的求证'。我一直承认我对一切科学研究法则中所共有的重要程序的理解，是得力于杜威的教导。"至于"拿证据来"这一原则，也不是承继传统，来自乾嘉学派，而是源于当时美国盛行的科学实验室精神。胡适说这句话是赫胥黎说的。

《胡适口述自传》第六章唐注一称："治近代学术史的人，每把胡适列入古文家。胡先生向我说，他绝不承认这顶帽子。"他认为自己搞的是科学方法，而"马融、郑玄懂得什么科学"？胡适对宋儒的评价也不高，他认为"宋儒讲格物全不重假设"，而只是有一些归纳的精神。他把朱子说的格物真积力久可以"一旦豁然贯通"，看作是"追求绝对的智慧"，是反科学的。把小程子说的"道着用便不是"，解释为"绝对非功用说"，是不可为训的。他对清代学术则相当尊重，曾特别称道顾亭林、钱大昕、戴震、阎百诗、高邮王氏父子等的考据训诂之学，并把清人所用的例证通则附会为大胆的假设。他说，他对中西校勘学的殊途同归的研究方法，颇感惊异。但是，同时他又认为西方的方法，"远比中国同类的方法更彻底、更科学化"。因为清人只有两部《皇清经解》作为治学的成绩，这跟三百年来西方科学的成绩比起来，"相差不可以道里计"了。胡适在这里作了一个不可比的比较。清代没有诞生近代自然科学是事实，但这属于另一问题，倘责之上述那些清代考据学者则是失于一偏的。

胡适在口述自传中直言不隐地承认，他于一九一六年写的《论训诂之学》，是约翰·浦斯洛（John P. Poslgate）教授为大英百科全书十一版写的有关版本学 Lextual Criticism 一文的节译。他还说，他于一九一七年撰写的博士论文，"所用的方法和主要出发点，是与传统的中国学术截然不同的"。这些都可证明胡适受到我国传统治学方法影响并不很深。他对北宋的批评方法和清代的考据训诂之学采取了一定的赞赏态度，是由于他发现它们和他信守的西方治学精神与治学方法有契合之处，以后者为依据去衡量前者的结果。胡适似乎很少对中国传统学术与西方不同的、其本身独具的价值与特点，给予肯定的评价。这里可以举一个例子。胡适是现代新红学的开宗大师。他在《红楼梦》研究上所作出的贡献是不容抹煞的。可是他对《红楼梦》本身的评价却很低。根据《胡适口述自传》第十一章唐注五的记述，胡适说："《红楼梦》不是一部好小说，因为它没有一个 plot（故事情节）。"而推动他从事研究这本书的原因，据他本人说只是为了试试运用实验主义的治学方法。一九六〇年,他在致苏雪林信中说:"我写了几十万字考证《红楼梦》,差不多没有说一句赞颂《红楼梦》的话。"他认为,"在见解上,《红楼梦》比不上《儒林外史》,在文学技术上,《红楼梦》比不上《海上花列传》……"胡适这样说是文学趣味问题,但正是由 plot 这一不高明的文学批评标准所形成的文学鉴赏力,才会有这样的文学趣味。

一九九三年

一九 鲁迅与周作人

我们需要从鲁迅作品中去探索其中所涉及的人名、书名、事件等和他在思想上的渊源关系。就是对于他并未正面涉及的,也要善于去分辨,去寻找其蛛丝马迹。例如,鲁迅晚年有些文章是以周作人为对象的。据我浅见,鲁迅的《喝茶》就是和周作人的《苦茶随笔》针锋相对的。这篇文章十分精辟地勾勒出在大动荡时代以周作人为代表的那种回避现实,不敢使自己的灵魂粗糙起来,却又变得具有病态的敏感、细腻,以致不能经受时代风暴考验的懦怯性格。再如,鲁迅在《"题未定"草》第九篇中引张岱《琅嬛文集》述明末东林党和非东林党中的君子与小人一段所发的议论,也是驳斥周作人的。两人同引这段话,却作出了截然不同的相反结论。这些地方都未有只字提及周作人,只有读了周作人文集后,进行比较,才可见出端倪。鲁迅和周作人的分歧代表同一时代两种思潮的斗争。如果有人写出这一对兄弟如何在早期重视手足之情,以后由于思想上的分歧而产生了矛盾,那将是一个有趣的题目。

一九八一年

二〇　摆脱依附　找回自我

我认为中国知识分子应摆脱长期以来的传统依附地位，找回自我，要有自己的独立人格，并由此形成独立意识和独立见解。尊重知识，尊重人才，首先就要注意这一点，再不能用"皮之不存，毛将焉附"的说法，把中国知识分子放在寄生或依附的地位。罗曼·罗兰在第一次世界大战期间，曾经超越混战，发表了精神独立宣言。后来又在答复苏联作家格莱特考夫的信中，宣称自己是一个个人主义者。可是谁都不会怀疑以个人主义自命的罗曼·罗兰其实是具有最强烈的爱人类、爱真理、爱进步的群体意识和社会责任感的。文艺工作者不能在艺术问题上盲目遵从任何个人的意见。

在"文化大革命"那场灾难里，最大的悲剧是扭曲人性，使人发生令人毛骨悚然的自我异化——一方面使少数人异化为神和先知，另一方面又使多数人异化为兽。人与人之间的正常关系：尊重、友爱、互助……没有了，只有猜忌、仇恨、伤害……既然成千上万的无辜者和革命者被打成反革命，那就需要通过斗争哲学，使人大胆怀疑，满眼都是敌情。样板戏就是以这种斗争哲学为基础的。

一九八七年

二一　"一切都不会白白过去"

现在有一种理论强调理性而反对情绪化。提倡理性并不错。一九七九年我在长期搁笔后为自己新出的一本书写的后记中曾这样说过：

"目前正在方兴未艾的思想解放运动是具有怎样巨大的力量，它给我的最大鼓舞，就是那标志着理性再觉醒的实事求是精神已经发出了新的呼声。"西方的启蒙运动在走出中世纪的黑暗时，正是把一切都放在理性的法庭上进行再认识、再估价的。我至今不能忘怀十年浩劫前夕，在那"山雨欲来风满楼"的寒夜里，灯下阅读潘恩《理性时代》时的内心激荡。我多么希望自己的祖国也会出现这样一个理性时代，摆脱长期以来在极左思潮下所形成的反理性的狂热和感情上的迷乱。可是，也许由于我长期从事文艺工作的缘故，我并不认为感情是不好的，更不能容忍否定感情的理智专横。感情是激发创造的动力，也往往成为导向理解的媒介。因为只有对某一对象发生血肉相关的感情，才更容易引起去理解这一对象的愿望，才更容易激发去理解这一对象的能力。所以我不能赞赏那种心如古井、超脱尘寰、不食人间烟火的隐逸高洁。至今我仍对鲁迅的《华盖集》序言深深感到共鸣。他说，虽然知道伟大人物能洞见三世，观照一切，历大苦恼，发大慈悲，离世间愈远，认识人间也愈深愈广，凡有言说也愈高愈大。但是，他说他只能像沾水小蜂在泥土上爬动，救小创伤还来不及，没有余暇去达到心开意豁、平正通达的境界。我以为思想家或作家的参与意识以及对时代的使命感和责任感并不意味着丧失了独立人格和独立见解，更不等于放弃或冲淡艺术性。近来出现一种反对参与意识，认为只有远离社会生活、为学术而学术或为艺术而艺术的态度才能促使学术或艺术走上正轨的观点，其实乃是一种矫枉过正的偏颇。

有人对样板戏产生了应有的义愤，这是可以理解的。相反，如果经历了那场浩劫而对样板戏竟引不起一点感情上的波澜，那才是怪事。据说，犹太王大卫的戒指上刻有一句铭文："一切都会过去。"

契诃夫小说中的一个人物却反其意说，他要在自己的戒指上也刻上一句铭文："一切都不会过去。"他认为，什么都不会毫无痕迹地湮灭；今天迈出的任何一步对于未来都会具有意义。是的，时间无法消灭过去。只有麻木的人才会遗忘。龚自珍作为我国近代史上最为敏感的思想家曾经说过："灭人之国必先去其史。"人类有历史就是使人不要忘记过去。

一九八七年

二二　把病"表"出来

卡莱尔的《英雄与英雄崇拜》和罗曼·罗兰的《英雄传记》，虽然都以伟大人物为对象，但由于这两位作者在英雄概念上有显著的分歧，所以这两种性质类似的传记存在极大差异。卡莱尔把英雄视为领袖群伦、迥拔众生的先知或神人，而罗曼·罗兰却把英雄当作靠心灵而伟大的平凡的人。我的一位友人曾说"文化大革命"使人异化为兽或相反地异化为神。自然前者是芸芸众生，后者则是像卡莱尔所说的先知或神人。"三突出"就是宣扬个人迷信的造神理论，而样板戏就是它在文艺创造上的实现。这种理论并不是一朝一夕形成的。解放以来，文艺界以政治运动方式陆续批判了"写真实论"、"现实主义深化论"、"中间人物论"。那些批判文章动辄加上丑化劳动人民、歪曲英雄形象的恶谥。写英雄不准写缺点，更不准写他死亡。这些都为后来宣扬个人迷信的"三突出"作好了准备，提供了条件。可以说，"三突出"是集教条主义大成并把它以恶性膨胀形态表现出来。如果说"文化大革命"在提供反面例证上也有某种用处，那就是它使过去潜在的东西显露了，使过去隐藏的东西明朗了。它以夸张方式把过去不易为人察觉的东西使人看得明明白白，把以前并不感到有什么害处的东西使人了解它的危害性。用一句中医的话来说，就像一帖对症的药把隐藏在内的病源"表"出来了。这应该说是一件好事。就我个人来说，从此我再也不能欣赏那种说大话、浮夸成风的豪言壮语，再也不能去崇拜自己也曾经陷于其中的个人迷信。我不认为英雄是一个超凡入圣的神人，可以蔑视小小地球，把认为敌人的对象当作蚂蚁和苍蝇，以巨人的雄伟气魄在芸芸众生的伧夫俗子之间高视阔步。我认为真正的英雄是和我们一样的人。他是人民中间的一个，甚至也有缺点和错误，但胸襟开阔，头脑睿智，眼光远大，他为人类作出的贡献往往是我们所不可企及的。一旦有了这样的认识，就会使体现"三突出"的样板戏成了再也看不下去的东西，因为其中的英雄都是上述那种凡人中间永远找不到的纯而又纯的"高大全"形象。这种个人崇拜正蕴含着"文化大革命"的精神实质。

一九八七年

二三　"文革"批孔

从表面看，"五四"打倒孔家店，"文革"批孔，两者似乎一脉相通。我最近读到海外学者的一篇文章，认为在今天谁推崇儒家或至少对于儒家的尊重多于批评，谁就是纠正"文革"批孔的错误。这种看法大概是由于对国内情况有些隔膜，他们不理解在过去一系列的政治运动中，思想批判只是达到政治目的的实用手段，只要略微了解诸如海瑞、《水浒》等等这些历史人物和历史故事在剧烈政治斗争中的浮沉荣辱就可以明白了。"文革"前海瑞是号召作家去写的清官楷模,但由于政治需要,一下子就成了为"文革"序幕祭旗的牺牲了。《评新编历史剧〈海瑞罢官〉》是真的批海瑞这个历史人物吗?不是。《水浒》这部小说曾被宣布包含了不少辩证法,新编京剧《三打祝家庄》也一再受到热烈的奖励,但是在"文革"中一下子变成了宣扬投降主义的反动著作。当时是真的批宋江吗?不是。它们都作为影射的符号,所谓"项庄舞剑,意在沛公",这些选来祭旗的历史人物和历史故事,只是为了达到某种政治目的的替罪羊。批孔也是一样,就在当时恐怕连不大识字的人也都明白批大儒、批魁儒究竟批的是谁。这也就是当时除了御用写作班子的少数笔杆子外,理论工作者(哪怕是一贯对儒家采取批判的人)都对这场闹剧采取了坚决抵制态度的缘故。如果不懂历次政治运动总要通过文艺批判来揭开序幕,如果不懂自有文字狱以来就已存在的所谓"影射"这两个字的妙用,那么只能说还不大了解国情。须知,"文革"期间,固然是把封资修一股脑儿作为批判的对象,可是,经历这场浩劫的过来人都可一眼看穿它的皮里阳秋,谁都知道"文革"是封建主义复辟。试问:当时被尊崇并凌驾在马克思主义之上的法家不是封建主义是什么?倘使知道"文革"期间连意大利电影导演安东尼奥尼都被当作外国的孔夫子去批,难道还能认真地——或者直白地说,迂腐地去把这场批判当作是真在反儒吗?

一九八八年

二四 曲 笔 构 陷

《文化偏至论》是鲁迅早期的文言之作,其中有一段话说:

……革命于是见于英,继起于美,复次则大起于法朗西,扫荡门第,平一尊卑,政治之权,主以百姓,平等自由之念,社会民主之思,弥漫于人心。流风至今,则凡社会政治经济上一切权利,义必悉公诸众人,而风俗习惯道德宗教趣味好尚言语暨其他为作,俱欲去上下贤不肖之闲,以大归乎无差别。同是者是,独是者非,以多数临天下而暴独特者,实十九世纪大潮之一派,且曼衍入今而未有既者也。

　　这篇文章既名为"文化偏至",显然对于外国传来的某些思潮有所批评。鲁迅所批评的偏至思潮是什么呢?就上下文串通来看并不难理解。文中所说的英美法革命,不言而喻,指的是资产阶级革命;接下来所谓"平等自由之念,社会民主之思",也同样不言而喻,指的是宣扬自由平等的资产阶级民主思潮,只要略具常识就不会发生误解。但是,以棍子起家发迹的姚文元,竟望文生义,把其中的"社会民主"说成是"社会民主党",然后再以其含沙射影、曲笔构陷的惯伎,把文中对社会民主的批评,说成是"资产阶级对无产阶级的诬蔑"。这个不学有术的家伙,一向拉大旗做虎皮,借鲁迅之名以行其陷害忠良之诈。但是,棍子毕竟不能代替真理,他终于不能自藏嘴脸,在这几句话里现出原形来了。以他为样板整整左右了一代文风的大批判,随着"四人帮"的覆灭而遭到人们的唾弃。可是当其猖獗横行之际,有谁敢冒大不韪指出他这种连起码常识都不懂的谬论呢?

一九八一年

二五　理论准备不足

改革中"摸着石头过河"这句话，实际上是过去长期作为工作要诀的所谓"边学边干"这一公式的应用。我听到几位老同志说他们从未学过打仗，是在战争中学战争，结果打败了那些从高等军事学院毕业出来的将领所指挥的军队。如果把这种观点当作普遍适用的真理，就很不妥当。"文革"期间曾提出了"做什么学什么"的口号，甚至出现了"一块石头打开哲学大门"的笑话。早在四十年代，胡风就因为说"下水并不等于游泳"而被目为反对实践而遭到批判。五十年代初主持上海宣传工作的彭柏山因为强调理论学习而受到权高位重的柯庆施的训斥与整肃。直到"四人帮"粉碎后，周扬还因为提出民主革命时期与社会主义建设时期理论准备不足而挨批。这些没有上书的历史足以证明上面的问题是多么严重。所谓"实践出真知"这句话由于一再滥用已变成排斥理论的实用主义的套话了。我感到改革中出现的问题，缺乏理论准备是一个因素。过去的"大跃进"用人民公社来提早实现共产主义是没有任何理论准备的。（如果说有什么理论，那也只是最高当局在通过人民公社若干问题的决议时，把亲自作注的《张鲁传》印发给高层会议的参加者，指出张鲁所行的五斗米道"置义仓"、"置义米肉"、"不置长吏，皆以祭酒为治"、"各领部众，多者为治斗大祭酒"，体现了政教合一，劳武结合的原则。）没有经过事前的研究，科学的论证，可行性的探讨，专家与群众的评议，甚至放弃了典型试验由点到面的传统工作方法，而是取决于意志的绝对命令，由上至下去贯彻。有人反对，就以"气可鼓不可泄"、"打击群众积极性"等强词夺理的专横霸道去进行压制。这一经验值得记取。改革需要有理论的探讨，需要有人民的参与。

一九八九年

二六　中国农民特殊论

在民主革命时期，民主思想应当得到发扬的机会，当时也确实提出反封建的民主口号。但是民主运动主要体现在打土豪、分田地，以及后来通过土改所进行的所有制的变革方面。在思想领域内却没有进行比较彻底的民主洗礼。相反，由于农村包围城市，用毛泽东的话来说，革命力量是处于小资产阶级汪洋大海的包围之中。小资产阶级指的是农民。这个分析是清醒的。但是，和马克思恩格斯不同，我们有一种中国农民特殊论，认为中国农民从长期不断爆发的农民战争中形成了革命传统。到了近代中国沦为半殖民地半封建社会后，农民又成为各种矛盾的焦点，受到多重剥削与压迫，因此苦大仇深，革命性最坚强。这是事实。但是不能因此忽视：农民长期束缚于土地，眼界狭窄，易于保守，和进步的生产力绝缘所形成的落后性。从中国农民特殊论出发，又由于农民在革命中所居主力军的地位，往往偏于一面，不再注意他们的落后性，甚至把他们拔高成无产者，和工人阶级划等号。这曾经招来讥评，被称为"山头马克思主义"。这种批评是偏颇的，而针对这种批评的回答也同样是偏颇的。历史似乎开了一个玩笑，现实进程似乎证明了后者的正确性，于是人们对这个问题自然形成一种固定观念，不再去思考观念是否正确了。直到解放后华东大行政区所刊行的《共产党员课本》，第一章就开宗明义以"共产党是工人党还是农民党？"为标题。过去是以经过土改实现所有制改变作为反封建任务完成的标志，但没有在思想领域对封建意识、小农思想和封建意识的关系，在马克思主义中国化过程中是否在某些方面夹杂着小农意识等等这类具有重大现实意义的问题，进行深入的研究和探讨。这对我们的改革成为一定的障碍。六十年代在短暂期间，出现过一段思想活跃的宽松时期，史学界曾对中国农民革命战争进行了讨论。当时就有人提出过农民战争反剥削反压迫而并不反封建。农民不代表新的生产力，也不能建立新的思想体系。因此，历史上屡次出现的农民革命战争的胜利都成为改朝换代的同义反复。事实上，农民思想中存在着长期作为统治思想的封建主义的残余。有着长期历史的儒家思想，经过多次演变和发展，是极为复杂的现象。孔子曾被讥为"四体不勤、五谷不分"，他也自称不如老农老圃，但是后来儒家也有浸染着浓厚农民意识的。比如颜元强调习行有用之学，就以农为主要内容。他以六字富天下：垦荒、均田、（兴）水利，三者均属农事。这类儒家思想至今仍有巨大影响。我以为在我们社会中还存在浓厚的小农意识。今天存在我们社会中的不是一般的封建主义，而正是这种以小农意识为形态的封建思想。今天还会出现家长制、一言堂、关系网、裙带风、大锅饭、等级的森严、个性的泯灭、独立人格的缺乏，我想就是由于这缘故。

一九八九年

二七 "横 以 孤"

龚自珍冲决封建罗网的大声疾呼是使他遭到当时人非难的主要原

因。不仅他的友人姚莹说他"言多奇僻",就连他的知交魏源也写信给他进忠告:"吾与足下相爱,不啻骨肉,常恨足下有不择言之病。夫促膝之谈,与广廷异,良友之诤,与酬酢异,若不择而施,则于明哲保身之义恐有悖,不但德性之疵而已,此须痛自惩创,不然结习非一日可改也。"这些话说得很恳切。唯其恳切,更说明了魏源对他的知交是多么不理解。他竟把他那反映时代呼声的大胆思想说成是"不择言之病",把他向封建社会挑战的勇敢精神说成是"德性之疵"。敌人的诽谤只有引起轻蔑,可是一位朋友出于善意的误解,将会使人感到多么沮丧和痛苦。今天我们可以公平地来评断魏源和他之间的这种分歧了。他死后,次年,他的儿子龚橙抱遗书至扬州就正于魏源。经魏源论定并校正章句违合,编成《定盦文集》。文集中有些诗文保存了原来的字句和魏源的校改。两者对勘,魏源所改的大抵是磨去原文的锋芒。如《饮王少宰定九丈宅,少宰命赋诗》中"不使人世一物磨锋芒",魏源改作"不使朝宁争锋芒"。原诗"毋乃大官表师空趋跄",魏改作"如鱼逐队空趋跄"。原诗"所惜内少肝与肠",魏改作"畴肯报国输肝肠"等等。经此一改,原作的机锋尽消。这可以作为我们研究两人思想分歧的佐证。魏源尚且如此,其他人不问可知。后来似乎只有程秉钊对他作出了中肯的评价:"近数十年来,士大夫诵史鉴,考掌故,慷慨论天下事,其风气实定公开之。"可是这种人在当时毕竟是凤毛麟角。在涉及封建社会根本问题方面,他们那种异乎时流的新态度、新眼光、新思想是不容易被人接受的,因而他们是孤独的。龚自珍把他这种心情写在《纵难送曹生》中。这是一篇使人感到心灵震撼的悲壮文字。他假借"求三代之语言文章而欲知其法"来暗示自己向往的革新事业。他说:

> 天下范金、搏埴、削楮、揉革、造木几，必有伍。至于士也，求三代之语言文章而欲知其法，适野无党，入城无相，津无导，朝无诏。弗为之，其无督责也矣。为之，且左右顾视，踆踆而独往，其愀然悲也夫？其颓然退飞也夫？……其志力之横以孤也，有以异于曩之纵以孤者乎？（"横以孤"指在自己时代处境孤独，"纵以孤"指历史上处境孤独的先辈。——引者）

接着，他似乎在告诫自己，不要孤芳自赏，以为：

> 吾之志力，可以有金而淬之，范金者弗吾逮也，吾且大贤。吾有埴而方圆之，有楮而缋之，有革而鬃之，有木几而雕镂削治之，愈密愈华愈贤，吾又大贤。……夫横者孤矣，纵孤实难，纵者益孤，夫汝从而续之，不难其止。

读了这些话，不难看出那种视他为狂妄自大的成见是多么不符事实。

一九七八年

二八　不拘一格降人材

龚自珍在《古史钩沉论一》中说：

> 昔者霸天下之氏，称祖之庙，其力强，其志武，其聪明上，其财多，未尝不仇天下之士，去人之廉，以快号令，去人之耻，

以嵩高其身；一人为刚，万夫为柔，以大便其有力强武，而胤孙乃不可长。

嘉道两朝正是取得恶果的时代。《乙丙之际箸议第九》就是描述这种"未雨之鸟戚于飘摇，痹痨之疾殆于痈疽，将萎之华惨于槁木"的衰世景象：

当彼其世也，而才士与才民出，则百不才督之缚之，以至于戮之。戮之非刀，非锯，非水火；文亦戮之，名亦戮之，声音笑貌亦戮之。……戮其能忧心，能愤心，能思虑心，能作为心，能有廉耻心，能无渣滓心。

在这种情况下，不仅不能产生才相、才史、才将、才士、才民、才工、才商，甚至也不会出现才偷、才驵、才盗。他宛如置身荒凉的墓地，怀着沉痛的心情，写下了那首"九州生气恃风雷"的著名诗篇。他感到时代脉搏在激烈地跳动，渴望看到坚强的性格，充沛的精力，巨大的气魄，可是他的四周只有不足道的侏儒：庸俗、卑吝、委琐。《全集》收有他的语录，其中一则记述他讲解《四代》篇："子曰：平原大薮，瞻其草之高丰茂者，必有怪鸟兽居之。……高山多林，必有怪虎豹蓄孕焉。深渊大川，必有蛟龙焉。民亦如之。君察之，此可见器见才焉。"他说："孔子观人如此，今之观人者，喜平原无草木者，见虎豹则却走矣。"大概这就是他由才相、才史一直连类及才驵、才盗的缘故吧。他的悲壮呼号："我劝天公重抖擞，不拘一格降人材"，就是反映了这种要求。

一九八七年

二九 "蛆虫儒"与"蛆虫僧"

龚自珍喜好百家之言,并不独尊儒术,不守儒家绳墨,而更重要的是他的现实主义精神,使他尽量做到不囿于主观成见,不蔽于前人旧说。这方面大致是继承了戴震、段玉裁的考据学的实事求是精神。段玉裁是他的外祖父,曾授他文字学;而段玉裁本人则是戴震弟子。《经韵楼娱亲雅言》曾引戴震一句名言:"知十而非真知,不若知一之为真知也。"可见戴震是最讲求真实性的。在经籍诠释方面,他严守"传其信不传其疑"的原则。后人说他倘没有确凿的证据,"虽圣哲父师之言不信也"。龚自珍的治学方法,可从他写的《抱小》篇中窥见端倪:

学文之事,求之也必劬,获之也必创,证之也必广,说之也必涩。不敢病迂也,不敢病琐也。求之不劬则粗,获之不创则剿,证之不广则不信,说之不涩则不忠,病其迂与琐也则不成。

他说:"儒但九流一";对于儒家末流,他更加以尖刻的嘲讽:"后代儒益尊,儒者颜益厚。"正如他把佛家末流斥为"蛆虫僧"一样。他在《正译第七》中引佛言:"我如狮子王,一切无畏,畏狮子身自生蛆虫,食狮子肉。"把奔逐利禄以恫吓挟制较量罪福的禅师名为"蛆虫僧"。

一九八七年

三〇　阴鸷反噬之术

鲁迅写的《论辩的魂灵》、《牺牲谟》、《评心雕龙》等杂文中所勾画出来的强词夺理的诡辩，十分深刻地揭露了一直在我们社会中流传不绝的阴鸷反噬之术。试举第一篇的一则为例：

你说甲生疮。甲是中国人，你就是说中国人生疮了。既然中国人生疮，你是中国人，就是你也生疮了。你既然也生疮，你就和甲一样。而你只说甲生疮，则竟无自知之明，你的话还有什么价值？倘你没有生疮，是说诳也。卖国贼是说诳的，所以你是卖国贼。我骂卖国贼，所以我是爱国者。爱国者的话是最有价值的，所以我的话是不错的，我的话既然不错，你就是卖国贼无疑了！

我们是多么熟悉这种诡辩术。如果有人采用综合研究法，从逻辑学和文化心理学角度加以剖析，揭示这种诡辩怎样玩弄权诈，乃是很有意义的。可是这项工作，鲁迅研究者没有去做。为什么竟遗漏了比马克·吐温《竞选州长》所揭露的造谣报纸更可畏、更毒辣如上述"鬼画符"之类的丰富材料呢？似乎没有人去探讨鲁迅著作中这方面极有价值的材料。

一九八一年

三一　"告奸"与"除阴奸"

韩非把人看得很可怕。"猾民愈众，奸邪满侧"，真是满眼敌情，人人可疑。

　　奸邪这样多，只靠君主一个人的力量是不够的。于是出现了"告奸"。"明主者，使天下不得不为己视，天下不得不为己听。故身在深宫之中而明照四海之内，而天下弗能蔽弗能欺者何也？暗乱之道废，而总明之势兴也。"这的确是好办法，比广置心腹，多设耳目更为有效。因为天下人都变成为己视、为己听的耳目了。但不是人人都可疑吗？怎么能相信他们？他们又怎么会死心塌地地为君主做耳目，彼此监督，互相举发？《奸劫弑臣》里接着解答了这个问题：

　　　　此其所以然者，匿罪之罚重而告奸之赏厚也。此亦使天下必
　　为己视听之道也。

归根到底，还是利用人的自为心。人类的每一种恶劣情欲都成为韩非之术的支柱。韩非的告奸原本之商鞅的连坐。但是韩非批评商鞅"徒法而无术"。商鞅一断于法，而韩非之术却是打开了地狱的大门，煽起人们的恶劣情欲，只要是君主不满的，可以不顾法律，不管是非，不问曲直，哪怕明知无罪也得昧着良心去举发。章炳麟《訄书》云："专以见知腹诽之法震怖臣下，诛锄谏士，艾杀豪杰，以称天子专制之意。"这话本来是批评张汤之徒"乞哀于人主，藉其苛细，以行佞媚之术"的，但也可以借来转赠韩非。在这种深文周纳的告奸罗网下，专为自己打算的人自然可以乘机捞一把，就是那些正派人，谁不怕牵连到自己头上来呢？这大概是韩非之术中最得意的一笔罢。

　　除告奸外，韩非还提供了一整套君主驭臣之术。《外储说右上》云：

明主之牧臣也，说在畜乌——夫驯乌者断其下翎焉，断其下翎则必恃人而食，焉得不驯乎？夫明主畜臣亦然，令臣不得不利君之禄，不得无服上之名；夫利君之禄，服上之名，焉得不服？

打个比方，所谓"畜乌"，有些像我小时在北方听到的驯鹰的办法。鹰是猛禽，性悍，不易驯。驯鹰人使用的办法叫"熬鹰"：不给吃，不给喝，不给睡，用自己的眼睛盯着鹰的眼睛，鹰一闭眼睛就把它捅醒，这样熬着，直熬到鹰驯服为止。韩非把这套驯禽兽的办法搬来作为君主驭臣之术，就连自己选任的官吏也不把他们当人看待，难怪司马迁批评韩非"惨礉少恩"了。《八经篇》中"起乱"一节提出了"质"、"镇"、"固"三术，可以说是韩非对于畜乌说所作的自注。这三术是畜臣的具体办法。所谓"质"是把官吏的妻子、亲戚作为人质，以备其变，所谓"镇"是用尊厚的爵禄以餍官吏之心，所谓"固"是指参伍之验，以责官吏之言，所以固其实。如果三术都不足以制之，那么就要采取肉体消灭办法了。在"起乱"这一节里，接着说：

……名实当则径（诛）之。生害事，死伤名，则行饮食；不然，而与其仇，此谓除阴奸也。

据顾广圻训："径者，为显诛也，下文乃隐诛之。"所谓"显诛"也就是明杀。除明杀外，还有暗杀的办法。下文"生害事，死伤名，则行饮食；不然，而与其仇，此谓除阴奸也"。除阴奸就是暗杀。旧注释"生害事，死伤名"一句，多窒碍难通。其实这句话并不费解。直白地说应该是：这批人让他们活着多碍手碍脚，把他们杀掉又于名不当，只有下毒或假手于人——出于暗杀之一途了。这正是韩非不同于商鞅的地方。商君并不玩弄什么"下饮食"或"与其仇"这套阴谋诡计，虽蒙残刻之名，他的为人倒是磊落的。所谓"除阴奸"全凭君主个人的独断，尽管在法律上没有任何根据，但只要看着碍眼，就不择手段地进行暗杀，这哪里还谈得上什么"法治"？

一九七五年

三二　牛马、豺狼、鹰犬

韩非《八经篇》提出："凡治天下必因人情，人情有好恶，故赏罚可用，赏罚可用则禁令可立，而治道具矣。"这里说的人情好恶，就是《二柄篇》里说的"畏诛罚而利庆赏"。韩非反反复复地说："喜利畏罪，人莫不然。"（《难二》）"夫安利者就之，危害者去之，此人之情也。"墨子主张利人，韩非主张利己。《外储说左上》说："（人）皆挟自为心。"这是说人人都只知道爱自己，为自己，全都是自私自利贪生怕死之徒。韩非曾举例说明："鳝似蛇，蚕似蠋。人见蛇则惊骇，见蠋则毛起。渔者持鳝，妇人拾蚕，利之所在，皆为贲、诸。"（《说林》）所谓贲是孟贲，诸是专诸，皆古之勇士。韩非很喜欢这个故事，还把它写在《内储说上》里，以说明人是如何见利而趋。韩非的法、术、势，就建立在人的利己主义的基础上：你不是唯利是图吗？好，就利用你这种自为心来主赏，使你"利庆赏"。你不是贪生怕死吗？好，就利用你这种自为心来设刑，使你"畏诛罚"。君主只要牢牢掌握赏罚二柄，就可以横行天下。至于其他一切都可以不顾。"信赏以尽能，必罚以禁邪，虽有骏行，必得所利。"（《外储说左下》）不管是怎样的人，纵使品行恶劣，行为不端，只要对我有利，为我所用，都可以兼收并蓄。所以在叙用人才上，"有道之主不求清洁之吏，而务必知之术"。人的自为心越重反而越好，有了自为心才可以上钩，才可以俯首帖耳唯命是从。需要他做牛马就做牛马，需要他做豺狼就做豺狼，需要他做鹰犬就做鹰犬。但是，韩非也知道世上毕竟还有"不畏重诛，不利重赏，不可以罚禁，不可以赏使"的硬骨头。对这类人怎么办呢？《外储说右上》说："势不足以化则除之。——赏之誉之不劝，罚之毁之不畏，四者加焉不变，则其除之。"对策只有一个"杀"了。

一九七六年

三三　权　术　举　例

韩非虽学于荀子，但他的真传老师却是申不害。韩非与申不害都是韩国人，具有韩国重术的传统。韩非的不信人就是继承了申不害的衣钵。《难三篇》引申不害的话说："失之数而求之信则疑矣。"韩非再把它发扬彰大，作为一项教条，反复地向君主进言："恃势而不恃信，恃术而不恃信。"（《外储说左下》）不信还不够，其次还需要善疑，疑方能知奸。韩非专门著有《说疑篇》，阐明他那套"圣主明君不适疑物以窥其臣也"。这就是说，圣主明君应该用种种办法，通过种种事情，抱着怀疑态度以窥其臣。《内储说上》曾举出"七术"。《八经篇》仅仅在"主道"一节里，就一口气列出了三十多条。为了避免行文繁琐，这里只援引"七术"的后三则为例："五曰：疑诏诡使"，这是说故布疑阵，传出诏命，以迷臣下，观其诚伪。《说》解《经》曰："周主亡玉簪，令吏求之，三日不能得也。周主令人求而得之家人之屋间。周主曰：'吾之吏不事事也，求簪三日不得之，吾令人求之，不移日而得之。'于是吏皆耸惧，以为君神明也。"周主其实玩了一个圈套，他并非真的丢失了玉簪，而是自己藏起来，再令吏去寻求。"六曰：挟知而问"，这是说明知其事，故作不知，责问臣下，则臣下之伪莫不显现。《说》解《经》曰："韩昭侯握爪，而佯亡一爪，求之甚急，左右因割其爪而效之，昭侯以此察左右之不诚信。"爪，古人养的长指甲。韩昭侯握紧手，假装失去了一截指甲，故意寻找，左右把自己的指甲割下来，假装找到献给昭侯，这样一来，伪就显露出来了。"七曰：倒言反事"，这是说倒错其言，反为其事，以试其所疑。《说》解《经》曰："子之相燕，坐而佯言曰：'走出门者何白马也？'左右皆言不见，有一人走追之，报曰：'有。'子之以此知左右诚信不。"原来并没有白马出门，子之故弄玄虚，说反话，以试可疑的人。那个想讨好的家伙倒了霉，被他试出来是不诚信的。

以上仅仅是《内储说上》十九则故事中的三则。韩非一肚皮装满了这类小诡计、小权术，简直可以做到不假思索，摇笔即来，真是烂熟于心了。他以此向君主进言：既然个个都是伪君子，那么你就要同样用作伪的手段去试探他们。要做到这一步，就需要诡秘起来，使别人摸不到你的底。《观行篇》说："故明主观人，不使人观己。"就是这意思。

一九七六年

三四 书狱妙喻

龚自珍在《乙丙之际塾议三》中以书狱（办案人写案情）为喻，

说:"古之书狱也以狱,今之书狱也不以狱。"书狱以狱,是按照狱讼的实际情况去写案情。根据这一原则,他尖锐地抨击了搬弄套语肤词的八股文风。他说:"今之书狱者不以狱","狱之衅皆同也,始狡不服皆同也,比其服皆同也。东西南北,男女之口吻神态皆同也。狱者之家,户牖床几器物之位皆同也。"他感慨地指出,当时只有这种书狱不以狱千篇一律的刻板文章才能生存。相反,倘"视狱自书狱,则府必驳之,府从则司必驳之,司从则部必驳之"。总之,直书事实的文章在当时是没有生路的。他说这批书狱不以狱的人在当时社会上垄断言路,势力强大:"豺踞而鸮视,蔓引而蝇孳。"他说他们"非优非剧"——不是优伶演戏粉墨登场,"非酲非疟"——不是醉酒患病神志不清,"非鞭非箠"——不是受到鞭打不得不做,"非符非约"——不是受到契约的约束身不由己;那么,为什么要写出这种言不由衷、弄虚作假的文章来呢?

一九七八年

三五 嚼饭与人徒增呕秽

过去,有些理论著作对佛学的论述有些简单化。范文澜《中国通史简编》认为佛学只是"迷信虚妄,蠹国殃民",几乎一无是处。我觉得对佛学不能一概否定,佛学的重逻辑精神很值得注意,其他方面也有可以吸收的成分。比如鲁迅翻印的《百喻经》和其他一些佛书,其中一些故事如"瞎子摸象"等等,今天已成了家喻户晓的格言。我们实际上已受到不少佛书的影响,甚至在生活用语中也可发现不少成语、词汇来自佛书。辩证法最早见于古希腊人和古代佛教徒的著作。魏晋时代有个著名僧人鸠摩罗什在传译佛典时说过一句话："嚼饭与人，徒增呕秽"，很足以发人深思。把嚼过的饭喂人，既不卫生，也不利于增强人的消化力。理论文字要通俗易懂，但也不能采取嚼烂了喂的办法，使人一览无余，从而造成思想上的惰性，只知就现成、图省力，这不是好办法。因为思想是不能由别人来代替的。我们要培养读者的思考能力。

一九八二年

三六 南朝的士族与庶族

在南朝社会结构中，无论士族或庶族，都属于统治阶层。（当时的下层民众是小农、佃客、奴隶、兵户、门生义故、手工业劳动者等。）但是由于南朝不仅承袭了魏文帝定立的九品中正门选制，而且逐渐形成了一种等级森严的门阀制度，因而使士族享有更大的特权。士庶区别是南朝社会等级编制的一个特点。这一点我们可以举《南史·王球传》来说明：

> 徐爰有宠于上，上尝命球及殷景仁与之相知。球辞曰："士庶区别，国之章也，臣不敢奉诏。"上改容谢焉。

这里清楚地说明了士庶区别是国家的典章。当时士族多是占有大块土地和庄园的大地主，有的甚或领有部曲，拥兵自保。晋代魏改屯田制为占田制后，士族可以按照门阀高低，荫其亲属。这也就是说，通过租税和徭役对于被荫庇的族人和佃客进行残酷的剥削。他们的进身已无须中正的品评，问题全在区分血统，辨别姓望。在这种情况下，官有世胄，谱有世官，于是贾氏王氏的"谱学"成了专门名家的学问，用以确定士族的世系，以防冒滥。士族拥有政治上、经济上的特权，实际上成了当时改朝换代的幕后操纵者。至于庶族则多属中小地主阶级，对劳动民众来说，他们也是剥削者；但是在豪族右姓大量进行搜刮、土地急剧集中的时代，他们占有的土地时有被兼并的危险。在进身方面，他们由于门第低卑，更是受到了压抑，绝不能像士族那样平流进取坐至公卿。《晋书》载刘毅陈九品有八损疏，第一条就是"上品无寒门，下品无世族"，意思说庶族总是沦于卑位。左思在《咏史诗》中也发出了"世胄蹑高位，英俊沉下僚"的感叹。到了宋齐两朝，庶族进身的条件受到了更大的限制，《梁书·武帝纪》载齐时有"甲族以二十登仕，后门以过立试吏"的规定。当时，虽然也有一些庶族被服儒雅，侥幸升迁高位，但都遭到歧视和打击。《晋书》记张华庶族儒雅，声誉日隆，有台辅之望，而荀勖自以大族，恃帝深恩，憎疾之，每伺闲隙，欲出华外镇。《宋书》记蔡兴宗居高位，握重权，而王义恭诋其"起自庶族"。兴宗亦言："吾庶门平进，与主上甚疏，未容有患。"《南齐书》称陈显达自以人微位重，每迁官，常有畏惧之色。尝谓其子曰："麈尾扇是王谢家物，汝不须捉此自随。"这些事例充分说明士庶区别甚至并不因位之贵贱而有所改变。所谓"服冕之家，流品之人，视寒素之子，轻若仆隶，易如草芥，曾不以为之伍"（《文苑英华》引《寒素论》）。所以，无论从政治上或经济上来说，庶族都时常处于升降浮沉、动荡不定的地位。士族和庶族的不同身份以及由此形成的不同政治地位和社会地位，必然会经过间接折射反映到思想领域中来。

一九六〇年

三七 奉朝请

《文献通考》称："汉律：诸侯春朝天子曰朝，秋曰请。奉朝请，无员，本不为官。汉东京罢省三公、外戚、皇室、诸侯，多奉朝请。奉朝请者，奉朝会请召而已。"南朝时是否只有士族始得奉朝请，未可遽断。据《通考》称，宋武帝永初以来，就已经有"奉朝请选杂"的情况，至齐更是"人数猥积"，到了永明中，奉朝请"多至六百余人"。撇开这种情况不说，我们也不可依据刘勰以奉朝请入仕这一单文孤证来断定他必属士族。当时少数寒人或由于被服儒雅，或由于军功及其他种种特殊原因，亦可破例得入清选。前文所举张华、蔡兴宗、陈显达诸人，就都是以庶族致位通显。这里还可再举萧梁时代一个事例来说明。梁武帝时，中书通事舍人一职，曾先后由周舍、朱异二人担任。汝南周舍出身士族，朱异则为寒人。异尝言："我寒士也，遭逢以至今日，诸贵皆恃枯骨见轻，我下之则为蔑尤甚，我是以先之。"梁时统治者采取了拔擢寒人的政策，完全是由于政治上的需要。梁武帝于齐末上表陈："设官分职，唯才是务。若八元立年，居皂隶而见抑，四凶弱冠，处鼎族而宜甄，是则世禄之家，无意为善，布衣之士，肆意为恶，岂所以弘奖风流，希向后进。"即位后，又屡有求才之诏。八年五月诏曰："虽复牛监羊肆，寒品后门，并随才试吏，勿有遗隔。"正因为这缘故，《颜氏家训》才有"举世怨梁武父子爱小人而疏士大夫"之语。

一九六〇年

三八　扶桑不是日本的旧称

《辞海》"扶桑"条释文第三义说："按地在东海之外，相当于日本的方向，故相沿以为日本的代称。"扶桑是不是如《辞海》所说为"我国对日本的旧称"？虽然近代人们多习惯以扶桑为日本，但把它说成古已有之则不符合事实。

扶桑之名早见于《离骚》："饮余马于咸池兮，总余辔于扶桑。"王逸注："扶桑日所扶木也。"洪兴祖引《山海经》"黑齿之北，曰汤谷，有扶木，九日居下枝，一日居上枝，皆戴乌。"郭璞注："扶木即扶桑。"《说文》："扶桑神木，日所出。"以上诸说均以扶桑为神木，这是它的本义。扶桑为日出之所，并不是地名。不久前出版的姜亮夫撰《楚辞通故》，不把它列入"地部"，就是由于这个缘故。古代一直把扶桑当做神话中与太阳出所有关的树名。我国文化源于萨满（用张光直说）。萨满为通古斯语，乃巫师之称谓。依照通古斯语的解释，萨满意谓"激动不安或进入狂迷状态的舞蹈，含有占卜之义"。我们近几年开始调查研究的傩文化即保存了萨满文化的痕迹。萨满信仰天人相通，这也和我国文化传统中的天人合一思维模式相契。在萨满文化中，作为天人交通所凭借的手段，则是带有神话色彩的高山和大树。扶桑就是在这种背景上出现的神木。以扶桑为地名则是以后的引申义。由于扶桑为日出所，因而可以代表东方。张衡《两京赋》"日月于是乎出入，象扶桑于（与）蒙汜"。王充《论衡》"儒者论日，旦出扶桑，暮入细柳。扶桑，东方地"。陆机《日出东南隅行》"扶桑引朝晖，照此高台端"。左思《吴都赋》"行乎东极之外，经扶桑之中林"。钟嵘《诗品》"濯足扶桑"。以上这些诗文所说的扶桑和《离骚》一样,都是泛指东方。至于以扶桑为国名,始于唐姚思廉《梁书·东夷传》:"扶桑国在昔未闻也。普通中有道人(即沙门——引者)称自彼而至。"此为《东夷传》小序之文。传文本身则与小序有异:"齐永元元年,其国有沙门慧深来自荆州。"《南史·东夷传》(本之《梁书·东夷传》)所述扶桑国,就是《辞海》把扶桑说成是"我国对日本之旧称"的唯一根据。但只要读了《梁书》或《南史》中的《东夷传》便可以明白扶桑国并不是指日本,而是指日本以东的另一个国家。

《梁书·东夷传》说,扶桑国在大汉国东二万余里,大汉国又在文身国东五千余里,而文身国又在倭国东北七千余里。根据《梁书·东夷传》中的《倭国传》的说法,由倭国至扶桑国,"船行一年可至"。这里明明把倭国与扶桑国作为两个国家,并且其间相距如此遥远,如果承认倭国是日本的旧称而无误,怎么能把扶桑国也当作日本看待呢?据《三国志》卷三十《魏书·东夷传》载,倭人立国近三十,其中未见扶桑之名。

《辞海》把扶桑误为日本,则是由王维一首诗《送秘书晁监还日本国》所引出来的,诗中有"乡树(国)扶桑外,主人孤岛中"。诗本身未说扶桑就是日本。清赵殿成《笺注》引《海内十洲记》及《南史》来注释王维这首诗,也没有说扶桑就是日本。所以王维这首诗也是不足以作为证明的。

(在我国用扶桑指日本始于近代,其证据除论者所举鲁迅和郭沫若的诗作外,再早还有黄遵宪和其他一些诗人的诗,如梁启超《二十世纪太平洋歌》:"断发胡服走扶桑",王国维《送日本狩野博士游欧洲》:"幡然鼓棹来扶桑",都以扶桑为日本。但值得注意的是康有为虽流亡日本多年，对扶桑的称谓却持审慎态度，他诗中未见用扶桑指称日本，一般多直用日本之名，或用蓬莱、富士等名称，似有意避开以扶桑作为日本的别称。）

一九九〇年

三九　扶桑为东方理想国说

汤用彤晚年撰《关于慧深》，曾指出《高僧传·慧基传》、《魏书·释老志》与《梁书·东夷传》，虽然都提到慧深这个名字，但"很难说同时同名就是一个人"，从而反驳了马南邨《燕山夜话》中关于慧深的说法。汤氏之说，义据甚明，足资参证。这篇文章并未参与扶桑是哪个国家的讨论，而只是指出《梁书·东夷传》中的矛盾及其不可信处。如：传文与小序述慧深到中国的年代不一；传文述慧深国籍疑莫能明；传文述罽宾五比丘流通佛法经象乃是袭用普遍流传的释迦悇陈如五比丘传法故事等等。《梁书·东夷传》既然存在这么多疑点，也就很难可以作为可信的史料了。

我初读《梁书·东夷传》，也曾怀疑传中所谓扶桑国是不是指墨西哥。我曾去过墨西哥访古，觉得传中所述某些情况与实地所见颇有近似处。我在墨西哥看到各处皆生木棉，疑即传文中所说的扶桑。墨西哥南方尤坦卡半岛为玛雅文化发源地，位居该地的美利达有一座博物馆，陈列有书于树皮上的玛雅文字。（按：玛雅文字仅保存在三处，即德累斯顿博物馆、巴黎博物馆及马德里博物馆。此处当系仿制品。）与《梁书》扶桑国传文所云"有文字，以扶桑皮为纸"相类。我曾向友人植物分类学家吴征镒教授请教。他回信说："《梁书》扶桑传所载，扶桑'叶似桐'等语，殊不类今之木棉（攀枝花、英雄树、红棉，原产东南亚，bombox caiba）或爪哇木棉（caiba penlundra，原产中南美），二者均属木棉科。因未闻兹二者如传文说'初生如笋'，可供人'食之'。二者种子上绒毛可供填充，作絮作枕，但非如传文所谓'绩其皮为布'。传文所指当然也不是今中南美所产木本'棉花'（海岛棉与陆地棉）。棉属各种也不是如传文所说'绩其皮'的。可以断言，日本及附近岛屿决无类似'扶桑'植物。"

上信认为《梁书·扶桑传》所述以扶桑命名的植物，既不存在于日本，也不存在于墨西哥。据此，无论是把日本或墨西哥说成是"扶桑国"，就有了老大一个破绽了。细审《梁书·扶桑传》文，多荒诞不经之语。这一点汤用彤《关于慧深》一文已隐含有这种意见。其实，不止汤氏所述各点，这里还可以举出其他例证。如传文所述扶桑国东之女国，"女人胸前无乳，项后生毛，根白，毛中有汁，以乳子"之类，一览便知是虚妄无稽之谈。我认为说扶桑国是墨西哥也同样是于史无征的。

最近，晓光曾代我查访日本有关扶桑资料。他寄来一些辞书条文，其中最为详尽的是《日本历史大辞典》。现摘录这部辞典"扶桑国"条释文如下："扶桑国：古代中国人观念中的东方国名。扶桑一语见于屈原《离骚》及《吕氏春秋·为欲篇》、《山海经》、《淮南子》、《梁书·东夷传》等书。日本则最早见于记元庆年间（八七七—八八四）历史的《日本书记》、《三代实录》。中国书中释为东方日出处的扶桑一词，被古代日本人解释为意指日本。如《扶桑略记》、《扶桑集》等书，皆以扶桑指谓日本。《下学集》：扶桑，日本总名也。此后，松下见林则认为是指比日本更广泛的东方地区。而平田笃胤《大扶桑国考》仍取日本说。至于荻生徂徕则认为兼指日本与东方。十八世纪中叶以后德国与法国的东洋学者也有所论及。明治时代，三宅米吉提出不同于松下见林之异说。洎至白鸟库吉始论定扶桑国乃是中国东方的幻想国度之名。此说遂被普遍认同。"

根据《日本历史大辞典》上述释文，我们可以得出这样几点认识：一、自古以来相沿以扶桑为日本的并不是中国人，而是日本人。这才是于史有征的。二、日本某些人以扶桑指日本，实乃以日出处自况，含有自大之意。如隋大业三年日本致隋炀帝国书就显示了这种心态。三、日本学人经反复探讨，认定扶桑乃是中国人的东方幻想国，并得到了普遍的承认。

比《日本历史大辞典》早出的《大汉和辞典》释扶桑及扶桑国则兼取东方国名及日本之说。但将东方国名置于日本之前，列为第一义，第二义始指日本。《大汉和辞典》第二义释文中引王冕的《送颐上人归日本诗》"上人住近扶桑国，我家亦在蓬莱丘"，是不能作为扶桑国是指日本的证据的。王冕诗中既谓"住近扶桑国"，则日本非扶桑国可知。此与王维诗中所谓"乡树（国）扶桑外"及韦庄诗中所谓"家在扶桑东更东"是一样的。为什么把"近扶桑"、"扶桑外"、"扶桑东更东"都解释作就是扶桑呢？日本的《大汉和辞典》与我们的《辞海》错到一块去了。

一九九〇年

四〇　《中国通史简编》的误译

范文澜《中国通史简编》据《魏书·李业兴传》介绍南北不同的

学风说：

> 李业兴到梁朝聘问，梁武帝问他儒玄二学怎样贯通。李业兴答，我只学五经，不懂深义（指玄学）。梁武帝又问，太极有没有。李业兴答，我从来不习玄学，不知道太极有没有。李业兴答朱异问南郊，伸明郑学，排斥王学。这一问答，可以说明南北学风的不同。

根据这里介绍的第二项问答来看，儒学是根本否认太极的。案太极一词，见于《易传》。《系辞上》曾明言"易有太极"。《周易》是儒家五经之一，照理崇尚汉儒的经学家是不会不承认《系辞上》这个说法的。事实上，李业兴也并没有否认太极的存在。《中国通史简编》所引《魏书·李业兴传》的那段话是把古汉语加以今译。它的原文如下：

> 衍又问《易》曰，太极是有无。业兴对，所传太极是有，素不玄学，何敢辄酬。

这里，《中国通史简编》显然有着误译。梁武帝学综内外，会通儒道佛三家，而以玄学为骨干。玄学乃本体论之学，从事于有无本末之辨。梁武帝据玄学解《易》，他问"太极是有无"，并不是问太极有没有，而是问太极属于"有"的范畴，还是属于"无"的范畴。李业兴学宗汉儒，不懂玄学，所以不能回答这个问题。不过，儒学虽然不讲有无本末之辨，但和玄学比较之下，玄学"贵无"，儒学接近于"崇有"，因此李业兴又有"所传太极是有"的说法。从这里我们可以看出，儒玄二家都不否定太极的存在。它们的区别只是在于对太极有着不同的解释。

一九六〇年

四一 达巷党人

近读美国汉学家牟复礼（Frederich Mote）评史华慈（Benjamin L. Schwartz）所撰《古代中国思想世界》（The World of Thought in Ancient China）一文。牟氏称史华慈学养深邃，但在文字训诂方面则多以己意为进退。其中有条是关于《论语》"达巷党人"章的。牟氏所评有中肯的地方，也有值得商榷的地方。比如，他和史华慈等都把达巷党人解释成"无知的乡下人"，就使人难以苟同。

旧注关于达巷党人的读法存在着不少分歧。一般据《礼记·曾子问》（孔子曰："昔者吾从老聃助葬于达巷党"），以达巷党三字连读。何晏《集解》引郑注，则以达巷二字连读，党作乡党。朱熹《集注》并同。康有为《论语注》一反前人之说，将达字划归上章之末，作巷党人。海外学者多尊宋学，据朱子《集注》解经，但是他们又自生枝节，把达巷党人说成是"无知的乡下人"。（an ignorant villager 或 villager to be a boorish ignorant）我认为这一说法显然是用今天所谓乡下这一地区观念去附会古人了。殊不知乡党在孔子时代并非是偏僻地方。郑注云："达巷者，党名也。五百家为党。"皇疏称："天子郊内有乡党，郊外有遂鄙。"均可为证。至于把达巷党人冠以"无知"的称号，更与历来注疏相悖。《孔子世家》有"达巷党人童子曰"的说法。孟康本《国策》"项橐生七岁为孔子师"，谓达巷党人即项橐。《汉书》董仲舒对策云："臣闻良玉不琢,资质润美,不待刻琢,此亡异达巷党人不学自知者。"汉人关于这方面的传说很多,如《淮南子》、《论衡》等均言项橐事。清翟灏《四书考异》则云:"不本正典,不足信。"方观旭《论语偶记》驳之,谓"汉人相传如此,当必有据"。不管达巷党人为项橐说是否可靠,有一点是明确的,前人多把达巷党人视为聪颖的人。说他无知是没有根据的。能知孔子之博,确实如方观旭所说,需有一定文化素养。一个无知的乡下人怎么会识别博不博或专不专的问题呢?

一九九一年

四二　释"无所成名"

《论语》原文"达巷党人曰",海外学者把它解作达巷党人向孔子提出问题了。(an ignorant villager had asked 或 an absurd question 或 the villager question) 达巷党人的原话是"大哉孔子!博学而无所成名"。本是赞美之词,可是海外学者把达巷党人说的"无所成名"解作博而不专了。(why a man of his breadth of learning was not noted for expertise in any specific skill) 我想,这大约是引申朱子《集注》又加以发挥的结果。《集注》对这句话的解释是:"盖美其学之博,而惜其不成一艺之名。"其说似申明郑义。郑注云:"此党人之美孔子传学道艺,不成一名。"细审两说,看来相契,其实却有很大分歧。郑注所谓"不成一名",意思是说孔子广大渊博,使人莫可名之。这和《论语》记孔子本人赞美尧的话是一致的。孔子称"大哉尧之为君也",荡荡乎,其广大渊博,同样是"民无能名焉"。类似的说法,在《泰伯篇》亦可见到。孔子赞美泰伯"可谓至德",而"民无得(与德通)而称焉"。"至德无得"正与"无能名焉"、"无所成名"同一语例。这种说法一直延续到后世。《南史》记王僧辩为梁元帝作《劝进表》，也有"博学则大哉无所与名"之语。显然这是套用《论语》中的说法。可见"无所成名"已经普遍地当作一种赞词，否则《劝进表》这类文字是不敢轻易使用的。我以为毛奇龄《论语稽求篇》申明郑义，最是的解。毛氏云："所谓不成一名者，非一技之可名也。"这正是达巷党人赞孔子无所成名的本义。朱子《集注》把郑注的"不成一名"变为"不成一艺之名"，已渐疏原旨。而海外一些学者望文生义，再把朱子的"不成一艺之名"拉扯到博和专的问题上来，则谬误尤甚。我感到怀疑：孔子时代是否存在这个问题？纵使存在，是不是这么引起重视，连"无知的乡下人"（达巷党人）都会就这个问题发表议论？孔子把弟子分为德行、言语、政事、文学四科，如果连孔子也不专，那么当时谁才算得上是"专"的？这倒真的成了一个"荒谬的问题"了。

一九九一年

四三　孔子与射御

《卫灵公篇》："卫灵公问陈于孔子，孔子对曰：'俎豆之事，则尝闻之矣。军旅之事，未尝学也。'明日遂行。"刘宝楠《正义》引《新序》，谓此为孔子"贱兵"之证。《论语发微》驳之，称孔子答子贡问政，以"足兵"、"足食"并举，《子路篇》则明言"教战"，再引《孔子世家》及《礼记·礼器篇》述孔子有习武之事，于是根据这些证据作出判断说，孔子以"未习军旅之事"去卫，实际上只是疾卫灵公无道而作的"托词"。以上二说都提出一些根据。不过，我以为"托词"

之说似嫌勉强。《孔子世家》称冉有向孔子学过军旅之事,以及《礼器篇》称孔子曾言"我战则克",究竟是否可靠,颇令人怀疑,因为毕竟是后人提供的间接资料。倘根据孔子学说本身来看,权衡其中的本末轻重,我以为刘宝楠引《新序》说孔子重礼轻兵,总是不可否认的事实。

史华慈认为孔子提出射御问题是反讽地拒斥军事技艺。(a sarcastic repudiation of "The military arts" of archery and charioteering among the six arts) 这话不能说毫无理由,至少在把握原旨方面比"学射御以成名"说要准确一些。其错误乃在以射御并举,忽略了在孔子时代,射不仅是军事技艺,而且列为礼乐制度之一。《仪礼》贾疏:"六者之中,御与书数三者于化为缓,故特举礼与射言之。"征之礼书,《仪礼》中有《乡射》与《大射》,均以射为礼。《乡射》郑目录云:"州长春秋,以礼会民,而射于州序之礼。"《大射》郑目录云:"名曰大射者,诸侯将有祭祀之事,与群臣射以观其礼。"列入礼书的射均名礼射,以与力射区别开来。《论语》记孔子谈射都没有表示拒斥之意,就因为射是礼。《八佾上》:"子曰:君子无所争,必也射乎!揖让而升,下而饮,其争也君子。"(其文亦见于《礼记·射义》与孔子所说同。)《八佾下》:"子曰:射不主皮,为力不同科,古之道也。"("射不主皮"亦见于《仪礼·乡射礼》。)前者说的射虽然也有争,但不伤于礼,故符合君子儒的准则。后者说的射不主皮,其本身就是乡射礼的一种规定。马融《论语注》训主皮为"能中质"。朱子《集注》训主皮为"贯革"。毛氏《论语·稽求篇》驳马朱二说,谓之未明礼射之旨要。毛氏说:"旧注引《周礼》,朱注引《仪礼》,犹是引经证经,引礼证礼,而不经谛观,便复有误,况臆断乎?"我以为这几句话是值得我们深思的。

一九九一年

四四　子见南子的行为准则

孔子见南子的目的何在？为了达到这个目的而采取的手段又当怎样评价？旧注多以孔子见南子为的是行治道。何晏《论语集解》称："孔安国等以为南子者卫灵公夫人，淫乱，而灵公惑之。孔子见之者，欲因而说灵公使行治道。矢，誓也。子路不悦，故夫子誓之。行道既非妇人之事，而弟子不悦，与之祝誓，义可疑焉。"

案：《集解》这段话中"行道既非妇人之事"究竟是《集解》本身的意见，还是转述孔安国的意见？有二说。毛奇龄《论语·稽求篇》主后说。《稽求篇》称："孔安国以为此是疑文"即括后说之义。刘宝楠《正义》则主前说。刘氏据《释文》载《集解》本并引臧庸《拜经堂日记》，订正皇本、邢本之讹，认为"孔安国曰旧以南子者"当作"孔安国等以为南子者"。又称："孔安国等"则系"首举孔以该马（融）、郑（玄）、包（咸）、周（氏）诸儒之义。行道以下四句，乃何晏语。"刘氏之说，义据甚明。这里顺便说一下，王何以玄学家解孔，曾被儒家的极端派诋为"其罪深于桀纣"。但从何氏在《集解》中称"行道非妇人之事"认为其义可疑的话来看，他倒是十分尊重孔子的。

何晏虽对汉人旧注质疑，但他毕竟是魏晋时代人物。他的话说到适可而止，并无感情色彩。刘宝楠《论语正义》对旧说旧注的批判，却要严厉得多了。他对子见南子一章作了靡密的剖解。几乎不放过一字一义。首先，他说南子虽淫乱，却有知人之明，故于蘧伯玉、孔子皆特致敬。其次，他说子路不悦，是由于疑夫子见南子乃出于诎身行道，正犹孔子欲往公山弗扰、佛肸之召，子路也同样感到不快一样。他认为这是无可指摘的，因为孔子说过，人而不仁，疾之已甚为乱。孟子也说过，仲尼不为已甚。"可知圣人达节，非俗情所能测"。这种说法虽较牵强，且把自己训解的（一般人也可以明白的）孔子的话说成"非俗情所能测"，不仅多少有些夸大其词，也没有顾及将置子路于何地，但是总的来说，还不失为一种明达。最令人诧怪的是刘氏援引下列秦汉诸说，加以激烈的指摘。这些说法是：

《吕氏春秋·贵因篇》："孔子道弥子瑕见釐夫人因也。"

案：刘氏称"釐夫人即南子"。《吕氏春秋》高诱注云：南子不得谥为釐，"此釐夫人未之闻"。梁玉绳曰："釐夫人虽他无所见，然春秋时，夫人别谥甚多，鲁文姜、穆姜皆淫佚而得美谥，南子谥釐，无足异也。"陈奇猷《校释》："梁玉绳谓釐为谥，是也，张云璈说同。"

《淮南子·泰族训》："孔子欲行王道，东西南北，七十说而无所偶，故因卫夫人弥子瑕而欲通其道。"
《盐铁论·论儒篇》："孔子适卫，因嬖臣弥子瑕以见卫夫人。"
刘氏《正义》援引上述文字后，直斥之为"此皆当时所传陋说，以夫子为诡道求仕。不经之谈，敢于侮圣矣"。刘氏训解多所发明，说明他是一位颇有识见的注疏家。他为孔子见南子，应公山弗扰、佛肸召欲往辩，说这是为了诎身行道，是堂堂正正的行为，无所不可。这是一般俗儒肤见之徒所不能道。但是最令人不可解的是，刘氏既怀此种胸襟，有此种见识，何以对上举秦汉三书之说，忿忿乃尔？难道上述三书不是同样在阐明孔子诎身行道之义么？不是在阐明是为行道而去因弥子瑕么？见南子可，应公山弗扰、佛肸召欲往可，独独把弥子瑕划在界外，试问他和南子、公山弗扰、佛肸这些人在人格上、道德上，有何本质上的差异？我不知道刘氏是否怀着学术思想上的门户之见，才对异我者加上了这样一个重大罪名？"侮圣"是越出学术之域的人身攻击，为历来气盛理穷者所惯用，今竟出于一位严肃注疏家之口，使人不得不为之扼腕。

一九九一年

四五　子见南子合于礼说

《孔丛子》在记述平原君与子高的问答后说："古者大享，夫人与焉，于时礼仪虽废，犹有行之者。意卫君夫人享夫子，夫子亦弗获已矣。"此说构划虽善，但要证明子见南子合于古大享之礼，就需要说明大享之礼是怎样一种礼制？大夫见夫人是不是合于这种礼制？清钱坫《论语后录》援引《孔丛子》上面一段话后，案曰："此《孔丛子》之说，必有所据。"我对钱说颇感怀疑。《孔丛子》纵使不是伪书，确为孔鲋所撰，也不一定可靠。

朱子也主合于礼说。他的《四书集注》及《四书或问》都谈到这个问题。《集注》称："古者仕于其国，有见其小君之礼。"《或问》则称："《记》云：'阳侯杀缪侯而窃其夫人，故大飨废夫人之礼'，疑大夫见夫人之礼亦已久矣。灵公南子特举行耳。"这是企图为合于礼说找出根据所作的论证。不过，这里存在这样一个问题：凡合于礼的是不是都应该去做？阎若璩也是主张合于礼说，但他未回答上面的问题，只是就事论事地说："见南子礼之所有，故可久则久，为次乘礼之所无，故可以速则速。"清人重朴学，宋人在诠释子见南子时则往往偏重于道德伦理的考虑。卫灵公无道，南子有淫行，圣人去见恶人行么？真德秀《四书集编》的回答是："居乱国见恶人，惟圣人可。盖圣人道大德宏，可以转乱而为治，化恶而为善。"这可以说为子见南子章作了进一步诠释。不过，我觉得真德秀的说法尚不及朱子《集注》周密。《集注》称："圣人道大德全，无可不可，其见恶人固谓在我有可见之礼，则彼不善，我何与焉？然此子路所能测哉？故重言以誓之，欲其姑信此而深思以得之也。"朱子这样一说，把子见南子、子路不悦、孔子矢词全都串在一起讲通了。不过，这一切还得回到合于礼的问题上来。圣人道大德全，无可不可，只要合于礼，见的是不是恶人都无关紧要。但倘使不合于礼，那就是另一回事了。清代经师对于合不合于礼的问题重新作了讨论。毛奇龄《四书改错》力驳朱子之说，其词甚辩。他说："古并无仕于其国见其小君之礼，遍考诸《礼》文及汉晋唐诸儒言礼者，亦并无此说，惊怪甚久。及观《大全》载朱氏《或问》，竟自言是于礼无所见，则明白杜撰矣。"毛氏查考了《春秋》经与三传之文，指出《集注》以觌礼为见礼，以大夫之妇入觌为大夫入觌之误，并考明古时除交爵飨献之礼外，男女无相见礼，亦无觌礼。从而从根本上推翻了合于礼说。毛氏在结语中称："正以无典礼可以引据也，有则据礼以要之，子路夫子俱无辞矣。"这一驳诘确是一针见血。倘合于礼，试问：子路还有什么不悦？孔子又何必作矢词？这里没有故弄玄虚说什么圣人言行难测，无可不可，而是采取一种比较实事求是的态度。

一九九一年

四六 释孔子矢词

《论语》子见南子章孔子矢词："予所否者，天厌之！天厌之！"各家注疏，歧义最多。举其大端，可分二类。一训矢为誓，一训矢为陈。前者旧注，后乃新解。邢昺、蔡谟、司马贞、《解论语笔》（韩愈、李翱）、杨慎、毛奇龄等，皆为破旧注立新说者，认为矢当训陈。矢不当训誓而当训陈的理由，毛奇龄《论语·稽求篇》说得很明白："夫子矢之，旧多不解，孔安国亦以为此是疑文。（案：当从臧庸《拜经堂日记》说，以孔子矢词为疑义者乃何晏，毛氏误。）即旧注解矢作誓，此必无之理。天下原无暗暧之事，况圣人所行，无不可以告人者，又况门弟子语，何所不易白，而必出于是。"这说法与赵翼在《陔馀丛考》中的说法相契。但赵氏之说平易，毛氏则不免以推理作意度。赵翼引杨慎之说（"矢者，直告之也。否者，否塞也。谓子之道不行，乃矢弃之也。"）谓"此说本《史记索隐》，其说似较胜"。这话说得很有分寸。赵氏接着还对杨说提出质疑。他认为杨氏称子路不悦，是因为"孔子既不仕卫，不当又见其小君"。这是一层意思。可是，杨氏又称，孔子直告子路的话却是"以否塞晓之者"。这又是一层意思，两层意思互不相关。所以赵氏认为杨氏的训释形成"针锋不接"的漏洞。赵翼提出他自己的修正意见说："窃意子路之不悦与'在陈愠见，君子亦有穷乎'之意正同，以为吾夫子不见用于世，至不得已作为此委曲迁就，以冀万一之遇，不觉愤悒侘傺，形于辞色。子乃直告之曰：予之否塞于遇，实是天弃之而无可为何矣。如此解似觉神气相贯。"我认为在训矢为陈诸家中，赵氏之说，当为胜解。不过，细审又总觉牵强。增字解经为注疏家之忌，但矢词所说的"予所否者"也实在过于简略，所以不独赵氏，前人注解此句也无不增字为训，因为不如此就无法讲通。

案：此句之否字，古有以下诸训：孔安国："所不为求行治道者。"郑汝谐："予之所不可者。"栾肇："我之否屈。"韩李《笔解》："否当为否泰之否，言矢将厌此乱世而终岂泰吾道乎？"王充："予所鄙者。"毛奇龄据《孔子世家》以否字作不字解，"言我敢不见哉，不则天将厌弃我矣"。皇侃《疏》："若有不善之事，则天当厌塞我道也。"邢疏多本皇疏，独此条立异，改"不善之事"为"求行治道"。缪播："言体圣而不为圣者之事，天其厌塞此道耶。"李充："明圣人与天地同其否泰也。"王弼："我之所屈不用于世者，乃天命厌之。"韩李《笔解》："予道否不得行，汝不须不悦也。天将厌此乱世而终，岂泰吾道乎。"余不赘举。

这么多注疏家，其中包括最严谨的学者，都不得不增字为训，而歧义又是如此纷纭，我以为这是由于子路不悦的原因，对于当时传说并记述此事的人是清楚的，觉得不必缕列也可以明白，故省略掉了。可是这一省略却使下面孔子矢词（"不"字下也是同样经过了省略）对后来的读者也就变得扑朔迷离，难以索解了。我觉得与其费功夫去猜测，不如照程氏《集释》所云"此等处止可阙疑"。不过，注疏者在文字训诂上作些实事求是的工作，还是可以使费解的原文透出一些消息的。主张矢训誓说者，在训诂上似有更多的根据。字书中，如《尔雅·释言》等多训矢为誓。阎若璩《四书释地三续》曾作了详细的考辨，举出《春秋》中记古人的大量誓词，都与朱子《集注》所举"所不与崔庆"同例，"皆有所字，足征其确"。（如僖二十四年、文十三年、宣十七年、襄十九年、襄二十三年、襄二十五年、昭三十一年、定三年、定六年、哀十四年等。）阎氏又说，《集注》于"何以用所字未解，曰所指物之辞。余欲易此注曰：所指物之辞，凡誓辞皆有"。这就为朱子《集注》承袭旧注矢训誓说，提供了更多的根据，从而证明"予所否者"，正合古人誓词通例。"所不"既是誓词定式，则"否"就当作"不"，而不能作"否泰"、"否屈"之类的附会了。臧琳《经义杂记》也是认为"古人誓词多云'所不'"。他对孔子矢誓中的"否"当作"不"有这样的说明："太史公自言，弟子籍出孔氏古文，则所采《论语》当是《古论》作'不'，或通借为'否'，郑康成、缪播训为不，与《世家》文合。"这些说法都是言而有征的。但孔子矢词中的"所不"究竟指什么，由于下有省文或阙文，却成千古疑义了。

一九九一年

四七　释　　物

范文澜《文心雕龙注》释《神思篇》"神与物游"句，取黄侃之说，引《文心雕龙札记》云：

此言内心与外境相接也。内心与外境，非能一往相符会，当其窒塞，则耳目之近，神有不周；及其怡怿，则八极之外，理无不浃。然则以心求境，境足以役心；取境赴心，心难于照境。必令心境相得，见相交融，斯则成连所以移情，庖丁所以满志也。

这里把物解释作"外境"是很明确的。可是，"范注"释《神思篇》下文"物沿耳目"句，却对物字作了截然不同的解释："物，谓事也，理也。事理接于心，心出言辞以明之。"这就容易令人产生种种误解了。近来，有的文章一方面肯定《神思篇》"神与物游"的物就是"物沿耳目"的物，但另方面又从"范注""物沿耳目"之训，认为只有把物字解作"事也，理也"才是正确的。由于这篇文章忽略了"范注"解释《神思篇》两物字的歧义，它所作出的上述论断就形成了论证上的二律背反——如果要从"范注"之说，就不能断言"神与物游"的物亦即"物沿耳目"的物；如果要肯定"神与物游"的物亦即"物沿耳目"的物，就不能说"范注"物字之训是正确的。因为"范注"对同一《神思篇》两物字，一训为"外境"，一训为"事也，理也"，具有完全不同的涵义，是不可互通的。

　　事实上，把"物沿耳目"的物字训为"事也，理也"，再进而概括为"事理"，是失其本义的。只有感性事物（外境或自然）才能够被感觉器官（耳目）所摄取。至于"事理"则属抽象思维功能方面，决不能由感官直接来捕捉。因此，把"物沿耳目"的物训为"事理"，就等于说抽象的事理可以通过作为感官的耳目直接感觉到，这显然是不合理的。

　　"范注"把物字训为"事也，理也"本之段玉裁。段注《说文》于牛篆下云：

　　　　事也，理也。——事也者，谓能事其事也，牛任耕；理也者，谓其文理可分析也。庖丁解牛，依乎天理，批大却，道大窾。牛、事、理三字，同在古音第一部。此与羊、祥也，马、怒也，武也一例。自浅人不知此义，乃改之云：大牲也，牛、件也，件、事理也。与吴字下妄增之曰姓也，亦郡也，同一纰缪。（下略）

所谓"事也，理也"本来是"段注"牛字之训，今"范注"移作物字之训，是否可以成立？案物从牛，勿声。王国维《释物篇》曾据卜辞（引戬寿堂所藏《殷墟文字》第三页及《殷墟书契前编》卷四第五十四页，卜辞原文略）考定"物亦牛名"，是则牛可引申为物。"范注"以牛字之训来释物字是没有问题的。问题在于对"段注"所谓"事也，理也"究竟应作怎样的解释？根据"段注"本身来看，它是把理字当作"文理"来解释的。过去有人曾著《牛训理说》，即从此例，也把理字解作"文理"。既然理是文理之理，那么自属视而可见的感官对象，而和诉诸抽象思维的理字决不可混为一谈。"范注"援"段注"之说，却又混淆了这种区别，反统而谓之曰"事理"，已属不伦。倘更进一步加以引申，把它傅会为哲理或道理之类的理字，那就更是差之千里了。

是的，许氏《说文》牛有"事理"之训。其文于牛篆下曰："大牲也，牛、件也，件、事理也。（下略）"这或许也是"范注"的一个根据罢。但前人对于此说，早疑其妄。就在上面所引"段注"那段话里，已经指出它的纰缪，斥为"浅人妄增"。王筠《句读》也说："'牛、件也，件、事理也。'二句支离，盖后增也。"又说："李时珍引曰：'牛、件也，牛为大牲，可以件分为事理也。'仍不可解。"白作霖《释说文牛马字义》亦云："事理之训，较武、怒尤为难憭。故后人于牛篆下增益尤甚。二徐本作'牛、大牲也，牛、件也，件、事理也'。错曰：

'若言一件二件，大则可分也。'桂氏即援以解事理之义，如其说于许书本文嫌屡杂，于事理之义亦嫌迂曲。王氏筠驳之是也。"至于徐承庆《段注匡谬》，对于"段注"本身用事理二字分释，也不赞同，并力加批驳，谓其"杜撰成文，纽合傅会"。这些说法都从根本上推翻了牛训理说。

那么，物字之训，究竟以何者为胜？笔者以为王国维之说较长。王氏《释物篇》云：

> 古者谓杂帛为物，盖由物本杂色牛之名，后推之以名杂帛。《诗·小雅》曰："三十维物，尔牲则具。"《传》云："异毛色者三十也。"实则"三十维物"与"三百维群，九十其犉"句法正同，谓杂色牛三十也。由杂色牛之名，因之以名杂帛，更因以召万有不齐之庶物，斯文字引申之通例矣。

王氏提出的杂帛之训，在先秦以来古籍中可以找到不少例证。如：《周礼·司常》"杂帛为物"。《仪礼·士丧礼》"为铭各以其物"并《仪礼·乡射礼》"旌各以其物"，《注》曰："杂帛为物，大夫所建也。"《释名·释兵》："杂帛为物，以杂色缀其边为燕尾，将帅所建，象物杂色也。"杂帛是最接近物字本义"杂色牛"的训释，由此再引申为万物之训。许氏《说文》牛字亦有万物之训，但王氏谓其"迂曲"。这是因为许氏《说文》兜了一个圈子，由"牛为大物，天地之数起于牵牛"，再归结到牛训万物上来，这种说法是缴绕难理的。王氏并不否认万物之训，他只是指出物的本义不是万物，而是杂色牛，推之以名杂帛，后更因以名万有不齐之庶物。因此，万物乃物字的引申义。王氏之说，义据甚明，可谓胜解。

一九七六年

四八　达名、类名、私名

　　黑格尔逻辑学的三范畴论（即：普遍性、特殊性、个体性）曾博得很大声誉，常常为人所征引。其实，早在黑格尔之前，《墨辨》就同样提出过"达名"、"类名"、"私名"三个范畴。据《经说》的解释："名：'物'，达也。有实必待文多也，命之。'马'，类也。若实也者，必以是名也，命之。'臧'，私也。是名也，止于是实也。"

　　《墨辨》所谓"达名"是指普遍性范畴，即后来荀子在《正名篇》中说的"大共名"，如"物"。"物"这个概念可统摄万有。"类名"是指特殊性的范畴。即荀子说的"大别名"，如"马"。"马"这个概念以区别牛羊，但又赅括一切不同形态的马在内。"私名"指个体性范畴，即荀子说的"推而别之至于无别而后止"，如"臧"。"臧"这个概念作为某一个体（人）的专名。《墨辨》提出了"辞以类行"的理论。荀子对于"类"的理论更多有发挥：《儒效篇》"举统类而应之"，《子道篇》"言以类使"，《非相篇》"以类度类"，"类不悖，虽久同理"，《王制篇》"以类行杂，以一行万"。大体说来，荀子认为知类为立名之本，掌握了"类"的概念，就可以突破感性认识的局限，以近知远，以一知万。

一九六二年

四九 三才说

《系辞下》本有"三才之道"的说法。三才是指天道、地道、人道。孟康注《钟历书》"太极元气，函三为一"，谓三即三才，指天、地、人。郑玄释三才与两仪的关系说："太极函三为一，相并俱生。是太极生两仪，而三才已具矣。"何承天《达性论》亦云："夫两仪既位，帝王参之，宇中莫尊焉。天以阴阳分，地以刚柔用，人以仁义立。人非天地不生，天地非人不灵。三才同体，相须而成者。"显然，这些说法都是把三才和太极联系在一起。天、地、人三才同体，相并俱生之说是在我国传统思维模式"天人合一"说的文化背景上提出来的。三才说本身并没有什么价值，我曾向熊十力先生请教，他回信指出，此说"不涉理论之域"，意思是不值得研究。但问题不在它本身有没有价值，而在于对它的探讨是有助于我们进一步理解我国传统思维模式"天人合一"的特点。

一九六二年

五〇 矛盾论与治不逾官说

大概最早提出矛盾论的是韩非。韩非书中曾两用"鬻矛与盾"的故事，采取了同儒墨辩难的形式来阐发他那套君主独裁的专制主义思想。这里以《难一篇》为例，其中说到舜的几件事，侯外庐《通史》节略未引，但如果要全面分析韩非的矛盾说，是不能忽略过去的。现援引如下：

历山之农者侵畔,舜往耕焉,期年甽亩正。河滨之渔者争坻,舜往渔焉,期年而让长。东夷之陶者器苦窳,舜往陶焉,期年而器牢。仲尼叹曰:"耕渔与陶,非舜官也,而舜往为之者,所以救败也。舜其信仁乎!乃躬藉处苦而民从之,故曰:圣人之德化乎!"或问儒者曰:"方此时也,尧安在?"其人曰:"尧为天子。"然则仲尼之圣尧奈何?圣人明察在上位,将使天下无奸也。今耕渔不争,陶器不窳,舜又何德而化?舜之救败也,则是尧有失也;贤舜则去尧之明察,圣尧则去舜之德化;不可两得也。

紧接下面才是《通史》所引用的"楚人有鬻矛与盾"那段话。通读全节,我们就会看到韩非的矛盾之喻是为了说明"贤舜则去尧之明察,圣尧则去舜之德化"的。为什么贤舜和圣尧竟是这样不可两誉的矛盾?不明白韩非君主本位思想,恐怕很难理解。君主是超逻辑、超批判的。世上只有圣主,而决无什么贤臣。韩非书中处处流露了这种观点:"有功则君有其贤,有过则臣任其罪,故君不穷于名。""臣得行义则主失明。"(《主道》)"废常上贤则乱,舍法任智则危。"(《忠孝》)"毋弛而弓,一栖两雄……一家二贵,事乃无功,夫妻持政,子无适从。"(《扬权》)从这种君主本位出发,得出君臣不可两誉是自然的。韩非用不可两立的矛盾律去解决君臣之间的关系,是和他的治不逾官说有关的。耕渔与陶本非舜的官职,舜使耕渔不争,陶器不窳,这是越出了本分,多管闲事。不是你官职该管的,越职去管就是一种犯罪行为。君主畜臣,要你做什么就做什么,有功应当归于君主,有过则由臣下承担。《二柄篇》曾举出一则故事来说明治不逾官的道理:"昔者韩昭侯醉而寝,典冠者见君之寒也,故加衣于君之上,觉寝而说，问左右曰：'谁加衣者？'左右对曰：'典冠。'君因兼罪典衣与典冠。其罪典衣，以为失其事也，其罪典冠，以为越其职也。"韩非很欣赏韩昭侯的圣明，他叙述了这个故事之后说："故明主之畜臣，臣不得越官而有功，不得陈言而不当。越官则死，不当则罪……则群臣不得朋党相为矣。"这套理论又是从申不害那里继承来的。申不害就有"治不逾官"之说。从这种观点出发，舜去做他官职以外的耕渔与陶，自然是大逆不道了。有贤臣就没有圣君，有圣君就没有贤臣，贤臣圣君不可两誉，这就是君主本位主义的逻辑。就韩非的理论来说，虽然言之成理，但如果把它当作当时历史的"选言判断"的合理的反映，那就未免过于牵强了。

韩非毫无节度地滥用不可两立的矛盾律，不仅把它硬套在非对抗性的矛盾上，而且机械地把它扩大到去解决那些本来应该是辩证统一的关系上。例如，他认为情和貌或质和文这些形式和内容的关系，由于是对立面的关系，因此这些对立面的解决只能是一方消灭另一方，而不是在它们的和解里。凡是不同的就是相反的，两者之间，非此即彼，只能是绝对互相排斥的。这种形而上学的矛盾论，口头说说还不要紧，一旦付诸实践，就要产生极大恶果。在这一点上，我同意《通史》所说的："秦代的焚《诗》、《书》，废古语，和汉代的注《诗》、《书》，尊经师，其形式虽相反，而其实质则相一致，都是把活的自由思想斩绝。"

一九七六年

五一　三教治道说

自梁武帝建三教同源说的理论以来，后代论者大多继承了他的衣钵。最近在中国文化的讨论中，有不少文章时常涉及儒释道三教，把三教当作我国传统思想，并从积极方面去论述它的意义。儒释道在我国传统文化中，自然是占有重要的地位。但现代论者往往忽视三教在历代封建统治者心目中的作用。据清胡珽刊元刘谧《三教平心论》载：孤山圆法师称："三教如鼎，缺一不可。"孝宗皇帝称："以佛治心，以道治身，以儒治世。"无尽居士称："儒疗皮肤，道疗血脉，佛疗骨髓。"胡珽并于书前录雍正皇帝上谕："三教同出一原……洵可型方训俗，为致君泽民之大助。"以上诸例，说明了历代封建统治者综赅三教作为一种统治工具。

一九六二年

五二　玄学再估价

玄学被千余年之骂名。王弼、何晏以庄老释儒经，曾被斥为"其罪深于桀纣"。但事实上，魏晋南北朝时代，学术空气活跃，有一种可以比较自由进行探讨的环境，所以出现了各种不同的学说和思想流派。当时南北学风不同，北方重儒学，南方影响最大的是玄学。玄学的出现使得我国的思辨思维开始发达起来。过去我国的思辨思维是不发达的。黑格尔曾经把我国文化跟印度作过比较，他在《哲学史演讲录》里说，印度的史诗是非常发达的，但是他们的史学比较落后。几百年以前，他们的历史的记载就已纷乱不全。但是中国的史学，几千年来从未中辍，这几乎是一个奇迹。至于在哲学方面，他认为孔子学说只能算作一种道德箴言，严格地说来，不能称为是真正的哲学。当然黑格尔这些讲法，可能有些偏颇。他不谙汉语，在当时只是通过译本研究了孔子、老子和《周易》。事实上，中国先秦时代，就有不少名辩学家。从邓析子开始直到后期的墨学，具有较丰富的内容。后期墨学的名著，即《墨经》或依晋鲁胜之说称为《墨辩》，这部书可以说是先秦以来的名辩学家的集大成的一部书。但是先秦以后，儒学逐步占了上风，终于定于一尊，而名辩之学渐替。公孙龙、惠施等名辩学家多遭抨击，蒙恶谥，被称之为"饰人之心，易人之意"的诡辩术。后来更被认为以怪说绮辞，欺惑愚众，淆乱大道的邪说怪论。在这种情况下，名辩学说虽以光辉灿烂的耀目异彩开始，但不久就一蹶不振，由寖微而趋消亡了。

魏晋时代诸子又盛，应运而生的玄学家研究了本体论问题，研究了体用关系问题，进入了纯抽象的哲学领域。它使我们的哲学的视野扩大了，使我们的哲学的内容丰富了。它提出了一系列新的概念和新的范畴，也提出了许多哲学上的新问题。我们可以举当时王弼的《周易注》为例。《周易》是儒家的五经之一。直到东汉，历来都是由儒家为之作注疏。如东汉的郑玄、马融，还有荀氏（崧等）诸人都是恪守儒学的立场来解《周易》。当时江左一带所通行的是王弼的《周易注》。而北方，则用的是汉儒的《易注》。到了唐代，开始对玄学采取了严格的批判态度。当时排斥六朝文学萎靡颓废，而揭橥恢复儒家道统的古文运动。儒者辟佛之论层出屡见。唐定《五经正义》，虽都用的是汉儒的注疏，可是唯独对《周易》却仍旧使用了王弼的注释。汉学家的《易注》终于寖微，以至今天只剩下李鼎祚所辑的一些残篇断简了。这一点可以说明，尽管在强烈反对玄学的时期，仍有一些玄学著作，由于其本身的独特价值得以保存下来，而不能够完全加以抹煞掉的。

一九八三年

五三　早期传入的因明学

刘勰的《文心雕龙》体大虑周，组织靡密，形成完整的系统，有一个很严密的体系，以致被章学诚誉为"成书之初祖"。这跟他受到了因明学的影响，是很有密切关系的。这种影响不是直接的，而是间接的。简言之，主要就是他在方法论上受到了因明学的潜移默化的启示。随着《因明入正理论》输入中国，从而使因明学成为一个有着广泛影响的学问，那是在唐代。但是在南北朝的时候，因明学已经开始译成中文了。北魏孝文帝延兴三年（四七三），中国第一次翻译了一部因明学的著作，即三藏吉迦夜与昙曜所译的《方便心论》。这里我想订正一个我自己过去写的文章的错误。我说，刘勰当时看了两部有关因明学的著作，一部是《方便心论》，一部是龙树所造《回诤论》。据《出三藏记集》著录《方便心论》于北魏孝文帝（元宏）延兴二年（四七二）译出，当时刘勰尚幼，所以他可能看到这部书。但是《回诤论》是在东魏孝静帝（元善见）兴和三年（五四一）时才翻译过来。那时刘勰已殁。倘撇开这一点不谈，《方便心论》和《回诤论》应该说是我国最早传入的两部因明学著作。

一九八三年

五四　译经理论

佛学于东汉末传入中土，到了魏晋南北朝的时候，形成鼎盛时期，如日中天。当时，名僧辈出，传译过来大量梵典。他们不但在传译佛书方面作出很大贡献,而且精于佛理,都是弘扬佛法的大师。鸠摩罗什、慧远、道安、僧肇等可说是其中佼佼者。这些名僧,都是很有学问的佛学家。由于传译佛经,当时有所谓译场,聚合了集体力量,运用靡密的组织来进行翻译。今天看来,当时翻译佛书的工作是以极其虔诚认真的态度进行的。相传鸠摩罗什曾于众人前发诚实誓,宣称:"若所传无谬,当使焚身之后,舌不焦烂。"后来在他圆寂后果然应验生前的誓语。自然这不过是一种传说,但多少透露了当时传译佛典的那种一丝不苟的严肃精神。由于要把佛经翻译好,在这时期翻译文学的理论也随之兴起,其中有很多的精辟看法。这里可举几个例子。当时的翻译理论谈到了翻译文字的文质问题。文质这两个概念最早是孔子所谈到的。但是孔子所谈的文质,只是从一种礼乐规范的意义上提出来的。当时佛经的传译者,把这个文质概念借用过来,加以发展,加以改变,把它运用到传译佛典的理论上去,使它成为翻译文学的重要论题之一。《梁僧传》及《出三藏记》多有这方面的记载。我认为,魏晋以来在文学领域所谈到的文质观点,恐怕同上面提到翻译文学里的文质议论是有一定的联系的。当时在翻译文学中,留下了一些很有见解的名言。如道安于《比丘大戒序》中所举"葡萄酒被水"之论,其意指传译佛书,但求便约不烦,倘为了追求通俗易晓滥加赘语,就好像葡萄酒里加进了清水一样,使它变得淡而寡味了。他说这种翻译是很不好的。鸠摩罗什也提出过一些很好的意见。比方,他曾有"嚼饭与人,徒增呕秽"之喻。此外,如道安的"五失本三不易"说,慧远的折中直译意译之说,僧佑的梵汉音义同异辨析。洎至隋唐,彦琮的八备说,玄奘的五不译说等等,都极一时之盛,蔚为大观。已故罗根泽《中国文学批评史》曾列专章论述,可参照。

一九八三年

五五　钟会四本论

《皋陶谟》就已谈到人的性行有九德，曰："宽而栗，柔而立，愿而恭，乱而敬，扰而毅，直而温，简而廉，刚而塞，强而义。"这九德是为了择人而官所提出来的。汉代选士，首为察举，鉴识人伦，考课核实，则有所谓"月旦人物"，从性行方面进行人物的品评。到了魏晋，玄风昌炽，才性说成了风靡一时的论题。《世说新语·文学篇》称：钟会撰《四本论》。据刘孝标注，所谓"四本"是指当时论者可判分为才性同（傅嘏）、才性异（李丰）、才性离（王广）、才性合（钟会）四派。人在性行或才性上的差异必然会流露于语言文字之间，从而由此形成了一种因言观人之法。《易》称："将叛者其辞惭，中心疑者其辞枝，吉人之辞寡，躁人之辞多，诬善之人其辞游，失其守者其辞屈。"就是从修辞学的角度接触到语言风格问题。陆机《文赋》："夸目者尚奢，惬意者贵当，言穷者无隘，论达者唯旷。"则更进一步把风格问题引进了文学理论。刘勰的才性说正是在前人所提供的资料上建立起来的。《才略篇》从史的角度论述九代作家的才性，可与《体性篇》相映发，其中曾引"皋陶六德"之说。《总术篇》称："精者要约，匮者亦鲜；博者该赡，芜者亦繁；辩者昭晰，浅者亦露；奥者复隐，诡者亦曲（曲字从杨改）。"这可以说是《易》的修辞学风格论和《文赋》的艺术风格论的引申。至于《体性篇》的才性说就更显出和魏晋以来的《四本论》有着某种相似之处。钟会的《四本论》已亡佚，究竟包含怎样的具体内容，除《世说新语·文学篇》和刘孝标注留下一些片断资料外，现已无法详考。但就大体推之，《四本论》属玄学论题之一，当时有关才性的讨论，专在辨析才性的离合同异，它和玄学的本体论有着密切的联系。所谓"性言其质"，似即以性为实、为体。所谓"才言其名"，似即以才为名、为用。从《世说新语·文学篇》称傅嘏"善言虚胜"以及注引《傅子》"清理识要"、"原本精微"这些话来看，作为当时讨论才性离合同异的代表人物傅嘏，显然就是一位玄学家。

一九七七年

五六　驳己亥出都仓皇可疑说

龚自珍于道光十九年四月二十三日离京回乡，越二年，道光二十一年八月卒于江苏丹阳。这一辞官离京和暴卒丹阳事件，曾引起种种传说。民国初，裘毓麟《清代轶闻》、葛存虚《清代名人轶事》、柴萼《梵天庐丛录》等，都说龚自珍因贝勒奕绘寻仇威胁，故引疾归，而卒不免。李伯元《南亭四话》说亦类似。此说经孟森著《丁香花》一文反驳后，仍未消歇，只是将奕绘换作了另一个人。苏雪林《蠹鱼集》推测是奕绘之子。萧一山《清代通史》说亦类似。钱穆《中国近三百年学术史》引张尔田的话说："定盦出都，因得罪穆彰阿"，又说："定盦为粤鸦片案主战，故为穆彰阿所恶。"以上诸说都如钱说所云，己亥出都是"仓皇可疑"的。其依据则是《己亥杂诗》第四首龚自珍自注："予不携眷属仆从，雇两车，以一车自载，一车载文集百卷出都。"诸说据此以为己亥出都是仓皇间临时决定，否则为什么会不携眷属仆从只身一人出走呢？近年孙文光撰《龚自珍暴卒考》，援引上海图书馆藏陈元禄《羽琌遗事》钞本"以疾卒于客"的说法，证明龚自珍并非被害而死。但这一公案仍悬而未决。

樊著提出了一条新证据，这就是一九三一年中华书局影印的《龚定盦诗文真迹三种》。其中龚自珍手书的《双非双亦门颂》和《重定双非双亦门颂》各有跋文，为《定盦全集》所未收。第一跋书有"道光十八年岁在戊戌夏四月，子贞仁兄翰林知余将戒整装出都"之语。据此可知何绍基（子贞）于道光十八年请龚自珍手书文稿，是由于得知他即将整装离京。再从跋文中"异时长林丰草间翘首北望"的话看来，则清楚表明其时龚自珍已准备辞官回乡了。由此可见己亥离京不过是偿其宿愿而已。但樊著并不以此为满足，还进一步本清人家法，效法顾亭林、钱大昕、王念孙诸人所采用的例证通则，来证明龚自珍早于道光十八年已存回乡之念。其梗概如下。

（道光十八年三月）龚自珍邀廖鹿柴、吴虹生、吴式芬、孔宪彝、蒋子潇、梁敬叔等崇孝寺看海棠，各人即席口占。孔宪彝诗："明年君踏浙西春，更念芳华生感触。（自注：定盦将归浙西。）"可证与会诸友均知龚自珍于当年将离京。吴式芬诗："良辰胜侣非易得，归程恐逐南飞鹄。（自注：时定盦将乞养南归。）"可知当年辞官南归是以乞养作为理由。

（道光十八年四月）《与吴虹生书》："榜信在迩，恐诸君（今日最热闹）不日风流云散，弟不知能随同乡下第人，执鞭镫而渡黄河否？"［案：榜信指会试发榜。清自乾隆十年起，一般于四月放榜。］可知龚自珍有四月夏离京的想法。

（道光十八年五月）《与吴式芬笺》："出此月则束装矣。"可知他曾定六月启程。［案：通过以上按月排比，可以看出龚自珍于道光十八年出都的打算越来越清楚、具体，而不是一时心血来潮的即兴想法。]

（道光十八年七月）《会稽茶》小序："明年不反棹浙江，有如此茶矣。"龚自珍未能于道光十八年出都，其原因虽不可考，但由此誓语，可知己亥出都是他在将近一年之前就已下了决心的。

樊著以力证驳钱说，令人不得不承认"仓皇可疑"说只是出于望文悬揣。治学断案如老吏折狱，信证据，而不信无证的推理。虽然推理于理可通，但往往与事实不符。考证不在于发挥主观创见与新解，而在于实事求是。

一九九三年

五七　佛窟寺为梁徐庆造

《续僧传·法融传》称："宋初刘司空在丹阳牛头山造佛窟寺，其家巨富，访写藏经书，用以永镇山寺，至贞观十九年全毁于火。"汤用彤《汉魏两晋南北朝佛教史》以为《续僧传》中的宋初刘司空"疑系刘穆之或刘秀之"。此说不可信。案刘穆之、刘秀之传中并无奉佛记载，而《佛窟寺经藏》一事，《祐录》亦未曾著录。我们知道，《祐录》系刘勰襄佐僧祐编定。倘佛窟寺果为穆之或秀之营造，则刘勰决不会对于寺中的经藏茫然无知。为什么《祐录》著录了《大云邑经藏》、《定林寺经藏》、《建初寺经藏》等名目，独于《佛窟寺经藏》只字不提呢？这是很难解释的疑问。据宋张敦颐《六朝事迹编类》中《寺院门第十一》称，佛窟寺乃"梁天监中，司空徐庆造"。

一九六〇年

五八 《学隶图跋》钩沉

此跋载于孔宪彝为亡妻朱屿所刻《小莲花室诗词遗稿》。《龚自珍全集》未收，佚文待访目未列入，所以不为人注意。但它是研究龚自珍的书法见解的唯一资料。

清代科举以书法取士，殿上三试皆遴楷法，以试卷楷书是否光致定优劣。道光九年，龚自珍中进士后，殿上三试，三不及格，不入翰林，考军机处不入直，均因书法而不入选。他曾愤而著《干禄新书》讽刺这种习俗。人多以为龚自珍轻视书法，其实这是误解。这篇《学隶图跋》就说明他对书法并不是采取轻视态度。

孔宪彝为龚自珍契友，与魏源、黄爵滋、包世臣、张际亮等均有交往。他也是一个有肝胆、有血性的人物。鸦片战争时，曾作《道旁》："却出都门两日余，东南消息近如何？道旁一骑红尘过，可是将军破敌书？"林则徐被贬伊犁，又作《梦林少穆先生》以寄情怀："诸葛真名士，崖州古大臣。艰危筹海国，辛苦驻河滨。负罪成孤愤，长城惜此身。须眉浑未识，入梦剧清真。"

学隶图是描绘朱屿临习隶书的一幅图书。此图有二幅，一为焦春绘，一为盛大士绘。樊著考定孔宪彝所收是第一幅，并考定龚自珍题跋的时间，上限为道光十七年十月，下限为道光十九年十月。跋文内容可综述为三点：一赞朱屿勤习汉代碑刻。[案：跋称朱屿隶书"法度敛而气势纵，盖神明于《礼器碑》而参与《史晨碑》者。"] 二勉朱屿临习周代鼎彝铭文。[案：跋称"曲阜祭器款识者皆周时古文大篆，为其拓而临之，审六书之源，以实应仲远之说，而汉世徒隶书又不足学也"。] 三对朱屿的楷书不赞一词。〔案：跋只是一笔带过作一交代："今隶规矩翰苑……"今隶即楷书，规矩翰苑指摹习当时流行的馆阁体。] 龚自珍在书法上的革新思想和他在政治上的革新思想一样，都以返古为指归。乾隆时，郑燮、金农等参用隶笔，已有反馆阁体趋向。尔后，邓石如更是取法汉代碑额，独树一帜。至包世臣则大力创导寓有汉隶笔法的北碑。《学隶图跋》所表现的思想倾向，正与当时书坛风气的转换相适应。

一九九三年

五九　《纵难送曹生》

龚自珍《纵难送曹生序》是我最爱读的文章之一。数年前，我曾摘录其中一段话写入手卷请友人题辞。这篇文章所说的曹生即曹籀。曹籀又名家驹、文昭，字葛民，又字竹书，号柳桥，又号台笠子、石屋子。生于嘉庆五年，卒于光绪初。同治三年所出《定盦文集》三卷、《定盦续集》四卷、《定盦文集补》六卷，就是曹籀校订由吴煦出资付刊的。他是一介贫士，靠卖文教授生徒糊口。生平致力于经学与小学，研治《穀梁春秋》达二十余年。著书甚多，有《穀梁春秋释例》、《穀梁春秋传微》、《尚书古文正义》、《三家诗传诂》、《说文古音表》等十余种。他与魏源、俞正燮、胡培翚、张维屏、陈沣、黄燮清、赵之谦等亦相过从，并于道光咸丰间，与戴熙、邹在衡等结为红亭诗社，互相唱酬。

《纵难送曹生序》描写了当时追求文化真知的士人，在茫茫无助的环境中默默工作，得不到支持，也不被人理解。作者笔下流露出来的那种苍凉孤寂之感，具有一种震撼人心的力量。这篇文章是龚自珍为曹籀，也为他自己，倾吐积压在觉醒的中国知识分子内心深处的哀愁。如果龚自珍不是把曹籀视为知己，他是不会写出这篇《纵难送曹生序》的。可是曹籀究竟是怎样一个人？很少人提到。他和龚自珍的关系如何？曾有过一些传说。谭献《复堂日记》载："孝拱言曹老人者，曾卖墨京师，为先君子食客，粗识字而已，谬托知交。"这里说的曹老人即曹籀。孝拱为龚自珍子，他的话有一定影响。但此说曾遭到吴庆坻的反驳。吴庆坻《蕉廊脞录》认为这"乃是文人相轻之习"。樊著为了澄清事实真相，首先考定龚自珍于道光四年与曹籀结识。[案：据曹籀《定盦文集题辞》："道光甲申之岁，余入市阅书，邂逅于僻巷，不及通姓名，瞠目视良久，若有心契者，执手谈文字甚欢，始与订交。"] 再述往来经过：一、龚自珍结识曹籀时，不仅年长曹籀八岁，且已任内阁中书，并将自己著作编为十九卷，刊刻文集三卷、别集一卷。曹籀则是布衣寒士，尚无作品结集问世。但龚自珍对他毫不倨傲轻慢，而且友情甚笃，脱略行迹，亲往造访。二、龚自珍曾邀曹籀往游沪上，吟诗唱酬。曹籀诗中一再流露出对龚自珍有知遇之感，说明龚自珍对他是热诚相待的。[案：曹籀诗集《蝉蜕集》有多首述及此事。如道光五年夏，龚自珍邀曹籀及王应绶豫园赏月，曹籀诗有"海内论交晚，生平感遇深"，以寄深情。] 三、道光十一年夏，曹籀借授徒漕舻之便，由津入都，与龚自珍重聚，二人论学极为相得。[案：曹籀《籀书文集续编》曾记他淹留龚自珍旅舍两月，谈论经学，至鼓四下不能睡。] 四、龚自珍《大誓答问》是由曹籀带回杭州付刊的。这是龚自珍生前所刊印的唯一一本经学专著。[案：曹籀《大誓问答后序》，称此著与诸家说不雷同，读后有与共信。] 五、龚自珍己亥辞官回到杭州，与故乡诸友人重晤。他在诗中对曹籀表示了深厚情谊。[案：龚自珍《己亥杂诗》中谈及曹籀的诗有二首。其一："乡国论文集古观，幽人三五薜荔看。从知阆苑桃花色，不及溪松耐岁寒。"] 樊著对龚曹二人的关系作了全面考察证明传说之妄，《复堂日记》所载之不实，是令人信服的。

一九九三年

六〇　对观众的虚伪的服从

作为文艺节目的主持人自然应该尊重观众的选择，倾听观众的声音。但我觉得主持人应该有更多的审美知识，而不能像一般服务行业那样认为顾客就是主人。四年前上影厂纪念建厂三十五周年的时候，我曾经谈到娱乐片的问题。我是赞成拍摄娱乐片的，不过认为也要有选择地拍，并且不能冲垮质量高的艺术片。当时我引用了歌德的几句话："引起公众所愿意的感情，而不是使他们感到应有的感情，这是一种对公众的虚伪的服从。广大的观众应当受到尊敬，不能像小贩从孩子那里骗取钱财一样去对付他们。"我至今不明白这番话怎么会惹恼了当时在场的文化部电影局长，他回到北京就发文驳斥，说我反对拍娱乐片。这几年有种风气，谁要是不一窝蜂跟着叫，而且调门越叫越高，谁就是持不同"艺"见的人。我实在害怕并反感这种一窝蜂的风气，我希望我们都能保持独立见解，"为学不作媚时语"，不媚权势，不媚平庸的多数，也不趋附自己并不赞成的一时潮流。这样我们才会有健康的文化，真正的文化。

一九八八年

六一　狗儿爷与农民意识

我只想从表现农民观念这一点上来谈谈《狗儿爷涅槃》。中国以农立国，至今农民仍占人口绝大多数，无论是经济生活中或意识形态中的农民问题，始终是最值得重视的问题。六十年代初在一个短暂的思想活跃时期，史学界曾探讨了历史上的农民战争性质问题，当时已有人提出农民不代表进步的生产力，所以他们反压迫、反剥削而不反封建。相反，由于封建社会的长期停滞，封建意识的不断浸染，自然经济的封闭性，都使得反对封建压迫的农民阶级不能形成新的思想体系而产生了以农民意识为特征的封建主义思想。历史上屡仆屡继的农民战争只成了同义反复的改朝换代，而并没促进社会性质的改变，就是由于上面的原因。六十年代这次讨论所得出的这些结论，倘推论下去，就会证明在教条主义猖獗时期出现的从苦大仇深或从被压迫、被剥削的程度深浅这类标准去衡量革命性的强弱，其实是一种似是而非的理论。在这种错误理论的影响下，曾经出现多少出于良好动机却又枉费心血的文艺作品。

阿 Q、闰土这些艺术形象所蕴含的现实意义固然至今毫不减色，但是却只是表现我们农民的一个侧面。文学创造的多样性应当是无限大。我毫不菲薄那些沿着鲁迅写农民的路子再加以引申、发挥和进一步创造的作家，他们笔下的人物使我们从现代衣冠下发现了似是陌生的相识者，从而认识这些人物在新时代、新环境下以新的方式重演故伎。但是具有最广阔概括性的典型，也不可能是唯一仅有的典型。除此之外，还有许多其他侧面有待我们去发掘、去创造出新的典型来。

我认为《狗儿爷涅槃》就是这样一部有所突破的作品。狗儿爷是与阿Q、闰土全然不同的人物。但这并不意味前者推翻了后者，而是补充了后者所没有表现的另一侧面。我觉得《狗儿爷涅槃》最为突出的特点就是作者写出了我在上面说过的一个具有强烈反压迫、反剥削意识的农民在自己的思想深处并没有逃脱浓厚的封建主义的束缚。狗儿爷的最高人生追求就是像他痛恨的地主一样拥有更多的土地和房屋。从这个角度去理解他的革命性与保守性的奇妙结合和进步与反动立场的转换，以及他所憎恶、所反抗的封建幽灵竟然钻进自己的躯体而变成支配他本人思想的主宰这种奇异的悲剧，就可以迎刃而解变得清晰易晓了。

一九八六年

六二　学术良心

恩格斯曾经说："歌德像黑格尔一样，各在自己的领域内，都是真正奥林帕斯山上的宙斯，然而两人都未能完全免去德国庸人习气。"这句话如果作简单化的理解就会产生误会。我以为所谓庸人习气主要指的是政治态度方面，歌德他们不像文艺复兴时期的巨人那样具有革命激情和坚强性格，用笔或兼用笔和剑投入那场人类前所未有的伟大的进步性变革之中。他们小心翼翼，不敢得罪或碰疼当时普鲁士的专制政府，甚至有时还表现了懦怯的态度。可是，在另一方面他们又都在自己领域内是真正的奥林帕斯山上的宙斯。这一点不可轻视，值得我们思考。我以为，他们在自己领域内作出了对人类的伟大贡献，不仅仅需要天赋、勤奋、毅力和学识，而且也需要追求真理的热忱和忠于科学、忠于艺术的优秀品质。这种品质同样值得推崇，并且和他们在政治态度上所表现庸人习气恰恰相反，形成奇异的鲜明对照。而事实却正是如此。我觉得在巴尔扎克、果戈理等等这些作家身上也都具有同样的情况，我们只要读读他们的传记就可以明白。例如，像巴尔扎克年轻时为了献身文学，要用自己的笔去开拓拿破仑的剑所不曾达到的领域，甘愿清贫自守，住在拉丁区的阁楼，忍受饥寒的煎熬，而放弃家庭的接济和优裕的生活享受。他成名后，也曾经以艺术家的公正而为被漠视、受冷遇甚至连雨果也不理解而加以一笔抹煞的司汤达仗义执言。为此他宁可放下手边正在进行的主要工作，写出了《拜尔先生研究》。再像果戈理为了坚持他所开创的以自然派命名的现实主义创作道路，在当时充满陈腐偏见的文艺界，遭受多少责难和辱骂，但他毫不妥协，始终坚守自己的岗位。晚年，他虽然产生了思想危机，但终于从斯拉夫主义迷乱中挣扎出来，亲身焚毁了体现这种思想迷乱的《死魂灵》第二部手稿，而不愿背叛自己的艺术信念。这类可歌可泣的动人事迹，直到今天仍使我们深深感动。如果他们以庸人习气去对待自己所从事的文学事业，就会由奥林帕斯山上的宙斯一变为渺小的侏儒了。当马克思批评当时的庸俗经济学的时候，曾说："超利害关系的研究没有了，代替的东西是领津贴的论难攻击，无拘无束的科学研究没有了，代替的是辩护论（Apologotik）者的歪曲的良心和邪恶的意图。"这不是表明超利害关系无拘无束的科学研究是存在过的么？《资本论》所提到的那些工厂视察员和公共卫生报告医师也是这样的。他们克尽职守，无党无私，毫无顾忌地秉笔直书，揭示劳动人民的悲惨处境，而并不计较个人得失，趋承上意，像从前诗人所说"颠狂柳絮随风舞，轻薄桃花逐水流"的风派人物那样随波逐流，趋炎附势。

一九八二年

六三　谈浮躁

自从近代西方思潮传入我国以来，有许多概念，如民主、自由等等，人人都说，可是它们的确切涵义，却很少有深入的钻研，结果只剩下一个朦胧模糊的观念。就以民主作为一种政治学说来说，它的起源和发展，它在英国经验主义和大陆理性主义的不同思潮中形成怎样不同的学说，以及当它传入我国后，我国思想家有怎样的诠释和发挥？这些问题都是建立现代化民主体制所必须弄清楚的。可是迄今还很少有人关心这类问题。我觉得我们的学风还缺乏踏踏实实的精神，不务精深，而好趋新猎奇，满足于搞花架子，在文章中点缀一些转手贩来自己还未咀嚼消化的新学说新术语，借以炫耀。一些刊物，也往往喜欢发表这类文章。这几年一些有识之士，却对这种学风提出了批评。这里我想援引手边几本海外学者在他们的著作中发表的意见。一本是林毓生的《中国传统的创造性转化》。林教授是一位严谨的学者，他说中国知识分子常犯一些情绪不稳定的毛病，不是过分自谦自卑，就是心浮气躁狂妄自大。他说要了解另外一种文化是非常困难的事。把另外一种文化的一些东西当做口号是相当简单的。但口号式的了解并不是真正的了解。这种口号是很做作的，不自然的，反映我们内心问题的假权威。他举以前在台湾文学界流行的"现代主义"和"新批评"（New Criticism）为例，说随便把在外国环境中因特殊的背景与问题而发展出来的东西当做我们自己的权威，实在是没有根据的。这种办法的结果是：可怕的口号变成了权威，亦即把外国的一些观念从它们的历史的来源中切断，断章取义地变成了自己的口号的时候，自然就会犯形式主义的谬误（formatistic fallacy）。这些话虽然是针对台湾学术界的一些情况而发，却也切中我们这里的时弊。

此外，余英时的《中国文化与现代变迁》是最近出版的一本著作。余教授称他治中国思想史永远立足于中国传统及其原始典籍内部所呈现的脉络，而不是任何外来的"理论架构"。他认为，严格地说没有任何一种西方的理论或方法可以现成地套用在中国史的具体研究上面。余教授也批评了趋新猎奇的倾向。他说西方学术界号称日新月异，其实是异多于新。许多所谓新观念、新思想不过是变名词的把戏而已。西方学术界并没有一面倒的趋新的风气，一味趋新的人往往被同行看作是浅薄的表现。他提出今天的文化危机特别表现在知识分子的浮躁心理上，仰慕西方文化而不知西方文化的底蕴，憎恨传统文化而又不知中国传统为何物。海外学者的这些说法使我深深引为共鸣。我在一九八四年写的《各领风骚三五天》一篇短文中也提出过类似的意见。我觉得这已成了文化领域中一个不容忽视的问题，认识这个问题的重要，可以使学术界去掉浅薄、浮躁，建立踏踏实实的学风。去年哈佛大学举办的"文化中国"学术研讨会上，几位海外学人对国内一家颇有影响的刊物编者也提出少登这类空文而多发表一些切实探讨中国文化的意见。

一九九三年

六四 文化交流

这几年我参加了三次文化交流活动。第一次是美国夏威夷东西方中心召开的,时间是一九九一年二月。第二次是一九九二年八月底至九月初,在美国哈佛大学召开的。(这两次会议都以"文化中国"为标题。文化中国不是政治概念,而是文化概念,它指全球华裔以及和中华文化有着渊源关系或研究中国文化的外国人在文化上的认同,因此这一文化概念要比政治概念宽广得多。)今年瑞典斯德哥尔摩召开的是第三次。我参加了三次会议深感这样一种国际文化学术交流会议是非常有意义的。通过会议我们可以互相了解彼此的研究方向和最新研究成果,这往往是只靠阅读所不能了解的。我们应该承认,长期以来,我们在学术研究方面因意识形态化所带来的损失是很大的。过去的政治挂帅、阶级斗争工具论、以论带史以及硬性作出唯物唯心两条路线斗争等,种种流弊,至今也并未完全消除。这样的学术研究引起别人的非难是不奇怪的。但是海外一些学者认为大陆无学术,只有原始资料的极端看法,也未免偏颇。不能说长期以来大陆学人没有不计成败、埋头苦干的人,他们具有识见的著作虽然不多,但总是存在着的,只是往往被埋没而不为海外所知道罢了。我以为海外学者在诠释古籍方面往往不够精确,美国杨联陞教授在世时,曾写过不少纠谬文章,海外学者称他为 watch dog,视之为畏友(最近中国社科出版社出版了杨的论文集),但他去世后,就很少有人再做这一工作了。去年我在哈佛见到一位在费正清研究中心从事研究工作的学者,他十分重视这一问题,并为此用英文写了不少介绍大陆学术研究的文章。最近他在美国一份历史悠久很有威望的杂志 *DAEDALUS* 上发表了长篇论文来阐发此意，企图使海外学者能够更多地理解大陆的学术真相。我觉得我们自己在这方面做的工作很不够。我们并没有把堪为代表的学人著作介绍出去（通过国际发行渠道介绍出去的多半并不是佳作）。这一点说来使人痛心，许多优秀论著即使在国内也常是默默无闻，又怎么能够让海外认识它们的价值？为此我曾想集合一点力量办一份杂志，介绍一些好作品，不是从政治目的出发，也不讲什么知名度，而是那些可以代表国内水平具有真知灼见的学术论著。可是这一小小的愿望，四五年来迄未实现。

一九九三年

六五　需要纠正的一种学风

科研工作有一个利用已有成果问题，这也是采用综合研究法经常碰到的问题。任何研究工作者都不可能靠一己的力量精通和自己研究专题有关的每门学科，他需要利用已有的科研成果，并以此为凭借，联系自己所要解决的问题，进一步钻研下去。这些科研成果越是成绩斐然，他的研究也就越能达到高水平。这种情况可以用俗话所说的"水涨船高"来作比喻。一个国家往往很难使某一学科单独地取得超越的惊人成就。为我国所发明并具有古老传统和积累了丰富临床经验的针灸，现在已发展为针刺麻醉。可是由于在有关机制研究方面（包括神经生理学、心理学、生物化学等的科研工作）跟不上，以致在针灸理论研究上就不能取得更大的进展。文学理论的研究往往不得不依靠史学、哲学、美学等已有的科研成果。倘使研究者选择的专题所涉及到这些学科的有关问题，没有任何可资利用的成果，都得白手起家，由自己从头做起，那会是一件令人感到苦恼的事。我想，这种苦恼是不少严肃认真的研究者深有感受的。不过，这里需要说明利用已有科研成果，不是就现成、图省力，更不是指那种转相抄袭的陋习。掠人之美据为己有的抄袭之风，似乎一直未引起广泛的注意，很少有人出来加以指摘。我们时或可以看到，有人提出一种新观点或新论据，于是群起袭用，既不注明出自何人何书，以没其首创之功，甚至剽用之后反对其中一二细节加以挑剔吹求，以抑人扬己。这种学风必须痛加惩创，杜绝流传。所谓利用已有科学成果，应该是在别人所达到的成就上，联系自己研究的课题，进一步做更刻苦更深入的钻研，对别人的创见则要采取尊重态度。

一九八二年

六六　综合研究法

六十年代初期，我们报刊上开始出现过号召研究者注意科学杂交和边缘科学的呼吁。有关科研工作方法问题一度引起了学术界的注意。在古史研究上还提出过文献和文物结合的研究方法，并取得了一定成绩。但是这个良好的开端不久就因提出"千万不要忘记阶级斗争"而夭折了。国外的科研工作却早已迈进综合研究时代，通过杂交出现了许多前所未有的跨界学科，不仅开拓了广大的科研领域，并且取得了重大的突破。我们如果仍旧像过去那样抱残守阙，固步自封，那将大大地陷于落后状态。近年来，我们学术界重新注意到综合研究是科研工作的必然趋势，并提出了社会科学与自然科学的交叉。可是，在文学理论研究领域内，对于这么重要的问题似乎仍未引起普遍的重视。是不是可以在鲁迅研究上先尝试一下采用综合研究法呢？鲁迅的学识是广博的，多面的。他的作品涉及古今中外，其本身就蕴藏着多种学科的综合，一直延伸到自然科学领域。如果不采用综合研究法去进行剖析，就难免捉襟见肘，穷于对付。不要以为对鲁迅作品中所涉及的那些人名、书名、事件……找出出处，作出注解，就算大功告成，任务完毕。这些工作对研究者只起着工具性的作用，只能说是研究的初阶或前奏。我并不是轻视这些注疏考证工作。这种工作也还有待于进一步整理、汇总、编辑成为系统的工具书。迄今我们还没有出版一部鲁迅辞典，而国外著名作家辞典早已大量问世。最近我收到一部国外寄来的两厚册《莎士比亚辞典》，词条达五万左右，内容详赡，检索方便，对研究莎士比亚大有裨益。我们还缺乏这类工具书，出版界也不够重视这方面工作。

一九八二年

六七　研究方法与说明方法

有人提到编写文学概论要采取归纳法。这大概是指从大量材料的剖析中得出原则，而不是相反，从定义出发再去找材料来证明先入为主的原则，即过去所谓"以论带史"的办法。过去所宣扬的那种以论带史的办法当然是不对的。但史学家（其他理论家也一样）如果在研究过程中掌握了充分的材料，从材料的剖析和探讨中构成了系统的观念；然后在表述过程中，再以这观念为指导去处理材料，那就不能对它加以指摘。这种从材料中抽绎出原则，再以原则为指导去处理材料，就是理论系统的构成过程。我们把这一过程的前一阶段称为"研究方法",后一阶段称为"说明方法"。说明方法必须以研究方法为前提,并建立在研究方法的基础上。"说明的方法,在形式上当然要与研究的方法相区别。研究必须搜集丰富的材料,分析它的不同的发展形态,并探寻出这各种形态的内部联系。不先完成这种工作,便不能对于现实的运动有适当的说明。不过,这层一经做到,材料的生命一经观念地反映出来,看起来我们就好像是先验地处理一个结构了。"所以理论家是否占有充分材料,对材料的剖析是否全面,从材料中抽绎的原则是否正确是构成理论体系的先决条件。自然在以提炼出来的原则为指导去处理结构时也有一些问题值得注意,那就是一旦被处理的材料或新发现的材料和原则发生了矛盾,怎么办呢?此时就要对原则加以重新审定。假使原则并不是全面地概括了材料的内容,或有其他更严重的缺陷,那就要对原则进行修订或补充,甚至全部推翻,再从研究方面开始,这是建立理论体系应当注意的问题。

一九八一年

六八 原则与原则的运用

有些论者严格地要求原则必须渗透到每一个具体论点之中,以为这样才能称得上是组织靡密、系统完整之作。我认为这种看法过于呆板机械。事实上,恐怕很少有可以达到这样要求的理论。事实上理论著作经常会出现的原则和原则运用之间的差距。看来这大概是理论著作经常难免的。过去,关锋的《庄子内篇译释和批判》一书曾把庄子哲学思想的体系概括成为"有待——无己——无待"这样一个公式。

这个公式是否概括得准确，这里且置而不论，我只是想说《庄子内篇译释和批判》一书中几乎把《庄子内篇》的每句话都和这一公式挂了钩，认为都体现了作为庄子哲学体系的"有待——无己——无待"原则。为了这样来论证自己所抽绎出来的公式的正确性，有时甚至不惜削足适履，以至牵强附会。理论著作所要求的系统的完整性和严密性不应是这样的。前人说的"心总要术，当机立断"、"因时顺机，动不失正"这样灵活地运用原则来说明体系以及把体系贯彻到具体论点中去，才是正确的方法。

一九八二年

六九　由抽象上升到具体

《政治经济学批判导言》中提出"由抽象上升到具体"的科学方法是方法论中的一个重要问题。六十年代前期，我国哲学界曾就这一问题展开讨论。当时有人认为这个提法很难纳入认识由感性到理性的共同规律，于是援引《资本论》第二版跋所提出的"研究方法"和"叙述方法"的区别来加以解释，认为"由抽象上升到具体"是指"叙述方法"。最近哲学界在有关分析和综合问题的讨论中，又重新涉及这个问题。有的文章仍沿袭此说。如一九七八年《文史哲》的一篇文章就曾经这样说："事实上，这个方法在这里仅仅是指叙述方法（重点系原文所加），而叙述方法是不能完全包括研究方法和认识方法的。"我以为，此说不能成立，是在于把"由抽象上升到具体"的科学方法排除在"研究方法"之外，认为它不属认识领域。"由抽象上升到具体"这一方法正是"掌握世界"的一种思维活动方式。诚然，政治经济学的方法不能以抽象为发端。相反,《政治经济学批判导言》中曾明确地说,政治经济学的方法存在着"把直观和表象加工成概念这一过程"。不过,我以为政治经济学的科学方法是以它的特定形态来体现认识规律的。

《政治经济学批判导言》阐述政治经济学的科学方法的全部过程说:"如果我从人口着手,那么这就是一个混沌的关于整体的表象,经过更切近的规定之后,我就会在分析中达到越来越简单的概念,从表象中的具体达到越来越稀薄的抽象,直到我达到一些最简单的规定。于是行程又得从那里回过头来,直到我最后又回到人口,但是这回人口已不是一个混沌的关于整体的表象,而是一个具有许多规定和关系的丰富的总体了。"我们可以把这一过程概括为三个阶段:从混沌的关于整体的表象开始(感性的具体)——经过理智的区别作用作出抽象的规定(理智的抽象)——通过许多规定的综合而达到多样性的统一(理性的具体)。在这里,政治经济学的方法有两条道路:在第一条道路上,把完整的表象蒸发为抽象的规定。这是十七世纪古典经济学家所采取的知性分析方法。在第二条道路上,使抽象的规定在思维行程中导致具体的再现。《政治经济学批判导言》对于十七世纪古典经济学家的批判,实质上也就是辩证观点对于知性观点的批判。和启蒙学派有着密切关联的十七世纪古典经济学家,是以"思维着的悟性(知性)"作为衡量一切的尺度。他们像早期的英国唯物论者一样,坚执着理智的区别作用,从完整的表象中找出一些有决定意义的抽象的一般关系就停止下来,以为除此以外,"认识不能有更多的作为"(洛克)了。这种知性的分析方法正如歌德在《浮士德》第一部中所说的那样:"化学家所谓自然的化验,不过嘲笑自己,而不知其所以然。各部分很清楚地摆在他面前，可惜就只是没有精神的联系。"

但是，科学上的正确方法，不能停留在单纯的分析上，而必须由抽象上升导致具体的再现。这就需要由分析而进入综合。辩证方法并不排斥理智的区别作用，它囊括了理智的区别作用于自身之内。知性方法由于坚执理性的区别作用，所以只知分析，而不知综合，只是从完整的表象中抽象出一些简单的要素，并且把这些要素孤立起来，当作"永恒的理性"所发现的真理原则，而不能找出这些要素之间的内部联系，进而使抽象的规定在思维行程中导致具体的再现。这最后一个步骤就是"由抽象上升到具体"的方法的要旨所在。

最后还要说明一下：作为政治经济学科学方法起点的感性认识是一种"混沌的关于整体的表象"，这和作为艺术思维起点的感性认识是现实生活的可感觉的具体形象有着显著的区别。虽然两者都属于感性范畴的表象，但是这两种表象的性质是各异其趣的。作为政治经济学科学方法起点的表象也是外界所给予的感性材料，不过这些外界感性材料所构成的表象往往采取了思想的形式。例如，上面提到的"人口"这一"混沌的关于整体的表象"就是一个显明的例子。此外，我们还可以举出：忿怒、希望等等。这些表象都是我们感觉所熟悉的，但它们也都是以普遍的思想形式呈现出来。

一九七七年

七〇 简 单 化

用功利主义观点对基础理论一概加以抹煞，全都斥之为脱离实际，这是多年来轻视基础理论的后果。黑格尔曾批判过这种实用主义的态度，他在《小逻辑》里批判了一种观点：即理论研究必须立即产生实用价值，否则就把它说成是空疏无用的学究把戏。他曾举出当时有些著作不去探讨事物的自身性质，只是把它们作为工具去实现其自身以外的目的，比如不去探讨橡树自身的性质，只是去考量橡树皮如何可以剥下来作为木塞以实现其封酒瓶的实用目的。黑格尔嘲笑说："曾有不少书是根据这种作风写成的。"这种急功近利的观点在我们这里也很流行，我们往往很不适当地对德国人具有特色的理论表述作出了种种苛求和挑剔。一位文学史家曾在一篇文章中说德国古典哲学家例如康德等的风格非常坏，因为他们所表现的思想内容很抽象，很晦涩，是从概念到概念。我不同意这种批评，我认为这多少有些粗暴和简单化。德国古典哲学遭过几次殃，斯大林就曾经认为，德国古典哲学是对法国资产阶级革命的反动。这是违反事实的。事实上德国古典哲学为当时德国资产阶级革命作了理论准备。海涅甚至把康德以来的德国古典哲学家比拟作法国资产阶级革命者。不错，黑格尔的哲学是晦涩的，但并不能因此认为它是抽象朦胧的。它的晦涩主要是它的体系造成的。黑格尔哲学体系严格遵循"自在——自为——自在自为"这三段式，而且把它毫无例外地用在每个小章节中。黑格尔哲学显得晦涩，就因为他在论述时为了迁就这种刻板的先验的体系，不得不抛开事物的实际情况，采取了强制的人工手段，因此往往在一个环节向另一环节过渡时，就用了十分牵强以至神秘的说法，来维持他的体系的完整。不过在其他方面黑格尔哲学并不晦涩，只要弄清他的特有术语，我们就会发现，他的表述和概念很清晰，像一杯没有杂质的清水那样透明。黑格尔曾说哲学是思想的思想，所以他不在正文中列举具体的例证。费尔巴哈说他把很多具体例证放逐到脚注中去了。但他运用个体性、特殊性、普遍性三范畴来阐述思维活动应给予高度评价。我以为无论在哲学、美学或文艺理论中只用一般和个别两个概念是不够的。许多问题只有用三范畴才能阐释清楚，可是我们的理论很少运用后者，这不能不说是个缺陷。

德国古典哲学的内容是极其丰富的，不能因为运用纯抽象思维的表述方法，而没有多举实例，就批判它脱离实际。这种错误的判断是由于从形式去看问题的结果。黑格尔哲学是从现实实际的事物中概括出来的抽象，即那种区别于"抽象的普遍性"（通过知性分析方法所得出的共性）的"具体的普遍性"（通过理性把分析综合统一起来统摄整体的方法所得的共性）。理论联系实际是必要的，但不要作简单化的理解。

一九八二年

七一　氢氧碳不等于肉

有些人不是把本质看作是某种现象的本质，而是加以扩大化，把它看作是属于更广范畴的共性或类。这就重复了费尔巴哈所批判的要求"类在一个个体中完满无遗的表现"的错误。比如过去曾经出现过的一个阶级只有一个典型的观点，正是反映了这种错误理论的最好例证。事实上，任何作为感性形态的"这一个"，都不能一劳永逸地体现作为类的全体代表的本质，正如历史长河的人类认识过程，决不会在某一瞬间获得绝对真理，戛然中止，再不能前进一步一样，本质并不能一举囊括作为感性形态的"这一个"的现象整体，后者有些成分是本质所不能完全纳入的，因为本质是排除干扰经过净化的抽象。车尔尼雪夫斯基所提出的命题"茶素不是茶，酒精不是酒"，虽然曾受到朱光潜先生的指摘（见朱著《西方美学史》），但我始终相信它是真理。试问，茶素能代替茶，酒精能代替酒吗？在文学创作上，用写本质去代替写真实，那结果往往是以牺牲本质所不能包括的现象本身所固有的大量成分作为代价的。这个代价却未免太大了，它剥去了文学机体的血肉，使之变为只剩筋骨的干瘪躯壳。黑格尔说得好：化学家分析一块肉，指出这块肉是由氢、氧、碳等元素构成的，但这些抽象的元素不再是肉了。我们可以援此为例打个比喻，倘使有人请客吃饭，他端出来的不是一盆肉，而是氢、氧、碳等元素，并且说这就是本质的肉，是肉类的精华，比平常普通的肉更好；你将会怎样想法？不幸的是这种写本质的偏见竟如此难以消除，以致把几十个或上百个人的共同点抽象出来概括到一个人的身上，和后来发展到尽量把所有的优点或缺点集中到一个人身上的典型论，曾风靡一时，至今尚流传不歇。由此所产生的悍然违反真实的作品，将会给读者留下怎样的印象？我想套句古话来回答：尧之善不若是之甚也，桀之恶不若是之甚也。作品不能使读者相信，还谈得上什么感染力？文学作品当然要表现生活的本质，但这并不意味着排斥生活的现象形态，经过作家提炼、加工、熔铸了的生活现象，可以像许多人喜欢讲的那样是容许变形的（变形只是艺术手法中的一种，不是唯一的），但不能放纵意志的任性、海阔天空、漫无边际。作家创作不能抛弃生活现象形态本身所具有的属性。在这样的情况下，透过现象显示本质是文学创作的真正困难所在，而作家就是要在这种困难条件下披荆斩棘，逞才效技，施展自己的本领。

一九八〇年

七二 哲学史上的一种提法

在思想史的讨论中往往陷于唯物主义还是唯心主义的争论，并以此作为评定一部著作的关键。列宁曾经认为整个哲学史就是唯物主义和唯心主义两条路线的斗争史，可是这一点马克思、恩格斯并没有谈到过。我以为把政治上的概念硬套在哲学上是不妥当的。因为这样一来，势必得出从古到今凡唯物主义就是进步的，凡唯心主义就是落后或反动的。但问题并不这样简单。对于哲学史上的复杂现象要作实事求是的分析。我们知道，马克思主义哲学源于德国古典哲学。德国古典哲学的几个代表人物除了费尔巴哈是"半截的唯物主义"之外，康德、费希特、谢林、黑格尔等都是唯心主义。当时唯物主义已是江河日下。假设我们从哲学上的两条路线斗争来看，是不是这些唯物主义者比康德、费希特、黑格尔等伟大，我们应该站在他们一边来反对德国古典哲学呢？用唯物和唯心两条路线斗争的观点就无法解释哲学史上的上述现象。由于我们用它来解释文学史，为了强行纳入两条路线斗争的模式，往往作出种种削足适履的论断，以致要肯定某一著作的价值，就把本来是唯心的也说成是唯物的。历史上唯心主义的东西很多，这么多唯心主义的东西是不是都要放到错误的陈列馆去呢？过去我们只是认为马恩仅仅从黑格尔那里吸取了辩证法，并把黑格尔的头脚倒置的辩证法顺转过来。其实，马克思也从德国古典哲学中吸收了唯心主义的东西，这一点过去很少有人提，但却是事实。比如《一八四四年经济学哲学手稿》中就称赞了黑格尔关于人化自然的观点。马克思在《关于费尔巴哈提纲》中曾说过，和唯物主义相反，唯心主义却发展了能动的方面。马克思是从唯心主义那里吸取主观能动性这一概念的。唯心主义并不是没有任何值得注意的东西。最近我去看了戴震纪念馆,其中有一副对联写得很好:"治学不为媚时语,独寻真知启后人。"戴震是经学家,但他破除了经生注经的传统,在注释经义时把自己独到的哲学思想阐发出来。梁启超曾赞颂他说,倘无确凿证据,"虽圣贤父师之言不信也"。这是令人敬佩的。过去经生注经讲究师传和家法,所谓师之所授,一字不敢出入,背师说即不用,这就把自己的独立思考,有创见的东西,在知识的长河中增加新的颗粒的努力都给压制下去了。我们不能轻视经生注经的传统,它给我们带来教条主义,危害很大。

一九八四年

七三　摆脱阶级观点局限

莎士比亚笔下的一些英雄人物如亨利五世和《约翰王》中的庶子菲力浦,是体现了刚刚从封建社会母胎脱生出来的新兴资产阶级依附王权去消灭封建割据的观点。可是,莎士比亚在另一些剧作中却摆脱了这种阶级观点的局限。比如《李尔王》就存在这种情况。李尔让出王位之后,失去了君王的尊荣,降到底层。当他认识到并懂得了民间的疾苦,人的感情在他身上觉醒起来。他在大雨倾盆、狂风怒吼、雷电交加的旷野上所发出的那段关于"衣不蔽体的人们"的独白,曾被一位英国评论家(柯勒律治)说成是比大自然的暴风雨更为壮烈的心灵的暴风雨。我们可以把它看作是莎士比亚本人的动人心魄的内心表露。倘使莎士比亚对于资本主义原始积累时期的圈地运动的羊吃人的现象，和由此所造成的无家可归的流浪汉遭受统治阶级血腥立法的残酷迫害，不是抱着深恶痛绝的态度，他是写不出这场戏的。在同一剧作和另一剧作中，莎士比亚还如实地反映了出现在他那时代的另一类人物形象，他们泼辣、强悍、精力饱满，却又像魔鬼般的奸诈，像豺狼般的狠毒，这就是那些在资产阶级萌芽时期的最早野心家、冒险家爱特门、埃古之流。倘使莎士比亚不是对他们疾恶如仇，就不会像禹鼎铸奸般地把他们载入自己的戏剧史册，垂诸后世。对于莎士比亚这样的作家究竟应该怎样予以正确的评价？按照通常的说法，就是这些作家体现了人民的要求和愿望，他们的作品是具有人民性的。这样说往往被笼统地加以解释，成为一个模糊的概念。我们这里通常把文艺复兴说成是资产阶级上升时期，并认为在这样的时期，资产阶级和无产阶级的矛盾尚未激化，而且在反封建、反神权方面，资产阶级和劳动人民的基本利益是一致的。这就是资产阶级作家可以体现人民的要求和愿望，在作品中表现人民性的理由和根据。六十年代苏联出版的奥夫斯亚尼柯夫编撰的《简明美学辞典》仍沿袭这种说法。实质上，这种说法是以资产阶级在上升时期和劳动人民有着基本一致的利益为前提的，因此这可以被理解作资产阶级作家表现的人民性仍然是站在资产阶级立场上反映了资产阶级的观点，从而小心地回避了恩格斯指出的"无论如何都是不受资产阶级观点局限"的科学论断。为什么要采取这种遮遮掩掩的态度呢？我们应该理直气壮地承认这一真理：在某种情况下作家可以在一定程度上摆脱阶级的制约，不受阶级观点的局限。

一九六四年

七四 谈诠释

六十年代撰《文心雕龙创作论》时，曾采用《释义》和《附录》分开的体例。后来书中有一《小引》对这种体例在诠释学上的意义作了简要说明。现将当时思考的内容简述如下：

拙著《释义》对原著的阐述，力求根柢无易其固，而裁断必出于己。

我国古代文论具有自成系统的民族特色，忽视这种特殊性，用今天现有的理论去任意比附，就会造成生搬硬套的后果。在阐释原著时，首先需要以实事求是的态度揭示它的底蕴（meaning），弄清它的本来面目，并从前人或同时代人的理论中去追源溯流，进行历史的比较和考辨，探其渊源，明其脉络。另一方面，又需要以今天更发展了的文艺理论对它进行剖析，揭示其义蕴（significance）。正如《政治经济学批判导言》中所说的："人体解剖对猴体解剖是一把钥匙。低等动物身上表露的高等动物的征兆，反而只有在高等动物本身已被认识之后才能理解。"按照这一方法，除了把原著去和传统理论进行比较和考辨外，还需要把它和后来更发展了的理论进行比较和考辨。这种比较和考辨不可免地也包括了外国理论在内。但从事这项工作的时候，自然不能抹煞其间的历史差别性，而只应该是由此更深入地去究明原著的实质，更鲜明地去显示我国传统理论的民族风格。笔者在这方面根据自己的能力，或提出一些自己的看法，或只是提供一些资料，进行剖析，以供读者参考。现把它们放在拙著《释义》正文之后，作为附录。过去，阎若璩撰《古文尚书疏证》，于每篇正文之后，附有若干条札记,有人认为著书体例不严谨,但我以为这种办法也有可取之处,它的优点就是行文活泼,不受拘束,可以使作者的意见从多方面得到发挥。因此,笔者也采取了同样的方式。

笔者是掌握了清理和批判的原则对原著进行剖析的。不过在论述方面,《释义》的正文和附录各有其不同的重点。正文侧重于清理,因为正如前面所说,正文的任务是按照原著的本来面目忠实地揭示它的底蕴,这样就不宜在这个重点之外,另生枝节,干扰阐述的主要线索,分散读者的注意。所以《释义》就把批判划归附录,作为附录的重点之一。自然,就研究方面来说,清理和批判不能截然分割。只有经过了批判才能真正清理出原著的原来面目,同时也只有真正辨清了原著的原来面目之后,对它的批判才是中肯的。但是,在表述研究的成果时,仍不妨使正文和附录各有侧重的一面。不过,我们应该把正文所侧重的清理,理解作经过了批判的清理,把附录所侧重的批判,理解作经过了清理的批判。

一九六四年

七五　重共性轻个性

上世纪某些西方哲学家说,东方哲学强调同一性,忽视特殊性。我认为这一说法是对的,这个问题是中国文化传统中的一个重要特点,它所涉及的问题也就是群体和个体、共性和个性或者说是公与私的关系问题。我国文化传统观念侧重于共性对个性的规范和制约,而忽视个性,以社会道德来排斥自我,形成了一整套固定的思维模式和伦理道德规范,从而使个体失去了它的主体性。本世纪初,鲁迅就说过:

"个人一语,入中国来三四年,号称识时之士多引为大诟,苟被其谥,与民贼同。"我国古代重视以礼节情的思想,直到后来还是把"无己"、"克己"当作美德,要榨掉一切属于自我的东西,使人成为一个空有躯壳的社会性的机器;这种极端思想为什么会在我国一直盛行不衰?这与我们传统的文化心理结构很有关系。但是,真正活的创造力是存在于组成群体的个体之中。没有个体的主体性就没有创造力。在某种特定的情况下,没有个性对共性的突破,就没有发展和进化。片面强调共性制约个性,以至压抑个性取消个性,就会摧残创造力。

一九八六年

七六　形　式　逻　辑

中国的思维方式缺乏思辨思维和形式逻辑,主要强调直观和经验,把一切都同伦理道德挂钩。孔子的哲学主要是道德箴言,思辨色彩不浓。在自然观上,中西有着不同的形态,倘把中国古代和古希腊对照来看,希腊是朴素的直观,中国是天人合一。古代文论的"天地人"三才说也是把自然纳入人的道德规范之中。从亚里士多德《诗学》开始,西方人提出自然的模仿说,中国没有自然的模仿说,因而很少有史诗、长篇叙事诗,这就跟思维方式相关。中国重政教伦理,反映到文学观上就是原道、明道、载道。至于言志说,也和希腊的自然模仿说异趣。自然模仿说自然不好,但比道德教诲说要好一些。中国的文学观离不开政教伦常。《关雎》这样的抒情诗也要和"美后妃之德"联在一起,蒙上伦理的色彩。在科技方面,当欧洲还在中世纪徘徊时,中国的科学技术遥遥领先。为什么到后来突然停滞不前，没有产生像西方那样的近代新科学？除了社会原因外，从文化传统中也可以探讨出一些原因。李约瑟曾列表说明科技发展的三个因素：理论、实验和应用。我国在应用上发展很快，在理论上和实验上却很落后，往往是一种经验主义的东西，这影响了科技的发展。国外一位学者（杜维明）说，中国人的认识方式是"体知"，而不是"认知"，不强调理论思维，讲究直观领悟，只可意会，不可言传，这很对。所谓"伊挚不能言鼎，轮扁不能语斤"，即可为证。这种认识方式导致了我们的科技因缺乏理论而在发展中形成了一系列的断层。

一九八六年

七七　知性概念

我们习惯把认识分为两类，一类是感性的，另一类是理性的；并且断言前者是对于事物的片面的、现象的和外在关系的认识，而后者则是对于事物的全面的、本质的和内在联系的认识。这样的划分很容易作出简单化的理解。因为它不能说明在理性认识中也可能产生片面化的缺陷。例如知性在认识上的性能就是如此。

康德曾经把认识划分为感性——知性——理性三种。后来黑格尔也沿用了这一说法，可是他却赋予这三个概念以不同的涵义。黑格尔关于知性的阐述，至今仍具有现实意义，对我们颇有启发。

知性的德文译名是"Verstand"。我国过去大抵把它译作悟性。黑格尔《美学》朱光潜中译本有时亦译作理解力。现从贺麟译作知性。这一译名较惬恰，不致引起某种误解，而且也可以较妥切地表达理智区别作用的特点。

一九七六年

七八　感性——知性——理性

我觉得用感性——知性——理性这三个概念来说明认识的不同性能是更科学的。把知性和理性区别开来很重要。作出这种区别无论在认识论或方法论上，都有助于划清辩证法和形而上学的界限。有人指责我提出这三个范畴是"回到康德去"。但是据我所知，马恩也是采用知性的概念，并把知性和理性加以区别。马克思在《政治经济学批判导言》中说：

> 我如果从人口着手，那么这就是一个混沌的关于整体的表象，经过更切近的规定后，我就会在分析中达到越来越简单的概念；从表象中的具体达到越来越稀薄的抽象，直到我达到一些最简单的规定。于是行程又得从那里回过头来，直到我最后又回到人口，但是这回人口已不是一个混沌的关于整体的表象，而是一个具有许多规定和关系的丰富的整体了。

从这段话看来，马克思也是运用了感性——知性——理性这三个概念的。如果把上述理论概括地表述出来，就是这样一个公式：从混沌的关于整体的表象开始（感性）——分析的理智所作的一些简单的规定（知性）——经过许多规定的综合而达到多样性的统一（理性）。马克思把这一公式称为"由抽象上升到具体"的方法，并且指出这种方法

"显然是科学上正确的方法"。按照马克思的说法，和这种方法相对立的，则是经济学在初期走过的路程，例如十七世纪的经济学家（他们像恩格斯所指出的那些启蒙学者一样，把"思维的悟性〔知性〕作为衡量一切的唯一尺度"），就是从混沌的关于整体的表象开始，通过知性的分析方法把具体的表象加以分解，达到越来越简单的概念，越来越稀薄的抽象。这也就是说，从感性过渡到知性就止步了。马克思提出的由抽象上升到具体的方法，则是要求再从知性过渡到理性，从而克服知性分析方法所形成的片面性和抽象性，而使一些被知性拆散开来的一些简单规定经过综合恢复了丰富性和具体性，从而达到多样性统一。从这一点来看，黑格尔说的一句警句是值得注意的，那就是理性涵盖并包括了知性，而知性却不能理解理性。

一九八三年

七九 知性的分析方法

简括地说，知性有下面几个特点：一、知性坚执着固定的特性和多种特性间的区别，凭借理智的区别作用对具体的对象持分离的观点。它把我们知觉中的多样的具体内容进行分解，辨析其中种种特性，把那些原来结合在一起的特性拆散开来。二、知性坚执着抽象的普遍性，这种普遍性与特殊性坚硬地对立着。它将具体对象拆散成许多抽象成分，并将它们孤立起来观察，这样就使多样性统一的内容变成简单的概念，片面的规定，稀薄的抽象。三、知性坚执着形式同一性，对于对立的双方执非此即彼的观点，并把它作为最后的范畴。它认为对立的一方有其本身的独立自在性，或者认为对立统一的某一方面，在其孤立状态下有其本质性与真实性。

由于知性具有上述的片面性和局限性，当我们用知性的分析方法去分析对象时，就往往陷入错觉：我们自以为让对象呈现其本来面目，并没有增减改变任何成分，但是却将对象的具体内容转变为抽象的、孤立的、僵死的了。

一九七六年

八〇　知性在一定范围内的效准

不过，知性在一定限度的范围之内也有其一定的功用，成为认识历程中的一个不可缺少的环节。我们不应抹煞它在从感性过渡到理性的过程中的应有地位和作用。知性的作用可以借用黑格尔的一句话来说明："没有理智便不会有坚定性和确定性。"为了论证这一点，他举出一些例证。比如在自然研究中，知性是作为分析的理智来进行的，只有这样我们才可以区别质料、力量、类别，并将每一类孤立起来，而确定其形式，而这一切都是对于自然研究所必要的。再如，在艺术研究中也不能完全离开知性作用，因为我们必须严格区别在性质上不同的美的形式，并把它们明白地揭示出来。至于创作一部艺术作品，也同样需要理智的区别活动。因为作品中的不同人物性格须具有明确性，作者应加以透彻地描写，并且将支配每个人物行为的不同目的与兴趣加以明确的表达。诚然，知性不能认识到世界的总体，不懂得一切事物都在流动，都在不断地变化，不断地产生和消亡。但是当我们要去认识构成总体的细节，就不得不凭借知性的区别作用，把它们从自然的或历史的整体中抽出来，从它们的特性以及它们的特殊原因与结果等等方面来逐个地加以研究。

一九七六年

八一 知性是理性认识的一个环节

我在阐述知性不能掌握美时说到"知性只是理性认识的一个低级环节",事前曾和韦卓民先生讨论过,他来信表示这种说法不妥。然而这并非出于杜撰,乃是黑格尔本人的说法。《小逻辑》第八十二节中说:"玄思逻辑(按即辩证逻辑)内即包含有单纯的知性逻辑,而且从前者即可抽出后者。"(中译本第一九三页)又,第三十六节:"在玄思的哲学里(即辩证法),知性亦应是必不可少的一'时段'(moment)(亦可译作环节或阶段),但却是不能老停滞不前的'时段'。"(第一二〇页)为什么知性作为理性认识的一个低级环节在认识的全部过程中是不可少的呢?《小逻辑》第八十节说:"我们必须首先承认知性式的思想之权利和优点,大概讲来,无论在理论的和实践的范围内,没有理智,便不会有坚定性和确定性。"(第一八四页)形而上学的观点的缺陷乃在于坚持着并停滞在知性逻辑和知性范畴。例如那些"在法国为行将到来的革命启发过人们头脑的伟大人物"(启蒙学派),就是以"思维着的悟性(亦即'知性')作为衡量一切的唯一尺度"。

《小逻辑》论述知性的理智的区别作用不可少时说:"知识起始于认识当前的对象而得其确定的区别。例如在自然研究里,我们必须区别质料、力量、类别等,将每一类孤立起来,而确定其形式。在这里,思想作为分析的理智而进行,而知性的定律为同一律,为单纯的自我相关。也就是由于根据这种同一律，知识的历程才能够由一个范畴推到别一个范畴。"("以为距知性最远的活动范围里，如在艺术、宗教和哲学的领域里，理智亦复不可缺少。如果这些部门愈缺乏知性，则将愈有缺陷。例如，在艺术里，凡是那些在性质上不同的类的形式，皆得严加区别，且得明白揭示，此皆理智活动之力。即就每一件艺术品而论，理智的活动情形亦复相同。因此一出剧诗的完美，在于对不同的剧中人的性格将其纯粹与确定性加以透彻的描绘，且在于将支配各人行为之不同的目的和兴趣，加以明白确切的表达。")（第八十节）

一九七六年

八二　费希特的"自我意识"

费希特的"自我意识"是他的浪漫主义唯心论的核心。对于费希特的"自我意识"在当时德国资产阶级革命时期所起的反封建作用，我们应给予适当的历史估价。费希特的"自我意识"，并不是意味着用他的自我否定一切其他存在。我们只要引用他的一句概括的说法就可以说明这一点。他说："那普遍的世界思维在我里面思维着。"《神圣家族》一方面指出了费希特的自我意识是"形而上学地改了装的、脱离自然的精神"，另方面又充分估价了它在当时所起的作用："德国的破坏性的批判，在以费尔巴哈为代表对现实的人进行考察以前，力图用自我意识的原则来铲除一切确定的和现存的东西。"稍后，《德国状况》又指出："一七五〇年左右，德国所有的伟大思想家——诗人歌德和席勒、哲学家康德和费希特都诞生了；过了不到二十年，最近的一个伟大的德国形而上学家黑格尔诞生了。这个时代的每一部杰作都渗透了反抗当时整个德国社会的叛逆的精神。"（两段引文中"形而上学"一词均指思辨哲学。）

一九七六年

八三　黑格尔体系

黑格尔哲学具有一整套系统完备的体系，他的美学是这个庞大体系中的一个组成部分。黑格尔的哲学体系是理念的自我综合、自我发展、自我深化的运动过程。首先，以理念自身作为出发点，然后理念将自己外化，转化为自然界。理念由自在阶段发展为自为阶段后，再进一步返回自身，终于在人身上重新达到自我意识。在黑格尔哲学体系中，这三个发展过程就表现为"逻辑学"、"自然哲学"、"精神哲学"这三大部门。美学属于精神哲学的最初阶段。在美学体系中，首先是从"美的理念"出发，然后"美的理念"将自身外化为"自然美"，由于"自然美"是有缺陷的，于是"美的理念"发展为自在自为阶段，成为"艺术美"。由此可见，黑格尔体系毫无例外地总是遵循正、反、合的否定之否定律，即：自在——自为——自在自为这三个环节构成的。绝对理念是构成他的整个体系的根本依据。黑格尔曾经花费很大力气用在体系的思考上。如果我们不能识破他的思辨结构的秘密，就很容易被他的体系所俘虏。

一九七六年

八四　黑格尔的体系思考

黑格尔在体系上所花费的精力比他在其他方面进行的思考要多得多。但是他的体系有很大缺点，除了客观唯心主义所形成的头脚倒立的情况且不说外，就是刻板地甚至迂腐地要求整齐划一，常带有明显的人工强制性的痕迹。特别是他从一个概念向另一个概念过渡的时候，往往用了人工的强制手段，这就造成了黑格尔体系的晦涩难懂。黑格尔哲学其实并不难懂，难懂的只是他特有的名词术语，如果把它们搞清楚，就会发现他的表述是很清晰的，他的逻辑性是非常强的。我以为这和德国哲学自康德以来所倡导的批判精神有关。这里所说的批判，决不能理解作大批判式的批判，而是指对于概念进行清理，沙汰其中模糊不清的杂质，使之通体透明、清晰、准确，黑格尔哲学的晦涩难解是在那种用人工强制手段的转折上、过渡上，当实际情况无法过渡的时候，他还是挖空心思硬要把它们设法纳入他的体系轨道。过去，我们往往强调必须打破黑格尔的体系，但是我们也应看到，他的体系中也不乏可资借鉴和参考的东西。例如黑格尔哲学、美学所体现的范畴之间的内在联系。他很看不起一部书各个章节之间毫无关联，只是把一堆问题杂凑在一起。他认为有价值的著作应该是一个有机整体，部分和部分之间以及部分与整体之间都是有机地结合在一起的。

一九七六年

八五　逻辑链锁

黑格尔的哲学也好，美学也好，都体现了逻辑的完整性和首尾一贯性。我们搞文艺理论的人往往对逻辑不够注意。苏联在斯大林时代也曾经反对过形式逻辑，甚至认为形式逻辑就是形而上学。这是很错误的一种观点。形式逻辑还是很重要的一门学科。一个人的思维假使没有逻辑性就容易产生混乱。当然，黑格尔的逻辑发展过程只是理念的自我运动，这一点是不足为训的。我们要从黑格尔的颠倒的反映世界的形态中去剥取它的合理的内核。在黑格尔哲学、美学中，体现了一个由低级到高级、由萌芽状态向成熟状态发展的进程，形成了环环相扣的逻辑链锁，这是很重要的。假如没有逻辑发展的完整性和首尾一贯性，就构不成体系。即使有个体系，也是一个坏的体系。

一九七六年

八六　历史与逻辑的一致性

黑格尔大约是最早提出历史与逻辑一致性的。所谓逻辑和历史的一致性，就是说人类的认识历程和逻辑的发展历程，彼此相符，都是由低级向高级、由萌芽状态向成熟状态不断向前推进。例如，以个人的进化来说，从最初的受精卵发展到胎儿，实际上正是重复了整个动物的生命史，即由单细胞生物发展成为高级动物（人）的历史。因此，研究儿童心理学的人，往往可以从不同年龄的儿童的认识过程（有人曾把这一过程分为特化阶段——泛化阶段——分化阶段——概括化阶段四个时期）来探讨早期人类的认识史。我们如果加强这方面的研究，不仅可以解决认识论（比如概念是如何形成的）问题，也可以解决美学（比如美感是如何形成的）问题。黑格尔不仅在《哲学史演讲录》中是按照逻辑和历史的一致性观点来构成全书的框架，就是在《逻辑学》和《美学》中也是按照这一观点来构成理论体系的。因此，在黑格尔哲学、美学体系中一方面体现了部分与部分之间以及部分与整体之间的内在联系，另方面也体现了由低级向高级，由萌芽状态向成熟状态合规律的发展过程。

（上面提到儿童的几个认识阶段，可作点说明：A. 特化阶段——儿童只把桌子这语词当作某一桌子的名称，他还不能把另外的桌子称为桌子。他的认识只是"这一个"就是"这一个"，而不能作出个别是一般的直接判断。B. 泛化阶段——对于和桌子类似的东西发生泛化反应，如把床、凳都叫桌子。这里最初萌生的共性是抽象的同，把个别的特殊的特征，完全排除了。C. 分化阶段——对桌子和非桌子作出区别的反应。这里只是极初步地蕴涵着普遍性（同）、特殊性（异）、个体性（根据）。D. 概括化阶段——大约在学龄期的儿童，才不再说"桌子就是桌子"，或举出其单项功用说桌子只是"吃饭用的"或"写字用的"等，而可以将桌子的功用加以概括化。）

一九六四年

附录：后来我改变了这看法。兹将现在的观点简述如下：

我认为有的学者从逻辑推理作出论证是有缺陷的。过去我也十分欣赏黑格尔所说的历史和逻辑的一致性，但如果过分相信逻辑推论，以逻辑推理代替历史的实证研究，就会形成以抽象代替具体的弊端。

历史的发展固然可以从中推考出某些逻辑性的规律,但历史和逻辑并不是同一的,后者不能代替前者。历史的发展往往并不是可以根据逻辑推理,顺理成章地得出结论的。例如在审案时,应强调法律上的"证据法",强调拿出证据来,而不能只根据逻辑推理,或根据我国传统审案的所谓"自由心证"。因为在审案中根据逻辑推理可以构成的罪行,在事实上却往往是无辜的。这一点在我们的"文革"中可以说是屡见不鲜的。

一九九三年

八七　费尔巴哈批判绝对哲学

黑格尔在《小逻辑》第三版序言中对批评他的人说过这样的话:"对于一个经过多年的透彻思想,而且以郑重认真的态度、以严谨的科学方法加以透彻发挥的著作,予以这样轻心的讨论,是不会给人以任何愉快的印象的。"这并不是一个哲学家的自负和高傲。事实的确如此。今天谁还知道那些黑格尔哲学批评家的名字呢?不过,除了这些浅薄空疏的批评家外,毕竟还是有人认真地研究了并批判了黑格尔的哲学。头一次击中了黑格尔哲学要害的是费尔巴哈。费尔巴哈在一八三九年出版的《黑格尔哲学批判》中指出:

> 黑格尔哲学被规定和宣布为"绝对的哲学",虽然并不是这位大师本人作出了这样的规定,而是他的门徒们,至少是他的正统门徒们贯彻始终地契合着老师的学说作出了这样的规定。但是黑格尔哲学,不管它的内容性质如何,都只能是一种一定的、特殊

的、存在于经验中的哲学。……认为哲学在一个哲学家身上得到绝对的实现，正如认为"类"在一个个体中得到绝对的实现一样，这乃是一件绝对的奇迹，乃是现实界一切规律和原则的勉强取消……因此也就别无他望，只有等待世界的真正终结。但是，如果今后历史仍像以前一样继续前进，事实上上帝化身的理论也就被历史本身所驳倒了。

费尔巴哈批判黑格尔哲学体系中的绝对主义，在黑格尔《美学》中也是同样存在的。后来，车尔尼雪夫斯基在批判黑格尔美学时，主要就是根据这一点而加以发挥的。

一九七六年

八八　直接判断中的主谓关系

我认为把创造典型过程分为个别化和概括化的提法并不科学。我曾经说过："由个别到一般，又由一般到个别，这两个互相联结的过程是不可分割的。作家的认识活动也同样是遵循这两个循环往复不断深化的过程来进行。"有人由个别和一般的问题涉及感性认识和理性认识问题，这里我也想谈谈我自己的一点看法。我认为，对个别事物的感性认识并不是和理性认识不可分的。固然，对于任何具体事物的感性认识所构成的感觉或印象——如："这朵花是红的"、"这火炉是热的"、"这个球是圆的"等等都可以构成"个别是一般"的直接判断形式。"这朵花"是个别的，"红"是一般的，因为红不仅仅适用于这朵花，还有许多别的花，别的东西也是红的，从而"红"成为一种共相。我们的感性认识所以能构成具有"个别是一般"的共相内容，是由于人类在儿童时期就已在头脑中形成了概念，它作为一根本引线潜在于对个别事物的感性认识中。但是，尽管如此，我们仍旧把这种具有直接判断形式的感觉或印象叫做感性认识，而不能把它叫做理性认识。因为理性认识必须凭借思想的抽象作用，从感性事物中抽绎出其中的本质和各种属性间的内在联系。可是在"这朵花是红的"这种可以构成直接判断形式的感觉里，"红"仍属一种可感觉的外在属性，这种外在属性无需通过思想的抽象作用，只要单凭知觉就足够了。因此，这里作为谓词的共相仍是感性的。其间的主词和谓词的关系并不是实在和概念的关系。而在理性认识的判断里，主谓关系则必须是实在和概念的关系。我们必须注意：具有个别是一般的认识内容是一回事，知道个别是一般的认识内容又是一回事。我们必须把两者加以严格的区别。前者属于感性认识，而后者才属于理性认识。

附记：叶纪彬《艺术创作规律》引用这段话前面对于典型理论的批判，认为这是"一九七八年后，在形象思维讨论中对李泽厚这一观点开始提出质疑"（第三一五页）。这一点为许多人所忽视。

一九七九年

八九　康德的百元之喻

德国古典哲学，康德、黑格尔等人著作，好作抽象思维，用语晦涩，号称难读。但其中亦有少数明白易晓部分，如黑格尔批评康德以一百元为例论证思与有两概念之殊异。

《小逻辑》第五十二节称:"康德对于本体论证明的批评之所以如此无条件地受欢迎被接受,无疑地大半由于当他说明思与有的区别时,所举的一百元钱的例子。一百元钱就其在思想中言,无论是真实的,或仅是可能的,都同是抽象的概念。但就我的实际的经济状况言,真正一百元钱在钱袋中与可能的一百元钱在思想中,却有重大的区别。没有比类似这事更显明的,即我心中所想的或所表象的事物,绝不能因其被思想被表象便认为事实;思想、表象,甚或总念绝不能供给我以'有'或存在。姑且不说称类似一百元钱的东西为总念,难免贻用语粗野之讥;但凡彼不断地反复抨击那哲学的理念,认思与有不同的人,总应承认哲学家们绝不会完全不知道一百元现款与一百元钱的思想不相同这一回事,事实上还有比这种知识更粗浅的吗?"黑格尔在这段话下面举"上帝"这一概念,作为与一百元根本不同的对象,从而对康德进行了批评。这里不想涉及玄学的讨论,不再引述原文了。不管黑格尔与康德有什么差异,但二人均承认思想中的一百元与实有的一百元是两回事。但近年谈诠释学者,有某些人竟将客观存在与主观思维的界线抹去。

友人某海外学者以创造性诠释学去阐释老子,不承认老子一书有其客观内容,而以为它是随读者而异,与时代俱新。论者标榜超越,创建诠释过程中所谓"当谓"(即将原著应说而未说的话说出来)、"必谓"(即将原著在今天此时此地必须说出而当时未能说出的话说出来)两层次。且自称不如此即不能将古代思想著作"讲活"、"救活"。此类诠释,不尊重原著内容的客观性,而以主观意识加以比附,使原著面目全非,变成诠释者改造过的漫画。这可以套用前人的说法:诠释古书而古书亡。其思想根柢即在于不承认事物的客观性。正如把思想中的一百元当作实有的一百元了。

一九九一年

九〇 专门名词

理论研究工作最大困难之一，就在于确定专门名词的特定涵义。同一个专门名词不仅在属于不同流派的思想家那里时常具有截然异趣的意蕴，甚至就是在同一作家笔下也往往会出现不同涵义。这种情况几乎为任何理论著作所难免。正如《资本论》中所说："把一个专门名词用在不同意义上是容易引起误会的，但没有一种科学能把这个缺陷完全免掉。把高级数学和低级数学比较看看。"（《资本论》本身就在不同场合用"必要劳动时间"一词来表示两种不同的意义。）在我国古代论著中，同语异义的专门名词更是屡见不鲜。碰到这种情况，我们只有随文抉择，才不致望文生义。佛学著作，名相纷繁，前人早称难读，原因在于它有一套自成体系的特殊用语。《灭惑论》正是这样一篇属于佛教义学的论文。在早期佛学著作中，"道"或"佛道"是一个经过汉化的专门名词。佛教于汉代传入中国，最初附于道术，或被视为道术之一种。当时谈论佛法的人，多不谙梵文原本，对佛教义学钻研未精，以致无法表达佛家的特有术语，只有借助于我国固有的名词来代替。例如最早所出《四十二章经》即称佛教为"释道"，学佛则曰"为道"、"行道"、"学道"。牟子《理惑论》较《四十二章经》晚出，载于《弘明集》全书之首，大概可以说是我国谈论佛理的第一篇文献，其中亦称释教为"佛道"。道这个字虽是袭用我国固有用语，但涵义殊旨，不能用传统概念去加以比附。丁福保《笺经杂记三》释《四十二章经》

称:"所谓行道者,在佛之四周,绕佛向右行,行千百匝,为佛弟子之一种敬礼也。若作寻常行道解之则误矣。此外之道字,凡数十见,谓由涅槃路通至涅槃城,与寻常之道字不同。凡此种种,似非专名,最易误解。"此说颇有助于我们对佛道一词的理解。魏晋以来,佛书大量流入中土,译事方面有了长足的进步,原来由依附道术而形成的一些汉化佛学专门名词,逐渐改成梵语音译,还原了本来面目。(如旧译"无为"后改译成"涅槃",旧译"除馑"后改译成"比丘",旧译"本无"后改译成"真如"等等。)《灭惑论》曰:"汉明之世,佛经始过(疑当作"通"),故汉译言,音字未正。浮音似佛,桑音似沙,声之误也。以图为屠,字之误也。罗什语通华戎,识兼音义,改正三豕,固其宜矣。"此言"佛图"为"浮屠"之正译,"沙门"为"桑门"之正译。刘勰生在佛教兴盛的南朝,当时不少重要梵典多已重译,所以他对于佛书传译中的音字问题甚为重视。所谓"梵言菩提,汉语曰道",不过是说明"菩提"这一梵语专名在早期佛学论著中往往用"道"字来代替。

一九六二年

九一 释"道"与"德"

为什么刘勰在论及"道"时首先提到"德"呢?(马王堆出土的帛书《道德经》也是将《德经》置于《道经》之前。似乎同样含有由德及道之意。)《原道篇》开宗明义提出:"文之为德也大矣。"我认为,这与老子思想有密切关系。刘勰的"道"本之老子,可从下面三个方面来讲:一、老子认为"道"先天地生,为天下母,就是说"道"是天地万物的根源。这个"道"相当于《原道篇》中的"太极"。二、老子所说的"道"是与人工相对待的自然。"自然"并非指自然界，而是指自然而然的意思。刘勰说的"自然之道"，至今仍有人解释为物质，从而断言是唯物主义。这是牵强的说法。它实际上是与老子的自然观同义。老子说的与人工相对待的自然，并不等于是唯物的。它也可以是唯心的。老子的自然只是否定了神的主宰，但它也可以是心的主宰。《原道篇》所谓"自然之道"，实际上更侧重于老子的自然之义。三、老子认为"道"是"无为而无不为"的。无为是指它作为本体而言，无不为则是指这个本体又可以产生天地万物而言。《原道篇》称"人文之元，肇自太极"，并说日月、山川、动植之文（即天地人三才）皆来自"道"。这也与老子思想同旨合轨。

至于《原道篇》一开头所说的"文之为德也大矣"，其中涉及了"道"与"德"的关系。我认为刘勰所说的"道"与"德"的关系，也同样本之老子。韩非《解老篇》说："道者，万物之所然也，万理之所稽也。理者，成物之文也。故曰：道，理之者也。"冯友兰著《中国哲学史》对此曾作过一些解释。他说："各物皆有其所以生之理，而万物之所生的总根源就是道。""道"实际上就是本体，是万物（包括文）之所以生的本原。《管子·心术》曾这样说："德者，道之舍，物德也生。德者，得也。"我过去解释"文之为德也大矣"，就是用这个"得"字去训释"德"。所谓"德者道之舍"，意思是说"德"是"道"所寄寓的地方。"道"无形无名，在什么地方显示出来呢？只有通过万有显示出来。"德者，得也"，物之得以为物，就是这个"德"字的正解。我想，这样来解释"文之为德也大矣"就通了。再根据"道"与"德"的关系，文之得以为文，就因为它是从"道"中派生出来的。这样,《原道篇》未论"道"而先提及"德",其间"道"与"德"的关系也就联系在一起了。

一九八八年

九二 《墨辨》与《荀子》的认识分类

史称荀子"推儒墨道德之行事兴坏"。荀子对儒墨显学都有所修正。后期墨学的主要著作《墨辨》(书名依晋鲁胜《墨辨注》)在认识论方面作出了具有科学性的阐发。《经上》与《经说上》第三至第六这四条是一组系统阐述认识论的理论。其中把认识作用分为"知材"、"虑求"、"知接"、"恕明"四类,并直接把它们和"见物"、"接物"、"过物"、"论物"的物观对象相联系,说明思维活动必经此感知、虑知、觉知、理知的认识过程,然后才能界立出正确思维活动的逻辑形式(用汪奠基《中国逻辑史料分析》说)。虽然《墨辨》对于感知、虑知、觉知、理知的表述过于粗略而隐晦,但是我们在大体上还是可以辨认,它们作为一种萌芽状态的认识分类,已经初步接近于我们现在所说的感觉、知觉、表象和抽象思维这几个不同阶段的认识功能。荀子的认识论就是在前人基础上加以发展和改造而建立起来的。他提出了"缘天官"说,更强调地指出人的认识活动是通过目、耳、口、鼻、形体、心这几种器官来进行的。前五种属于感觉官能,心(应该说是大脑)代表思维活动的器官。荀子在《正名篇》中曾充分地阐述了他的"缘天官"的认识论:"形、体、色、理,以目异。声、音、清、浊、调、竽、奇声,以耳异。甘、苦、咸、淡、辛、酸、奇味,以口异。香、臭、芬、郁、腥、臊、洒、酸、奇臭,以鼻异。疾、养、沧、热、滑、铍、轻、重，以形体异。说、故、喜、怒、哀、乐、爱、恶、欲，以心异。心有征知。征知，则缘耳而知声可也，缘目而知形可也，然而征知必将待天官之当簿其类，然后可也。"引文中所说的"异"是指别同异，亦即认识事物的特性。这里指明目、耳、口、鼻、形体所摄取的外物映象必须有待于心的征知才能构成认识的内容，而心的征知倘不通过目、耳、口、鼻、形体簿物（去接触客观世界）就无法发挥它的综合与分析、区别同异的作用。

一九六二年

九三　韩非解老

侯外庐《中国思想通史》也是不别韩老的同异，有时甚至直接把韩非解老的话作为老子本人学说内容来看待。"通史"在解释"德"这个概念时说："'德'既是这样'核理而普至'的东西，既然是'成物之文'，那么它便相当于万物的规律性。"所谓"核理而普至"一语，见于韩非的《扬权篇》：

夫道者弘大而无形，德者核理而普至。至于群生，斟酌用之，万物皆盛，而不与其宁。道者，下周于事，因稽而命，与时生死。参名异事，通一同情。故曰，道不同于万物，德不同于阴阳，衡不同于轻重，绳不同于出入，和不同于燥湿，君不同于群臣。凡此六者，道之出也。道无双，故曰一。是故明君贵独道之容。君臣不同道，下以名祷。君操其名，臣效其形，形名参同，上下和调也。

这里说的"道者弘大而无形,德者核理而普至",二句互文足义。老子把道说得很玄妙,韩非倘不用"核理而普至"即"切合事理普遍存在"的"德"的定义去加以补充,就很难把它引申到他那君主本位主义的政治思想上来。但是一经补充之后,也就离开了老子的道德本义,由宇宙观而一变为霸术论。《扬权篇》这一节的要点,同样在于阐明他那套存在于现实世界一切个别事物之外的本体论:道不同于万物,故能生万物,德不同于阴阳,故能生阴阳,以见君主不同于群臣,故能治群臣。君主和臣民的关系,正如道和万物的关系一样:道是万物的主宰,所以君主也是臣民的主宰。"道无双,故曰一",所以君主必须认清自己是独一无二的道的化身。"明君贵独道之容",所以君主必须专断独揽天下的大权。于是作为老子的朴素的宇宙观的道德论,一到韩非手里,终于归结到君主本位主义上去了。那么,怎么能根据"核理而普至"一句话来断定它是在阐明"万物的规律性"？试问：又怎么能运用这种规律性去说明事物的关系和运动呢？

一九七五年

九四 "前 识"

所谓"前识",照韩非的解释是"先物行,先理动",即在事物事理发生之前的一种预见、想象或推理。他把这种先于事物事理的预见、想象或推理斥之为"忘(妄)意度"。表面看来,这似乎是强调实际经验的重要,实际上,认识如果根据直接经验去进行,而排斥"前识",那么人类的一切劳动,从最复杂的到最简单的,都不存在了。因为,劳动的结果在劳动开始时,已经存在于劳动者的观念中,已经观念地存在了。如果人类认识只限于身观,没有预见、想象或推理,人就无法认识到事物的本质及其运动过程。《自然辩证法》说:"单凭观察所得的经验,是决不能充分证明必然性的。post hoc〔在这以后〕但不是propter hoc〔由于这〕。这是如此正确,以致不能从太阳总是在早晨升起来推断明天会再升起,而且事实上我们今天已经知道,总会有太阳在早晨不升起的一天。"(重点为原文所有)可是,按照韩非的说法,这就是妄意度的"前识"。在事物事理实际发生之前,你怎么会知道?我们只能知道亲身所见到的东西,直接观察到的东西,经验已经证明的东西,除此之外,都是胡说八道。韩非这种排斥"前识"的身观论和他的实用主义是密切相关的。事物的真理只能从功用中去发现,当事物还没有显出它的功用的时候,真理也不存在了。用这种功利主义去治理国家改造自然,将会给人类带来极大恶果。历史可为殷鉴,美索不达米亚、希腊、小亚细亚一带居民,为了想得到耕地,把森林都砍光了。用功利的眼光看,这在扩大耕地面积方面是很有"效用"的。可是这些地方由于失去了森林,也就失去了积聚和贮存水分的中心,今天竟因此而成为一片荒芜不毛之地。这个历史事实无情地嘲笑了韩非所标榜的"参验之必"。

一九七五年

九五 魏晋的意象言之辨

魏晋以来探讨名理的学者除欧阳建主张"名随物而迁,言因理而变,此犹声发响应,形存影附,不得相与为二"的"言尽意论"外(《世说》称:东晋王茂弘亦尝道之),其他玄学家大抵都从"体无"的唯心主义世界观出发，利用以儒合道的办法把儒经加以牵强附会的解释（《论语皇疏》引王弼以"修本废言"之旨去附会"子曰予欲无言"一语最为明显），以便抬出所谓"性与天道"的玄理从事于本末体用之辨，从而几乎毫无例外地属于言不尽意一派。因为言不尽意正是根据本无末有的玄学原则引申出来的必然结论。这里可以举出几个具有代表性的例子。

《魏书·荀彧传》注引何劭《荀粲传》称：

粲诸兄并以儒术论议，而粲独好言道，常以为子贡称夫子之言性与天道不可得闻，然则六籍虽存，固圣人之糠粃。粲兄俣（据百衲本）难曰："《易》亦云，圣人立象以尽意，系辞焉以尽言，则微言胡为不可得而闻见哉？"粲答曰："盖理之微者，非物象之所举也。今称立象以尽意，此非通于意外者也；系辞焉以尽言，此非言乎系表者也。斯则象外之意，系表之言，固蕴而不出矣。"

在这里，荀粲企图说明性道之学的"微理"是蕴而不出的象外之意、系表之言，因而无法用名言来诠释。（按荀氏治《易》者颇多，均主旧学，本之汉儒。如荀爽、荀顗、荀崧、荀融等皆是。粲宗玄学，独标新义。）这种言不尽意的主张是十分露骨的。而当时名士，如欧阳坚石所言："通才达识，咸以为然。"玄宗代表人物王弼也提出过同样见解，不过采取了比较迂回曲折的说法。他在《周易略例·明象篇》中说：

意以象尽，象以言著。故言者所以明象，得象而忘言，象者所以存意，得意而忘象。犹蹄者所以在兔，得兔而忘蹄；筌者所以在鱼，得鱼而忘筌也。然则，言者象之蹄也；象者意之筌也。是故存言者，非得象者也；存象者，非得意者也。象生于意，而存象焉，则所存者非其象也；言生于象，而存言焉，则所存者乃非其言也。

照王弼看来，言、象、意三者有联系又有区别。言生于象，象生于意，因此可以寻言以观象，寻象以观意。但这只是问题的一方面，另方面他又认为言对于象或象对于意，只是一种为了认识上的方便而设立的"象征文字"式的符号（即所谓"重画"），而不是真实的反映，所以终于作出了"存象则所存者非其象，存言则所存者非其言"的说法。实质上这和荀粲的言不尽意论并无二致。（有人以为王弼之说"介乎"言尽意与言不尽意两派之间，并非确论。）王弼的"寄言出意"之义与何晏"无名论"颇为类似，在当时留下了极大的影响。魏晋玄学家大抵都持此说。郭象注《庄子》称"要其会归，遗其所寄"，支遁通《逍遥游》云"庄子建言大道，寄旨鹏鷃"，都显示了承袭王说的痕迹。再如另一系玄学家嵇康著《声无哀乐论》明言"和声无象"，并谓"圣人识鉴不借言语"，亦与得意无言之旨合轨。

这种玄风自然也波及到佛学方面。据《高僧传》载，晋释僧肇著《涅槃无名论》云："夫涅槃之为道也，寂寥虚旷，不可以形名得，不可以有心知，所以释迦掩室于摩竭，净名杜口于毗耶，须菩提唱无说以显道，释梵绝听而雨化。斯皆理为神御，故口为缄默。岂曰无辩？辩所不能言也。经曰：'真解脱者离于言数。'"宋释竺道生在回答王弘诸人问道时,更直接袭取了王弼的说法称:"夫象以尽意,得意则象忘。言以诠理,入理则言息。若忘筌取鱼,始可以言道矣。"稍晚,梁释慧皎在《高僧传·义解论》中亦云:"夫至理无言,玄致幽寂。幽寂故心行处断,无言故言语路绝。言语路绝,则有言伤其旨;心行处断,则作意失其真。所以净名杜口于方丈,释迦缄默于双树,将知理致渊寂,故为无言。但悠悠梦境,去理殊隔;蠢蠢之徒,非教孰启?是以圣人资灵妙以应物,体冥寂以通神,借微言以津道,托形象以传真。故曰:兵者不祥之器,不获已而用之;言者不真之物,不获已而陈之。故始自鹿苑,以四谛为言初,终至鹤林,以三点为圆极。其间散说流文,数过八亿。象驮负而弗穷,龙宫溢而未尽。将令乘蹄以得兔,藉指以知月;知月则废指,得兔则忘蹄。经云:依义莫依语,此之谓也。"

上述种种说法显然都采用了大量玄学语言来给佛经经义作注。僧肇的"道不可以形名得",竺道生的"执象迷理"、"彻悟言外",慧皎的"言者不真之物",都是认为语言与思想之间存在着不可免的差殊。他们都喜欢用玄学家常常援用的"得鱼忘筌,得兔忘蹄"的《庄子》典故,来宣扬所谓"理为神御"的神秘思想,可以说与玄学重道遗迹的见解如出一辙。这在当时玄佛合流、二方同趣的情况下,并不是什么奇怪的事。无论玄学家或佛学家,他们都是从"体无"出发的。他们以无为或空无作为绝对的本体,把无为或空无放在宇宙万有之上。形名既是有,自然是不真之物,从而也就不能反映寂寥虚旷、神秘难测的"道"或"理"了。

一九六二年

九六　释自然

在前人著述中，"自然"一词并不一定代表"自然界"，更不一定等于今天所说的"物质"。例如魏晋以来，玄学家就很喜欢用"自然"这个词。夏侯玄曰："天地以自然运，圣人以自然用。"何晏释曰："自然者，道也。道本无名。"（《无名论》）何晏又说："道之而无语，名之而无名，视之而无形，听之而无声，则道全焉。"（《道论》）所以，叫做"自然"的"道"就是无语、无名、无形、无声的本体，或更明白地说："无。"王弼也同样根据玄学本体论来解释"自然"："自然者，无称之言，穷极之辞也。"（《道德经注》）又说："自然，其端兆不可得而见也，其意趣不可得而睹也，无物可以易其言。"（同上）据此，玄学所谓"自然"即是不可认识的无（即作为宇宙本体的绝对精神）。刘勰的"自然之道"虽然并非按照玄学的解释，但也不是指物质自身运动的客观规律。

一九六一年

九七　释虚静

先秦诸子提倡虚静说的，其实并不止于道家，除老庄外，尚有荀子。荀子在《解蔽篇》中提出"虚壹而静"之术，用来作为以心知道的一种手段："人何以知道？曰：心。心何以知？曰：虚壹而静。"

"虚壹而静"一词虽然最早出于宋钘、尹文的著作，但是荀子却赋予了它新的涵义。《解蔽篇》明言"宋子蔽于欲而不知得"，足见荀子的"虚壹而静"是不会毫无批判地套用被他视为蔽于一曲的宋、尹之学的。宋、尹学派创造了一套主观思维的认识过程,即所谓心治之术。他们提出"专于意,一于心"的主观认识论,反对掌握外界的一定现象,而把感觉或心官的感应活动限制在"自充自盈,自生自成"的范围之内,从而作出了"无以物乱官,毋以官乱心"的命题。尽管荀子的解蔽可视为宋、尹的别宥的引申,可是事实上荀子却舍弃了宋钘、尹文通过"虚壹而静"这个用语所表示的静以制动,静以养心,去知去欲,无求无藏的消极目的,而提出了截然相反的规定。什么是荀子所说的"虚壹而静"呢?照他看来,虚的对面是臧;臧者,藏也,含有积藏之义。壹的对面是异;异者,指心兼知也。静的对面是动;动者,指心自动运行也。从心的本性来说,它是有臧、异、动的特点的。也就是说,心往往积藏了许多固定看法,包含了许多纷杂不一的成分,并且又往往是不由自主地运行着的。倘要以心知道,那末就必须由臧而虚,由异而壹,由动而静。心固然具有臧异而动的特点,但是未尝不能达到虚壹而静的境界。要做到这一步,首先,"不以己所臧,害所将受",这就是说,不以自己心中原来积存的固定看法去损害将要准备接受的东西。这就叫做虚。其次是"不以夫一害此一"。这就是说,不要以彼一事理去损害此一事理;或者更确切地说,不要用片面的观点去损害全面的观察。《解蔽篇》所举:"墨子蔽于用而不知文","庄子蔽于天而不知人",就是蔽于一曲的片面观点的例证。倘能克服这种片面观点,从一元论的立场把纷杂互异的万物统一起来观察,这就叫做壹。最后是"不以梦剧乱知"。这里所说的梦,是指心的不由自主的运行,如人在梦中一样。一切凌乱杂念,下意识的心理活动均可归入梦的范畴。倘能克服这种现象,役心而不为心役,使思想集中起来,这就叫做静。荀子认为：虚则入——心能虚，才能摄取万物万理；壹则尽——心能壹，才能穷尽万物万理；静则察——心能静，才能明察万物万理。以上就是"虚壹而静"的大概内容。

一九六一年

九八　玄佛并用

宗极为玄佛并用的专名。《出三藏记集经序》卷十载慧远《大智论钞序》称："夫宗极无为以设位。"此言宗极即是无为。实际上，宗极正是玄学家所说的本体。玄学类认本无而末有，故空无（《灭惑论》曰空玄）乃宇宙万有之本体（或言实体、实相）。本体无相，而为万有之源。本体不分无二，故又名为一极（或假《周易》用语称为太极）。据此一极义，虽万有纷纭，终不超出本体之外，因此，儒释道三教，就其终极而言，必归于一本。这就是三教同源说的理论根据。梁时重二谛义，亦与三教同源说具有密切关联。二谛即真谛（又称第一义谛）与俗谛（又称世谛）。引申在教义方面，佛是真谛，儒道等是俗谛。昭明太子和道俗讨论二谛义时曾提出"真俗一体"之旨。真俗既同是一体，则儒释道三教之本必然无二。现综述昭明《解二谛义章》大意如下："真理寂然，本不浮幻，无起动相，自当只是一体。此体虚玄常寂，而凡夫惑识，横见起动，故复是一谛。凡夫见有，圣人见无。俗睹浮幻，真睹真寂。两见既分，故可立真俗二谛名。真俗凡圣所见不同，唯应有两，不得言一。若语相即，则不成异。真非去有而存空，俗亦不出真外。真即有是空，俗指空为有。凡夫于无称有，圣人即有辨无。有无相即，此谈一体。依法为谈，空有相即，不得言两。依人而语，两见既异，所以成二。"按照昭明的意思来说，宇宙有一个绝对虚玄常寂的精神实体，一切物质存在都是浮幻流动、刹那生灭的假象。只有圣人（佛）才能窥探这个真实实体，凡夫（儒道等）由于心积万有之惑，乃于此真实实体中横见浮幻。圣人凡夫所见结果虽异，而所见对象却属同一实体。圣人顺真而不逆俗，可以即有见空，从浮幻流动的现象界见到虚玄常寂的实体。凡夫却以有为空，把浮幻流动的现象界当做了真实实体看待。不过就本体论而言，空有相即，真俗不离，万有不超出实体之外。所以凡夫所见浮幻，并非于真实实体外另见一实体，实即于此真实实体惑见浮幻。从这一点来说，凡夫所见之有，即是圣人所见之无。显然，这可以说是在同异问题上所作的概念游戏。如果剥开昭明二谛义的神秘外衣来看，就只有两个主要方面。一方面是在真俗之间求同，即根据玄学本体论把真俗归为一体。玄学本体论本是一元唯心主义，从这个角度出发，世界一切现象都可以最终归结为绝对精神的表现和外化。另方面是在真俗之间存异，即在各教教义上划出严格界线，分辨它们之间的内外、真伪、邪正，以定高下。表面看来，昭明的二谛义似乎是用佛教调和其他各教，但是实际上在求同的形式下却掩蔽着存异的实质，因为他所说的真俗一体只是纯粹的抽象，而他所说的真俗区别却具有现实意义。

一九六一年

九九　玄学解《易》与汉儒《易》学异旨

　　玄学据本体论解《易》，认为太极是本、是体、是无。《周易正义》引何晏文曰："上篇（指《系辞上》——引者）明无，故曰《易》有太极，太极即无也。"韩康伯注"大衍之数"引王弼文曰:"演天地之数，所赖者五十也。其用四十有九，则其一不用。不用而用以之通，非数而数以之成，斯《易》之太极也。四十有九，数之极也。夫无不可以无明，必因于有，故常于有物之极，而必明其所由之宗也。"何晏明言太极即无。王弼亦同此旨，并且通过有无本末之辨作了更充分的发挥。玄学类认本无而末有。本无是指宇宙的本体，代表一种绝对虚玄的精神。末有则是由这个绝对精神外化出来的现象界，它们刹那生灭，瞬息万变，是不真的东西。本无是宇宙的实相，又称为体。末有是宇宙的假象，又称为用。王弼释大衍义，以五十代表宇宙整体，而在此宇宙整体中，"其一不用"与"其用四十有九"之间的关系，亦即体用（或本末、有无）之间的关系。所谓"不用而用以之通，非数而数以之成，斯亦太极也"，这就是说，作为其一不用的太极为宇宙万有所由之宗极。万有不超出本体外，本体自身虽然非用非数，但万有却离不开它。有了宇宙本体，宇宙万有才有成为"用"成为"数"。另方面，本体是无，而无不可以无明，要认识无，必须因于有，只有通过宇宙万有，才能把握作为宇宙本体的无的存在。用玄学的术语来说，这就叫做体用一如，有无相即。在这里，王弼充分发挥了一种精雕细琢的唯心主义。他认为太极是天地万物赖以存在的绝对精神。这就是玄学对太极所作的解释。至于儒学则多以"元气"或"北辰"去解释太极，而与玄学异旨。汉儒《易》学的全貌今已不可考。唐定正义，《易》主王弼，郑学寖微。李鼎祚《周易集解》表彰汉学，辑虞翻、荀爽等三十余家遗文，保存了一些残缺不全的汉《易》古训。李道平为《周易集解》作《纂疏》，并采惠氏、张氏之说，通其滞碍，作了进一步的补充。从这些片段资料中，我们大体可以推知汉儒是据宇宙构成论解

《易》的，他们大多认为太极是天地未分的混沌元气。刘歆《钟历书》曾明言"太极元气，函三为一"。郑玄注《乾凿度》"孔子曰《易》始于太极"，亦云："气象未分之时，天地之所始也。"这是说太极为天地未分、万物未形的宇宙最初状态。马融曰："《易》有太极，谓北辰也。"虞翻曰："太极，太一也。分为天地，故生两仪。"马融、虞翻二人，一说太极是北辰，一说太极是太一，似有差异。然而，郑玄注《乾凿度》曰："太一者，北辰之神名也。"据此，太一亦即北辰，故马、虞二说相契。郑玄又引《星经》曰："太一，主气之神。"据此，北辰则又与元气之说可通。不论汉学或以元气解释太极，或以北辰解释太极，他们都是按照宇宙起源的假说，把太极规定作派生天地万物的起点。照他们看来，天地未分、万物未形之前，宇宙间只有元气存在。

一九六一年

一〇〇　三教同源说

魏晋以来，儒释道三家存在着既吸取也排斥、既调和也斗争的复杂关系。最早的玄学就已有会通儒、道二家的倾向。正始玄风的代表人物，首推王弼、何晏，其学号称新义。王何二人以无为本，祖尚老庄，而不废儒书，仍以孔子为圣人，似于儒家十分尊重。但是，实际上他们却采取以老化孔的方式去调和孔老，以达到崇道卑儒的目的。王何之后，则有向秀、郭象。向郭二人亦称儒道双修。谢灵运《辨宗论》云："向子期以儒道为壹"，即指调和儒道两家而言。孔子贵名教，老庄崇自然，而向郭注庄发明内圣外王之旨，乃使名教与自然相通，似于二家无所偏重。但是，实际上他们仍以老庄为本，儒家为末。南朝玄风盛时，多认佛道儒诸家本源相同。《梁僧传》称慧远博综六经，尤喜老庄，其《法性论》曰："至极以不变为性，得性以体极为宗。"《弘明集》卷五载慧远《沙门不敬王者论》云："内外之道，可合而明。"慧远主张融合内外，似有百家同致之旨。但是，实际上他却是以佛教去兼并儒道。此外竺道生有"佛是一极"之说（《法华疏》），谢灵运亦有"宗极微妙，理归一极"之说（《辨宗论》）。以上种种说法，都可视为三教同源说的先河。范文澜《中国通史简编》谓三教同源说为梁武帝所创立。此说不知何本？但从当时留下的文献来看，似有一定根据。梁武帝于天监三年下舍事道法诏后，即于次年（《通史》误为同年），为孔子立庙，置五经博士。他曾著有《孔子正言》、《老子讲疏》等属于儒道方面的著作二百余种。《广弘明集》卷三十九载梁武帝《会三教诗》，自述其学经过云"少时学周孔"，"中复观道书"，"晚年开释卷"。全诗主旨则在会通三教于一源："穷源无二圣，测善非三英。"这显然是揭橥三教同源说的明证。后来论者也往往把这一点视为梁代佛教思潮的一个特征。《广弘明集》卷十一载法琳《对傅奕废佛僧事》云："暨梁武之世，三教连衡，五乘并骛。"根据这些史料来看，梁武帝纵使不是三教同源说的创立者，至少也是这一学说的集大成的人。他摭取了正始以来不断出现的同儒道、齐孔老的玄谈馀绪，继承了释慧远以来所谓宗极是一的观点（梁释智藏《和梁武帝会三教诗》即有"究极本同伦"之语），从而完成了三教同源说的理论。

一九六一年

一〇一 《灭惑论》与梁武帝之学

我国佛教思想,自汉魏以来,迭经变迁。汤用彤《汉魏两晋南北朝佛教史》称,初期佛教附于道术,小乘禅法流行。正始以后,玄风滥觞,禅法渐替,名士名僧由玄入佛,大乘般若性空之学乃附清谈以光大。宋齐两代,竞谈涅槃成实,群趋妙有之途,真空之论几乎渐息。(《续僧传》曾记僧旻之言曰:"宋世贵道生,顿悟以通经。齐时重僧柔,影毗昙以通论。"经谓涅槃,论即成实。成实乃小乘之学。)洎至梁陈,玄谈又盛,三论复兴,而与宋齐稍有差异(以上综述大意)。《佛教史》又论梁武帝之学云:"梁武帝雅好玄学,亲讲老子,对于成实虽未闻其议,然其学初重涅槃,后尊般若,自注大品,躬常讲说。观其所言,于世人之轻疑般若,最所痛恨。"梁武帝于释教中特重般若与涅槃,这一点我们可以在文献中找到不少证据。梁法云《御讲般若经序》称般若乃"众圣之圆极,万法之本源"。萧子显《御讲摩诃般若经序》亦称般若为"法部之尊,圆圣之极"。《出三藏记集经序》卷八载梁武帝《注解大品序》自称:"涅槃是显其果德,般若是明其因行。显果则以常住佛性为本,明因则以无生中道为宗。"梁武帝以涅槃般若该摄佛法,可见他尊崇二说之重。我们在《灭惑论》中也不难找到同一观点的痕迹。刘勰在辨佛道两家的正邪真伪时,亦并举涅槃般若来代表佛法:"且夫涅槃大品,宁比玄妙上清?"(《放光》与《道行》并称"大品"与"小品",两者同是《般若经》。)《灭惑论》是一篇论战文字,重点在破对手所提出的老子化胡之类的旧说,而对佛教义学殊少发挥。全文中正面阐发佛法的地方,除"至道宗极"一段文字外,还有下面一段文字也颇值得重视："大乘圆极，穷理尽妙，故明二谛以遣有，辨三空以标无，四等弘其胜心，六度振其苦业。""大乘圆极"一语即指般若。（此与《御讲般若经序》称般若为"众圣之圆极"或《御讲摩诃般若经序》称般若为"圆圣之极"根本无异。）文中遣有标无之旨，可以说是般若学的一个重要标志。正始以来，玄学家多从事于有无本末之辨，本无末有是玄学本体论立论的根本。道安时代，般若学有六家七宗，几乎都以本无为宗旨，所以后来论者称本无几为般若学之异名。《灭惑论》遣有标无，实即以玄学本末有无之辨，会通般若性空之谈。文中所用名相亦莫不与此有关。"大乘圆极"一段首称二谛，案二谛义乃三论之骨干。梁时三论复昌，二谛义随之而被重视。当时关于二谛义的讨论很多，《广弘明集》卷二十四载有《梁昭明太子解二谛义章》。梁时除重二谛义外，亦多称"三空"、"四等"二语。《全隋文》卷十一载江总《摄山栖霞寺碑》称："梁武皇帝能行四等，善悟三空。""三空"系指我空、法空、我法俱空。善悟三空即言以般若之慧照见空理，而破我法诸执。梁武帝《摩诃般若忏文》云："弟子颇学空无，深知虚假。王领四海，不以万乘为尊；摄受兆民，弥觉万几成累。每时丕显，嗟三有之洞然；终日乾乾，叹四生之俱溺。常愿以智慧（即般若——引者）灯，照朗世间；般若舟航，济渡凡识。"（江总所谓"善悟三空"，或系指此。）梁武帝的悟空之谈，用《灭惑论》的话来说，可以"辨三空以标无"一语尽之。两说繁简不同，而旨归无异。至于"四等"乃慈、悲、喜、舍四无量之异名，本属禅法。《续僧传·习禅篇论》曾明言梁武帝于禅定颇为重视，曾搜求学者，集于扬州。这一点，我们在《灭惑论》中同样可以找到反映。《灭惑论》谓"慧业始于禅观"，似即会通般若与禅法而言。根据"大乘圆极"一段来看,"四等弘其胜心"一语似亦指通过慈、悲、喜、舍四无量之修炼,始可达到般若悟空之境。此与江总称梁武帝"善悟三空,能行四等"之语无不一一暗合。

一九六一年

一〇二　王弼何晏《论语注》

王弼、何晏以老化孔在二人《论语注》中表现得最明显。皇侃《论语义疏》引王弼注"大哉尧之为君也"章云:"圣人有则天之德,所以称唯尧则之者,唯尧于时则全天之道也。荡荡,无形无名之称也。夫名所名者,生于善有所章,而惠有所存,善恶相须,而名分形焉。若夫大爱无私,惠将安在?至美无伦,名将何生?故则天成化,道同自然,不私其子而君其臣,凶者自罚,善者自功,功成而不立其誉,罚加而不任其行,百姓日用而不知所以然,夫又何可名也?"《疏》又引何晏注"瞻之在前,忽焉在后"云:"言忽恍不可为形象也。"注"畏大人"云:"大人即圣人与天地合德也。"注"毋我"云:"述古而不自作,处群萃而不自异,唯道是从,故不自有其身也。"注"志于道"云:"志,慕也,道不可体,故志之而已。"从上引注文可以看出王、何是多么牵强附会地用玄学加工过的老义去曲解孔义。《宗经篇》:"励德树声,莫不师圣,而建言修辞,鲜克宗经。"可以说是对这种倾向的委婉讽喻。

一九六一年

一〇三 对任继愈道与理说献疑

司马迁把韩非之学归本黄老。其实,韩非在阐述老子哲学时是运用了他的君主本位思想的。他曾著有《解老》、《喻老》二篇专论来阐发老子《道德经》的奥义。表面看来,韩非似乎全盘接受了老子学说以至术语,但一经他点染和引申,把老子对宇宙的朴素认识附会到他那带有浓厚实用色彩的政治理论上来,不仅全失《道德经》原旨,而且和老子的本义背驰。过去,曾有人对这一点作过详赡的说明,足资参证(参阅陈柱《老子韩氏说》)。

近来论者论述韩老关系,不别两者的同异,往往宣称韩非继承了老子的唯物主义思想。任继愈《中国哲学史》引《解老》二十五节的一句话:"凡理者,方圆,短长,粗靡,坚脆之分也。"加以解释说:

> 道是自然界的根本规律,理是万物借以互相区别的特殊规律。特殊规律离开不了总的规律,总的规律寓于特殊规律之中。

这是沿袭黄侃"道,公相;理,私相"之说(参阅黄侃《文心雕龙札记》论述韩非思想部分)。事实上,"道"乃老子的本体论,韩非对老子的道和德的解释已离开老子原旨。我们只要把《解老》二十五节全文通读一遍,就可以发现从那里面并不能推出一般规律和特殊规律及其间辩证关系的结论。《解老篇》二十五节是这样说的:

> 凡理者,方圆,短长,粗靡,坚脆之分也。故理定而后可得

道也。故定理有存亡，有死生，有盛衰。夫物之一存一亡，乍生乍死，初盛后衰者，不可谓常。……圣人观其玄虚，用其周行，强字曰道，然而可论，故曰："道可道，非常道也。"

《中国哲学史》以为《解老篇》所阐释的道不是"绝对观念"。但是，事实恰恰相反。照韩非看来，理是可变的。方圆，短长，粗靡，坚脆，存亡，盛衰都是相对待的；而一切有待的皆非道。道是无待的，换言之，就是绝对的常。常是永恒不变的，与天地同生，天地消灭仍不死不衰。常是没有变易，没有定理的。《解老篇》二十三节释道云："道者，万物之所然也，万理之所稽也。理者，成物之文也；道者，万物之所以成也。"又，《主道篇》云："道者，万物之始，是非之纪也。"由此看来，道就是万物的本体，这个本体正是无待的绝对观念。万物万理的变化就是这个永恒不变的道的显现。所以道和理的关系并不是什么一般与特殊的辩证关系，而是无待驭有待，不变驭万变。在韩非的本体论中，道是唯一的真宰，作为万理的个体本身是没有任何价值的。这种本体论，连客观唯心主义者黑格尔都曾经指出过它的虚妄。黑格尔在《哲学史演讲录》中讲到这种流行于古代东方的本体论的实质是在于只承认"那唯一自在的本体才是真实的，个体若与自在自为者（指本体——引者）对立，则本身既不能有任何价值，也无法获得任何价值。只有与这个本体合而为一，它才有真正的价值。但与本体合而为一时，个体就停止其为主体，而消逝于无意识之中了"。简单地说，这种本体论是把本体认作是存在于现实世界一切个别事物之外的绝对，这个作为绝对的本体不是从现实世界一切个别事物之中抽象出来的，它先于现实世界一切个别事物而存在。它的存在不依赖于现实世界一切个别事物，相反，现实世界一切个别事物的存在必须依赖它才能获准生存权。这种如黑格尔说的使"个体停止其为主体"，即用共性去湮没个性，用同一性取消特殊性的本体论就是韩非的哲学思想基础。在这个基础上导致出他的君主本位主义的全部理论。

一九七五年

一〇四　梁代玄风复阐

般若之学，本附玄学以光大。梁时般若复昌，亦不离玄风。《颜氏家训·勉学篇》论梁朝玄风云："洎乎梁代，兹风复阐，《庄》、《老》、《周易》，谓之三玄。武皇简文，躬自讲论。"《续僧传》记道宣论梁代佛法亦称："每日敷化，但竖玄章。"以上都是梁代重新恢复了正始玄风的明证。从这方面来看，《灭惑论》也留下了写于梁时的烙印。《灭惑论》带有玄佛并用的浓厚色彩，这是一览可知的。文中称佛教为"玄宗"，佛教之化则曰"玄化"。馀如"空玄"、"玄智"、"妙本"、"宗极"之类，莫不属于玄佛并用的特殊用语。玄学贵虚无，在本体论上有本末（或言体用）之辨。本体虚无，超乎象外，在于有表，不可以形名得，引申在方法上则有言意之别。般若性空之谈由玄入佛，亦并取二说，因而"得意忘言"之义每每见于佛家谈空的著作之中。梁武帝《注解大品序》称："摩诃波罗密者，洞达无底，虚豁无边，心行处灭，言语道断；不可以术数求，不可以意识知；非三明所能照，非四辩所能论。"《摩诃般若忏文》亦云："妙道无相，至理绝言。"这些说法都是演述玄学"得意忘言"之义。刘勰《灭惑论》虽然没有这样淋漓尽致的表露，但是在指责《三破论》不原大理唯字是求的时候，不仅肯定了"得意忘言"之旨，而且也提出了"弃迹求心"的说法。所谓"至理绝言"或"弃迹求心"都是在言意之辨上主张言不尽意，认为名言是末有，是假象，而空无乃是本体，是实相，从而使方法上的言意之别与本体论上的体用之辨完全趋于一致。

一九六二年

一〇五　释慧琳《黑白论》

　　刘宋时期，释慧琳著有《均圣论》（又名《白黑论》）。论名均圣，自然含有折中孔释的意思。文中称："六度（即六波罗蜜——引者）与五教并行，信顺与慈悲齐立"，所以有二教殊途同归之旨。但是慧琳通过黑学道士（佛）与白学先生（儒）的辩论，清楚地揭示了孔释之间的矛盾。黑曰："周孔为教，正及一世。不照幽冥之途，弗及来生之化。视听之外，冥然不知。虽然虚心，未能虚世，不逮西域之深也。"白曰："固能大其言矣。今效神光，无径寸之明；验灵变，罔纤介之异。幽冥之理，固不极于人世矣。周孔疑而不辨，释家辨而不实。"（综述大意）文中谓幽冥之理，周孔疑而不辨，释家辨而不实，颇有重儒抑佛的意味。《宋书》称《均圣论》行于世后，"旧僧谓其贬黜释氏，欲加摈斥"，盖非无故。

一九六二年

一〇六　刘勰依古文说解《易》

　　孔子作《十翼》——《原道篇》："庖牺画其始，仲尼翼其终。"

《宗经篇》："夫子删述，而大宝咸耀，于是《易》张《十翼》。"孔子作《十翼》之说原出《史记》。《周易正义》云："郑学之徒，并依此说。"

文王作卦辞——《原道篇》："文王患忧，繇辞炳曜。"《周易正义》谓"郑学以为卦辞爻辞并为文王所作"。

《归藏》为《殷易》——《诸子篇》："归藏之经，大明迂怪，乃称羿毙十日，嫦娥奔月，殷汤（汤当作易）如兹，况诸子乎。"此言《归藏》为《殷易》。郑玄《易赞》云"夏曰《连山》，殷曰《归藏》，周曰《周易》"，当是刘勰所本。

此外，《原道篇》"日月叠璧，以垂丽天之象"，系引申郑玄注《系辞上》之文。郑注"在天成象"曰："日月星辰也。"（杨明照据《意林》引《论衡》文"天有日月星辰谓之文，地有山川陵谷谓之理"，称："刘勰把日月山川看作天地自然之文，可能受了王充的影响。"此说可备参考。）

《原道篇》："炎（炎帝即神农——引者）皞（太皞即伏羲——引者）遗事，纪在《三坟》。"此说见于孔安国《尚书传序》。皮锡瑞《经学历史》称，孔氏解《三坟》、《五典》，本之郑氏。

在儒家经典的排列上，刘勰也依古文学家所规定的先后秩序。从以上诸例可以看出刘勰基本上是依古文派之说去解经的。

附记：前人评论《文心雕龙》，几乎毫无例外地把它归入儒家之列。据我所见，仅李家瑞《停云阁诗话》持有异说。他以为刘勰"与如来释迦随行则可，何为其梦我孔子哉！"这种批评充满偏见，是不能成立的。刘勰撰《文心雕龙》正当玄佛盛行之际。《南史·儒林传》称："宋齐国学，时或开置，而劝课未博，建之不能十年，盖取文具而已。是时乡里莫或开馆，公卿罕通经术。朝廷大儒，独学而不肯养众；后生孤陋，拥经而无所讲习。"在这种情况下，刘勰撰《文心雕龙》采取儒学立场，表示了对于儒学的崇重。

一九六〇年

一〇七　才性与才气

《体性篇》才性说的内容包括了才、气、学、习四事，这与魏晋玄学家的才性说异趣。其间分歧就是刘勰把"气"这一概念引进了他的才性说中。《体性篇》除才性外，又用才气一词。这两种说法异语同义。篇中所谓："触类以推，表里必符，岂非自然之恒姿，才气之大略者！"此处"才气"一词正可视为"才性"的异名。《文心雕龙》书中往往论及才性或才情与气的关系。《乐府篇》称魏之三祖"气爽才丽"。《杂文篇》称宋玉《对问》"放怀寥廓，气实使之"。《才略篇》评骘前修，或称"才颖"，或称"气盛"，或称"力缓"，或称"情高"，虽用字甚杂，但都可归入才性或才气的范围。所谓"嵇康师心以遣论，阮籍使气以命诗"，更是明显地运用才性或才气之说来阐明魏末晋初的文章风格。才性或才情是由气所决定的。《体性篇》"才力居中，肇自血气"，即申明此旨。从这里我们看到刘勰的才性说大抵是受到自然元气论的一定影响。王充《论衡》也是认为"人禀元气于天"，从而把气视为先天禀赋的基因，构成性格内容的根本要素。《论衡·无形篇》称："人禀气于天，气成而形立，则命相须，以至终死，形不可变化，年亦不可增加。"这是说体质的强弱取决于禀气之厚薄。元气不仅决定了人的体质，并且也决定了人的性情。《论衡·率性篇》："禀气有厚泊，故性有善恶。""人之善恶,共一元气,气有少多,故性有贤愚。"由于禀气不同,不但在善恶贤愚上显出了分歧,而且在性情作风上也表现了差异。《率性篇》所举"齐舒缓,秦慢易,楚促急,燕戆投"就是这方面的例证。

王充这种观点对于后来论者具有相当大的影响。魏任嘏作《道论》称:"木气人勇,金气人刚,火气人强而燥,土气人智而宽,水气人急而贼。"(据《御览》引)刘劭《人物志》也是论述"人禀气生,性分各殊"之理。他在《九征篇》中说:"夫容之动作,发乎心气。心气之征,则声变是也。夫气合成声,声应律吕,有和平之声,有清畅之声,有回衍之声。夫声畅于气,则实存貌色。"刘昞注《人物志》曰:"心气于内,容见于外。"又曰:"非气无以成声,声成则貌应。"曹丕则更进一步,开始把气这一概念引进了文学领域。他在《典论·论文》中说:"文以气为主,气之清浊有体,不可力强而致。"论孔融,则说他"体气高妙"。论徐幹,则说他"时有齐气"。所谓"齐气",亦即王充说的"齐舒缓",在这里是指文章的气势所形成的风格特征。《典论·论文》所标示的"引气不同,巧拙有素,虽在父兄,不能以移子弟",正是指明气是形成作家创作个性的基本元素。曹丕为了说清这一点,曾譬诸音乐。他认为尽管曲度虽均,节奏同检,但由于引气各殊,演奏者仍会表现出不同的风格来。这一看法很得到刘勰的赞赏,他在《总术篇》中说:"魏文比篇章于音乐,盖有征矣。"后来,李卓吾也说"声色之来,发乎情性,由乎自然"。他在《读律肤说》中同样用音乐去说明创作个性所形成的不同风格:"性格清澈者音调自然宣畅,性格舒徐者音调自然舒缓,旷达者自然浩荡,雄迈者自然壮烈,沉郁者自然悲酸,古怪者自然奇绝。有是格,便有是调,皆情性自然之谓也。"

这种说法正可视为《体性篇》"各师成心，其异如面"，"吐纳英华，莫非情性"的进一步发挥。以上种种说法都是以音乐的格调来说明艺术风格。就作家的创作个性来说，"气"相当于气质，属于天资禀赋，不可力强而致。就作品的风格表现来说，"气"相当于气韵或语气，可以比之谓音乐中的格调音色。语气、格调或音色是作家的气质在创作对象上的情绪投影，它显示了作家观察生活时自然而然流露出来的为他个人所独有的特征。所以，我们可以说由作家创作个性所形成的个人风格体现了不同作家内在气质的差异性。

一九七七年

一〇八 "回到乾嘉学派"

近几年学术界已开始认识到清人的考据训诂之学的重要性。很难想象倘使抛弃前人在考据训诂方面做出的成果，我们在古籍研究方面将会碰到怎样的障碍。如果没有为数在千卷以上的《清经解》和《续清经解》以及《经籍纂诂》这样一些书籍，恐怕有大量的古籍直到今天我们还可能读不懂、读不通。最近有人甚至提出"回到乾嘉学派去"。确实，多年以来我们对乾嘉学派迄未作出应有的评价（我认为对乾嘉学派人物的思想上的评价尤为不足）。目前有些运用新的文学理论去研究古代文论的人，时常会有望文生义、生搬硬套的毛病，就是没有继承前人在考据训诂上的成果而发生的。但是，另一方面我认为我们的研究工作也不能止于乾嘉学派，那就是绝不逾越前人的考据训诂之学，甚至在治学方法上也亦步亦趋，墨守成规。前人批评李善注《文选》释事不释义，已经感到不去阐发内容底蕴、只在典章文物名词术语上作工夫是一种偏向。事实上，自清末以来，如王国维、梁启超等，他们一面吸取了前人考据训诂之学，一面也超越了前人的界线，在研究方法上开拓了新境界。

一九八二年

一〇九　明末将卒骄横

我相信明末官兵压榨自己的同胞并不比清兵逊色，也是受了《扬州十日记》的影响。兵临城下，史可法的将卒还要敲诈平民，纵欢取乐，如果没有身历其境的人，恐怕很难描出这样一幅图画来罢：

> 己酉夏四月十四日，督镇史可法从白洋河失守，踉跄奔扬州，坚闭城以御敌，至念四日未破。城前禁门之内，各有兵守，予宅西城，杨姓将守焉。吏卒棋置，予宅寓二卒，左右舍亦然，践踏无所不至，供给日费钱千余。……主者喜音律，善琵琶，思得名妓以娱军暇；是夕，邀予饮，满拟纵欢，忽督镇以寸纸至，主者览之色变，遽登城，予众亦散去。

当我读完了这段话后，不禁打了个寒噤，暗想：清兵是异族，抢、烧、奸、杀犹有可说，怎么史可法的部下对于同是同胞的扬州人也要"践踏无所不至"呢？王秀楚是明末遗民，抱了憎恶清朝的民族思想，愤而著《扬州十日记》，所以他对于明末官兵的专横跋扈大抵是略而不述的，可是由此一端，其余也可想见了。

一九四〇年

一一〇　嘉道两朝士气衰颓

嘉道两朝，士气衰颓，浸成风俗。清统治者对汉族官员是不放心的，采取了严加控制的政策。龚自珍在《明良论四》中曾大胆揭露了这种"约束之、羁縻之"的苛细手段："朝廷一二品之大臣，朝见而免冠，夕见而免冠，议处察议之谕不绝于邸钞。部臣工于综核，吏部之议群臣，都察院之议吏部也，靡月不有。府州县官，左顾则罚俸至，右顾则降级至，左右顾则革职至，大抵逆臆于所未然，而又绝不斠画其所已然。"这结果就是造成一批批谨小慎微、因循苟且的庸人。《明良论二》说："今政要之官，知车马、服饰、言词捷给而已，外此非所知也。清暇之官，知作书法赓诗而已，外此非所问也。堂陛之言，探喜怒以为之节，蒙色笑获燕闲之赏，则扬扬然以喜，出夸其门生妻子。小不霁，则头抢地而出，别求夫可以受眷之法。"他们平时所关心的只是官场中的升降沉浮和个人得失，"以为苟安其位一日，则一日荣；疾病归田里，又以科名长其子孙，志愿毕矣。且愿其子孙世世以退缩为老成，国事我家何知焉？"这种萎靡风气反映到学术界上来，就形成了龚自珍诗中所说的"文格渐卑庸福近"的局面。当时读书人墨守着髫年学艺皓首穷经的传统道路，循规蹈矩，从不敢逾越一步。清王朝经过了一百多年的禁锢思想的文化统制政策，一般读书人早就吓破了胆，不敢治史，尤不敢言近代事。有志气的只能埋首故纸堆中，从事于训诂考据之学。嘉道两朝承前代的馀绪，学术界更显得死气沉沉，变成一潭死水。龚自珍的《咏史》诗就是当时这种情况的逼真写照：

> 金粉东南十五州，万重恩怨属名流。
> 牢盆狎客操全算，团扇才人踞上游。
> 避席畏闻文字狱，著书都为稻粱谋。
> 田横五百人安在，难道归来尽列侯？

龚自珍和他所结识的一些抗英派人物都是有胆识有魄力的人，自然看不起那批庸俗鄙吝的名流、才人、盐商、狎客。他们冲破了"万马齐喑"的局面，给学术界吹进了新鲜空气。他们反对抱残守阙，主张经世致用。他们具有多方面的学识，几乎个个都懂兵法、治河、农业。在他们之中，林则徐和魏源可以说是后来向西方寻找真理的先驱。林则徐主持编纂的《中西纪事》、《四洲志》、《华事夷言》以及魏源在《四洲志》基础上重新撰写的《海国图志》，是我国介绍西学的嚆矢。这几部书第一次为闭关自守的中国打开了西方世界的大门。《海国图志》甚至对日本明治维新也起过推波助澜的作用。

一九七五年

——— "以理杀人"

过去戴震曾直斥后儒以理杀人，大声疾呼反对压制个性的"遏欲之害"，主张使人"各得其情，各遂其欲"。他并不是主张纵欲，而是反对禁欲。要使人各遂其欲，自然各种恶劣情欲也会趁机出现，对于这一点，他曾提出过一个很好的命题，这就是不能因为有恶劣的情欲而去谴责情欲本身，正如不能因为有恶劣的思想而去谴责思想本身一样。因此，不能为了要消除恶劣的思想就去禁锢思想，为了要消除恶劣的情欲就去禁锢情欲,这样,将会使天下之人"生道穷促",产生一种对世事极端冷漠的态度。不过,戴震为情欲所作的合理辩护,并没有导致他更进一步去阐明欲和自我的关系。相反,他把欲和私严格区分开来,多少意味着他还没有完全摆脱传统的既定看法,而去对自我作认真的再估价。直到龚自珍才大胆提出"众人之宰,非道非极,自名曰我"。

一九八七年

一一二 六诗与六义

《周礼》春官大师"教六诗:曰风、曰赋、曰比、曰兴、曰雅、曰颂,以六德为之本,以六律为之音"。《诗序》亦云:"故诗有六义焉:一曰风、二曰赋、三曰比、四曰兴、五曰雅、六曰颂。"《周礼》的六诗说和《诗序》的六义说究竟应该怎样来理解?是不是可以像一篇评论文章所说的那样,笼统地认为"历来解释这所谓六义的人,大抵都认为风雅颂是《诗经》的诗的分类,赋比兴是作诗的三种手法"呢?我认为是不可以的。就《周礼》和《诗序》本身来看,首先存在着一个排列的次序问题。如果说风雅颂是诗体的分类,赋比兴是诗法的分类,那么,《周礼》和《诗序》为什么不把它们按照风、雅、颂、赋、比、兴的先后次第编排在一起?只有这样才顺理成章。可是,无论《周礼》的六诗也好,或是《诗序》的六义也好,都是把赋比兴排在风和雅颂之间。这种排列法显然是一个不可忽视的问题。因此,汉人解释六诗或六义,都没有明确作出风雅颂是诗之体,赋比兴是诗之法的结论。他们对这个问题是采取了审慎的态度的。虽然他们也涉及诗的表现方法问题，但这是由于从诗体的探讨必然会涉及诗法的问题上去，所以他们往往从诗法的分类来说明诗体的分类。这种情况在《诗序》本身中就已见端倪。按照三体三用说的观点，"风"是诗体之一，而不是作诗的表现方法。可是《诗序》对"风"的解释说："上以风化下，下以风刺上，主文而谲谏，言之者无罪，闻之者足以戒，故曰风。"显然这是兼赅体法两方面而言。郑玄注六义不会不顾及这一点，他说："风言圣贤治道之遗化也。赋之言铺，直铺陈今之政教善恶。比见今之失，不敢斥言，取比类以言之。兴见今之美，嫌于媚谀，取善事以劝喻之也。雅正也，言今之正者以为后世法。颂之言诵，容也，诵以美之。"这里并没有在诗体诗法之间划出严格界限，指出其间有着体和用的区别。

那末，怎样来解释《诗经》中何以只有风雅颂三种诗体呢？对于这个问题，前人的解释不够明确。《孔疏》引"郑志张逸问：何诗近于比赋兴？答曰：比赋兴吴札观诗已不歌也。孔子录诗，已合于风雅颂中，难复摘别。篇中义多兴。"这种含糊的说法给后人留下了种种附会的可能。直到晚近章炳麟的《六诗说》出，才比较合理地解决了这个问题。按照章氏的说法，风、赋、比、兴、雅、颂都是诗体，但有入乐和不入乐之分。由于赋比兴三体，"不被管弦"、"不入声乐"，所以在孔子录诗时被删掉了。最近，郭绍虞《六义考辨》采章氏之说，加以取舍和发挥，认为："其入乐者则称为风，还有许多不入乐者则称为赋比兴。那么，赋比兴都可以说是民歌。由于民歌的数量太多，所以再用不同的手法，分为数类，那么列为风类之后也就很恰当，而《周礼》的六诗与《毛诗》的六义，也就可以统一起来了。"这种解释对于说明《周礼》的六诗之名和风、赋、比、兴、雅、颂的排列次序都是怡然理顺的。汉人对六诗或六义的理解尚未作出诗体诗法的区别。在诗体诗法上划出严格界限是后来的事,那就是唐人孔颖达的三体三用说。

一九七八年

一一三　声一无听　物一无文

过去理论界对矛盾的理解受到苏联批判德波林的影响,认为差异就是矛盾,就是一分为二,而这样就产生了"与天奋斗,其乐无穷;与地奋斗,其乐无穷;与人奋斗,其乐无穷"的斗争哲学,所以"大跃进"时就提出了"征服地球"、"向地球开战"和"只要我们吼一吼,地球也要抖三抖"之类豪言壮语。其实人与自然的关系不是征服关系,人应把自己看作是自然本身的一分子,寻求相互适应的关系。以功利主义的态度盲目索取自然资源,将会破坏生态平衡,上述的那种斗争哲学用在自然上也是错误的。至于用于人类社会,发展到极端,以致像"文化大革命"那样,到处滥用,施之于广大人民,那后果就更严重,破坏性就更大了。其实世界是多样统一的。多样性不一定都构成矛盾,也可以是和谐的、统一的。我们古代有"声一无听,物一无文"的说法,这就叫作和而不同。我们要这样地认识社会结构的多层性和丰富性,才可能对客观实际作出科学的概括。

一九八六年

一一四 文章繁简

文章的繁简问题,在修辞学上争论已久,不久以前有些依附汪伪的文学家故意以"新文艺腔"的大帽子来抹杀许多优秀的作品,甚至举出鲁迅在《秋夜》中"一株是枣树,还有一株也是枣树"的例子,作为用语累赘的代表。比起这些专门在字数多寡上翻筋斗的低能批评家,金圣叹的确高明得多。他在几百年前,就已直截了当地说:"文章有极省法和极不省法。"他提出了文章的层次问题,说明有些文章从字面上看,虽似"极不省",但为了传达作者的感觉的层次,其实还是"极省"的。

《水浒》第八回《花和尚大闹野猪林》,描写鲁智深搭救林冲,分四段来叙述:一、先飞出禅杖,二、跳出胖大和尚,三、再详其皂布直裰与禅杖戒刀,四、始知其为智深。金圣叹说这完全是"公人惊心骇目中所见",所以才历历如真,倘劈头就说明是智深,虽可以省掉不少字句,但是反而减少了真实性。这可说是一篇很好的文章繁简论。

一九四〇年

一一五 金圣叹示释弓

《水浒》卷首,有金圣叹写的三篇序文,其中"序三"是写给他儿子释弓读的。他对释弓说:

人生十岁,耳目渐吐,如日在东,光明发挥。如此书(指

《水浒》——引者），吾即欲禁汝不见，亦岂可得？今知不可相禁，而反出其旧所批释，脱然授之于手也。

金圣叹比当时统治者高明得多。天下的禁书，无论文网如何森严，钳制怎样厉害，"即欲禁亦岂可得"？明知"不可相禁"，反脱然授之于手，这种胸襟是不容易见到的。

金圣叹批评迂腐短见的大人先生说：

　　吾每见今世之父兄，类不许其子弟读一切书，亦未尝引之见于一切大人先生，此皆大错。

金圣叹不满大人先生的办法，他觉得去禁止"不可禁"的书，再没有比这更愚蠢更笨拙的事。尽管金圣叹批《水浒》时流露出不少偏见，也说了不少昏话，但他对于禁书的见解，不仅高出迂腐短见的大人先生，也高出当时许多统治者。

一九四〇年

一一六　"情"和"自我"

　　龚自珍的"自我"是具有反宋儒唯理主义的意义的。《大清实录》载：道光登位不久就竭力鼓吹"天地养万物，圣人养贤及万民"。龚自珍在这时写的《壬癸之际胎观第一》针锋相对地提出："天地人所造，众人自造，非圣人所造。……众人之宰，非道非极，自名曰我。"这里对程朱理学进行了大胆的挑战，提出主宰人类的不是道，不是极（理念），而是自我。(这篇文章还提到原始社会各氏族以动物名称命名的情况："众人也者骈化而群生，无独始者。有倮人已，有毛人，有羽人，有角人，有肖翘人。毛人、羽人、角人、肖翘人也者，人自所造，非圣造，非天地造。其匹也，杂不部居。倮人之不与毛、角者匹，其后政，非始政。"这些说明较《论衡》、《吕氏春秋》、《淮南子》、《山海经》等有关原始社会各氏族的记载更进一步。它说明氏族社会的形成不是天地造，不是圣人造，而是众人自造，这是值得我们注意的。)他的反唯理主义的个性解放就是他所说的"情"。自从资产阶级思想萌芽后，反封建的思想家、艺术家往往是通过"情"这一概念来表示个性解放要求的。在他以前，曹雪芹也是再三突出"情"这个字。《红楼梦》所写的就是那些具有"情痴情种"的叛逆性格。曹雪芹甚至把《红楼梦》另名为《情僧录》，更可为证。龚自珍大声疾呼要摆脱一切束缚个性的枷锁。那篇传诵人口的《病梅馆记》是表现这种思想的力作。

一九七六年

一一七 韩非并不集法家大成

早期法家一断于法，韩非的学说却融会了法、术、势三个方面。但是今天论者反而据此称韩非是集法家大成的人物。这种说法究竟能不能成立，我以为不是没有讨论余地的。

在先秦时代，法、术、势是不能混为一谈的，尤其是法和术更有一定的严格区别，直到韩非才把它们杂糅在一起。但是，就连韩非本人也对法和术作了明确的区分。他把术放在法之前，对它们下过这样的定义：

> 术者，因任而授官，循名而责实，操生杀之柄，课群臣之能者也；此人主之所执也。法者，宪令著于官府，刑罚必于民心，赏存乎慎法，而罚加乎奸令者也；此臣之所师也。（《定法》）

法是成文的法律。至于术却要微妙得多了，这是一种极端诡秘的权术。韩非在《难三篇》中说："术者藏之胸中以偶众端而潜御群臣者也。故法莫如显，而术不欲见。"所谓"术不欲见"也就是后来赵高所说的"以未兆为朕"。术虽然是这样隐而不显的神秘东西，但并不是不可言说。韩非著书立说就是要在这个困难问题上做功夫。韩非不但用术去补充法，而且进一步把术和势联系起来。慎到是首先提出"势"这个概念的人，后来韩非就是从他那里袭用了这一术语，韩非说："国者君之车也，势者君之马也，无术以御之，身虽劳犹不免乱，有术以御之，身处佚乐之地，又致帝王之功也。"在韩非学说中，法、术、势这三个方面，术是居于中心的地位。一部《韩非子》主要谈的是术，而不是法。

司马迁称韩非"喜刑名法术之学"，并且把韩非与申不害合传，这是有一定见解的。韩国本来就有重术的传统。申不害大概是最早倡导恃术治国的人，韩非对他评价很高，并且在文章中每多征引。虽然表面看来，韩非似乎站在不偏不倚的立场，对申、商都有批评，认为术和法不可偏废，不可一无。但是，他在立论上，仍是以术为主。正因为这缘故，司马迁才将申、韩合传，而在《李斯列传》中称："明申、韩之术，而修商君之法。"司马迁虽然没有进一步作详细的论述，但是他把申、韩之术与商君之法作了一定区别,这是很必要的。然而,近来论者在评价韩非的时候,往往模糊了法和术的界线。

一九七六年

一一八　龚自珍与法家

自儒法斗争说起,有些论者硬把龚自珍穿上法家号衣,编进法家队伍。杨荣国《中国简明哲学史》称:"显而易见,龚自珍的'更法'思想,是和儒家的复古守旧的政治思想路线对立的。'更法'是先秦法家商鞅的《商君书》的主要篇章,这说明了龚自珍是继承了法家变革的政治思想路线,具有鲜明的尊法反儒思想。"为了证明此说,杨氏又援《乙丙之际箸议第六》所云"一代之治即一代之学"为证,并加以解释说:"一个时代的统治和一个时代的学术是统一的,以此批判把'圣人之学'作为万世不变的说教,提倡'诵本朝之法,读本朝之书',效法'法家申氏(不害)、韩氏(非)'为当代立法。"事实上是这样吗?《龚自珍全集》无一字提到过效申韩之法。就连申韩的名字也仅仅一见于《乙丙之际箸议第六》,这段话原来是根据诸子出于王官之说来阐明各家渊源所自,原文如下:"是故司徒之官之后为儒,史官之后为道家老子氏,清庙之官之后为墨翟氏,行人之官之后为纵横鬼谷子氏,礼官之后为名家邓析子氏、公孙龙氏,理官之后为法家申氏、韩氏。"这本来是袭用《汉书·艺文志》的旧说,几乎连文字也是完全相同的,可是《中国简明哲学史》却用来作为龚自珍效法法家"为当代立法"的根据。这样无中生有信笔捏造,说明在"四人帮"的"影射史学"猖獗横行之际,写历史比写神话更可以不顾事实,更可以驰骋荒诞无稽的想象力。

龚自珍也从未推崇过商鞅，更没有提到过《商君书》。《龚自珍全集》中仅在《地丁正名》一文里涉及商鞅。这篇文章谈到康熙蠲免地丁赋，革二千年之苛政，"其实如此，其名未改，邸钞、缙绅书，仍称地丁，是实后稷而名商鞅、汉武也。名当亟正者此也。"（秦时已按人头赋税，名"头会箕敛"，云梦出土的《金布律》可证）这里对商鞅并未赞许，且有贬意。至于对王安石，龚自珍确实比较赞成的。道光九年，他的廷试对策，大致祖王安石《上仁宗皇帝书》。他尝说"万言书实二言而已"，即："窃惟在位之人才不足，而无以称朝廷任使之意，朝廷所以任使天下之士者，或非其理，而士不得尽其才。"但他对王安石有褒也有贬。他在《保甲正名》中认为与其采用王安石的保甲法，不如采用《周礼》的五家相保法。他说："安石心三代之心，学三代之学，欲教训天下之人材，毕成三代之材者也。但其虑疏，其目疏，故集天下之口。"他认为人们讥议王安石是不对的，但是王安石之法"非古非今"，本身也有缺点。这一切说明他并不是什么"尊法反儒"的闯将。

一九七六年

一一九　龚自珍生平行事

龚自珍的生平行事往往越出了当时读书人恪守的规范。他的同时代人曾描绘了他的肖像："广额巉颐，戟髯炬目，故衣残履。"他做人不懂世故，说话不知顾忌，交游不问身份，他在《能令公少年行》中说："十年不见王与公，亦不见九州名流一刺通，其南邻北舍谁与相过从？疴瘘丈人石户农，嵚崎楚客，窈窕吴侬，敲门借书者钓翁，探碑学拓者溪童。"诗前序曰："龚子自祷祈之所言也。"这还只是理想。道光七年，他写了《自春徂秋》的组诗，其中一首说："朝从屠沽游，夕拉驵卒饮。"这却是纪实。他确实常和社会底层的人来往。他的一位友人记载他"曾乘驴车独游丰台，于芍药深处藉地坐，拉一短衣人共饮"。道光十九年，他辞官南返，在归途中行抵淮浦，看到运河两岸有许多船夫拉纤过闸，运送粮船。他想到自己在京师也曾耗费官粮，颗颗俸米都沾染着人民的血汗。深夜，他坐在旅店里听到运河岸边的船夫号子声阵阵传来，心情激荡，他用旅店的鸡毛笔在账簿纸上写下自己的情怀："只筹一缆十夫多，细算千艘渡此河。我亦曾縻太仓粟，夜闻邪许泪滂沱！"他还写下一些诗：有的是记他的保姆金媪（《己亥杂诗》），有的是记他结识的侠士（《送刘三》），有的是记他童年的伴侣段叟——一位寄食他家穷途潦倒的远亲。他在《寒月吟》中倾吐了对这位孤独老人的眷念："我有生平交，外氏之懿亲。自我慈母死，谁馈此翁贫？江关断消息，生死知无因。八十罹饥寒，虽生犹僇民。昨梦来哑哑，心肝何真清？翁自须发白，我如髫卯淳。"这些小人物纯朴率真，他们的高尚品质远远胜过上流社会的达官贵人和追名逐利的名流学士。他说他们"愧杀读书人"。

他在与魏源笺中，对于那批浮在社会上层的渣滓，作了生动的刻画："居亭主犷犷嗜利，论事则好为狠刻以取胜，中实无主。野火之发，无司燧者，百里易灭也。某公端端，醉后见疏狂，殆真狂者。某君借疏狂以行其世故。某君效为呆稚以行其老诈。某一席之义前后不相属，能剿说而无线索贯之，虑不寿。朝士方贵，亦作牢骚言，政是酬应我曹耳。善忌人者术最多，品最杂；最工者，乃借风劝忠厚，以济锄而行伐，使受者伤心，而外不得直。骛名之士如某君，孤进宜悯谅也。某童子妍黠万状，志卖长者，奸而不雄，死而谥愍悼者哉！"这真是一竹篙打一船人。他情愿与屠沽游、驺卒饮，就是认清了这批道貌岸然的正人君子的真面目的缘故。在他的文章中也留下他在一定程度上向人民靠拢的痕迹。《说居庸关》记述了他在山径狭道上与骑骆驼的蒙古人相挝戏。《乙丙书》记述了他走向民间采访世情民隐的事例。他说："田夫、野老、驺卒之所习熟，今学士大夫谢之，以为不屑知，自珍获知之，而以为创闻。"这些都说明了他那"黔首本骨肉，天地本比邻"的胸襟怀抱。

他在被漠视、被曲解中度过了一生。贫穷成了他的伴侣。他家时有索逋者上门，几乎日闻剥啄声。他的官俸本来有限，辞官前又被罚俸，使他不得不南下乞籴。他在晚年借宴游以抒湮郁之抱，赋《瓶词》三十余首，自称"醉梦时多醒时少"。他曾经感叹"一世人乐为乡愿，误指中行为狂狷"。他的心情是苦闷的，终于在寂寞中悒悒以殁。

一九八六年

一二○　记 熊 十 力

直到最近才从报上看到十力先生是在一九六八年五月二十四日逝世的。报上发表的悼词说："熊先生长期从事学术研究，在研究中国儒家学术思想上自成一派，是国内外知名学者。"

我认识十力先生在六十年代初。他自称，他在晚年已由佛入儒，对于阳明、船山二王之学，最为服膺。那时他的身体已很虚弱，他在写给我的一首诗中曾说到自己"衰来停著述，只此不无憾"。其实当时他并未停止写作。我每次去看他，都在他的书桌上见到一叠叠经过大量涂抹删改的稿纸。这就是后来由中国科学院影印出版的《乾坤衍》。在我认识他以前，我还在新华书店科技门市部见到正在发售的他的另一部著作《原儒》。这两部书都是研究儒学的。他的佛学著作是早年写的，解放后似乎并未重印过。大概追悼会的悼词就是根据这一情况才对他的儒学作了评价，而对他的佛学却未置一词。可是，依我的浅见，在十力先生毕生的学术研究中，还是以佛学为胜。他可以算得上是"五四"后老一代佛学专家中屈指可数几位代表人物之一。他和汤用彤先生交谊颇厚，两人都以佛学名家。汤著《汉魏两晋南北朝佛教史》曾引十力先生就鸠摩罗什赠慧远偈所作的诠释。我不知道此文见于十力先生何书，曾请问过他。据他说，这段文字不是引自他的著作，而是应汤先生所请托，为汤先生所写的。从这件事来看，可见汤先生对他的佛学造诣是很器重的。

十力先生曾赠我《佛家名相通释》，希望我由此入门，进一步深造。可是说来惭愧，我因诸事纷扰，加以心粗气浮，始终未能登堂入室。那时，他还用通讯方式和我讨论佛学，几年下来，他寄我的信积有一大叠。可是这些信在"四人帮"横行猖獗之际大都销毁了。现在只剩下一张明信片，由于夹在书中，竟然漏网，得以幸存，成了他留给我的唯一纪念。

一九七九年

一二一　熊十力二三事

我于一九七九年始悉十力先生在一九六八年五月二十四日逝世，

当即撰写一文,并将过去十力先生惠我的一封短简复制,投寄香港《大公报》。这篇文章过于简略,现在补述一些前文没有述及的内容,以供参考。

一九六二年秋,我持韦卓民先生介绍信,往淮海中路二〇六八号拜见十力先生。去前,卓民先生嘱告:"近年来,十力先生谢客来访,他脾气古怪,不知见不见你。"当我走上公寓西侧一座黄色小楼,在十力先生门上看到贴着一张信笺,纸已褪色,字墨尚浓。大意说,本人年老体衰,身体不好,请勿来访。其中说到自己的身体情况十分具体,记得有面赤、气亏、虚火上延之类的话。我怀着惴惴不安的心情敲了几下门,开门的是一位六十上下的人。这就是当时正为他誊写《乾坤衍》的丰先生。他把我延至客厅,即持介绍信入里间。等候了二三分钟,十力先生从隔壁走来。他的身材瘦弱,精神矍铄,双目奕奕有神,留有胡须,已全白,未蓄发,平顶头,穿的是老式裤褂。我表示了仰慕之意,他询问我在何处工作,读什么书等等。这天他的心情很好。他的态度柔和,言谈也极儒雅,声调甚至近于细弱。当时我几乎与人断绝往来,我的处境使我变得很孤独。我觉得他具有理解别人的力量,他的眼光似乎默默地含有对被侮辱被损害者的同情,这使我一见到他就从自己内心深处产生了一种亲和力。这种感觉似乎来得突兀,但我相信它。在我们往来的近三年内,我从未谈过自己的遭遇,他也从未询问过。直到他去世十多年后,我才从他的哲嗣世菩夫妇那里得悉,十力先生对我的坎坷经历和当时的处境十分清楚,并且曾为之唏嘘。我是从我个人接触来谈自己的感受,我并不想以此推翻别人的另一种说法,如说他性格怪僻,脾气不好等等。平心生前就向我提到一些事,我想他说的是事实。十力先生自己也向我讲过,他在四川复性书院讲学时和马一浮发生的一次争吵,尽管他们是相契的朋友,马一浮还曾以蠲叟别号为他所撰的《佛家名相通释》签署,为《新唯识论》写序。十力先生师友弟子多称他性格狂放,意气自雄,认为他具有一种慑服人的气概。他在自己著作上署名"黄岗熊十力造",颇引起一些议论,因为在印度只有被尊为菩萨的人才可以用这说法,据传他也曾经自称"熊十力菩萨"。他在论学时往往意气风发,情不自禁。有一次他与张东荪论学,谈得兴起,一掌拍在张的肩上,张逡巡后退。诸如此类传说,不一而足,使他在人心目中成为一个放达不拘的古怪人物。但他也有亲切柔和、平易近人的一面,大概由于太平凡罢,很少为人述及。我以为不揭示这方面,就难以显示他的完整人格。

我经十力先生允诺后,几乎每周走访一次。他身上有些神秘的东西。他在著作中曾记述,民国六年,他自武昌赴荆襄,参与守军独立。事败,辗转军中,七年入粤。一日午睡,忽梦他的五弟继刚陈尸在床,他不禁抚遗体痛哭,醒而泪痕犹湿。后离军返乡,始知五弟确已去世。他认为梦是预兆休咎的,不能尽以变态心理去说明。我探访他不久,有一次,他很认真地给我看相,可能他把这当作识人的一种方法。我觉得他的神秘主义是和儒家思想有距离的。我曾向他请教佛学,这时他已由佛入儒。在他起居室内,有三幅大字书写的君师帖。一居中,从墙头直贴到天花板上,上书孔子之位。一在右,从墙头往下贴,上书阳明先生。一在左,也从墙头往下贴,上书船山先生。他听我要学佛学后说:"你学佛学做什么?现在没有人学这个了。"据我当时理解,他并不是菲薄佛学,而是对我这种学不干时的态度有所感慨。但他是随和的，同意我向他请教，并约定用通信方式笔谈。不久，他惠赠我战前由北大出版的《佛家名相通释》上下二册。书已陈旧，上面还有他用朱笔写的"仲光读本"四字。书中有二处眉批，大概是他准备增订的地方。现抄录如下：

上卷六十四页反面"无为法"，引《大智度论》，上有墨批："无为相者，无相之相，此实无形无象，虽现为有为，而不可谓无为之相，即是有为。譬如水成冰，冰相坚固，不可说水相即是冰。"

上卷七十六页"四谛"条，释"集谛"义原注"三界"一段文字，末句"一切烦恼及业，能为感苦之因，故说名集"。以朱笔加重点线，并于上端朱批："感括一切苦果。"

书中另有一笺，墨笔书写，大概是作为以后改订之用：

第八行，至第九行。法相是无着学，唯识是世亲学二句，今改云：法相广博，盖自无着开基。（法相学，广分别一切法。平列而谈，无着是其开宗大哲也。其根本大典曰瑜伽师地论，亦称大论。）唯识谨严，独幸世亲克荷。（世亲初治小乘学，后承其兄无着之教，舍小入大，著百法，成唯等论，以一切法摄归唯识。法相之学，至是而系统谨严，是克担荷无着之业也。宜黄欧阳大师，以法相、唯识分为二宗，余未敢从，说见新唯识论附录。）

读了《佛家名相通释》，使我深受教益。诚如先生在志其缘起的序中所云："疏释名相，提挈纲领，使玄关有钥，而智炬增明。"我对先生近于魏晋风骨、清新洒脱、机应自然的文字风格尤为服膺，书中警句至今尚可背诵。我曾向十力先生谈到自己的读后心得，认为书中所揭示的分析与综会，踏实与凌空，四者兼顾而不可偏废，诚为读书要诠。我向他背诵了书中的话："吾常求此于人，杳然无遇，慨此甘露，知饮者希，孤怀寂寥，谁与为论。"十力先生听我说着，不禁颔首微笑，表示了他的高兴。十力先生曾向我讲述他治佛学的艰苦，面对浩如烟海的内典，茫然无所措手足。曾有一个时期，他埋头在明人的疏记中，废寝忘食，而所获甚微。他说这些话无非鼓励我勤奋好学，但我由于怠惰荒疏，终未入门，深感愧疚。

十力先生学宗二王，现被尊为新儒学开宗大师。但他并不只重义理，而是兼综踏实与凌空二义。据先生所下定义，所谓踏实者，乃"必将论主之经验与思路，在自家脑盖演过一番，始能一一得其实解。若只随文生解，不曾切实理会其来历，是则浮泛不实，为学大忌"。所谓凌空者，乃"掷下书无佛说，无世间种种说，亦无己意可说。其唯于一切相，都无取著，脱尔神解，机应自然，心无所得，而真理昭然现前"。这见解倘加细玩，必得读书之要领。我觉得，十力先生在治学方面所揭橥的原则："根柢无易其固，而裁断必出于己"，最为精审。我自向先生请教以来，对此宗旨拳拳服膺，力求贯彻于自己治学中。自然能否达到是另一问题，不过在我至少是虽不能至，心向往之。十力先生治学似较偏重颖脱超越一路，而对某些小节则不大注意。我曾向他请教禅法中的四等义，他可能年老记忆衰退，一时未能答对。在考据训诂方面，十力先生常遭非议，人说他辨真伪多出臆断，任意改变古训，增字解经。这些评骘出自对他诚服崇敬的同辈或友人，不能说没有一些道理。他重六经注我、离识无境之义，于现代诠释学或有某种暗合，可能会受到赞扬。但我以为训解前人著作，应依原本，揭其底蕴，得其旨要，而不可强古人以从己意，用引申义来代替。我并不反对注释者根据自己的时代经验，以今度古，作出价值判断。这在阐述古人著作时，甚至是不可或缺的。但原义的底蕴与注释者所揭示的义蕴，二者不可混淆。余英时先生曾以 meaning 与 significance 说明其间区别，是十分确切的。（但他对于两者关系的论述，我碍难同意。）我觉得十力先生所立的原则，即"根柢无易其固，而裁断必出于己"，是精辟的，可惜他在实践方面未能贯彻始终。不过，他对佛书的领悟，确有十分出色的地方，往往迥拔群伦，自成一家之言。他用心理主义去阐释法相宗，就是一例。他所谓心理主义并不就是心理学，乃是说其哲学是从心理学出发。他从宇宙论（三界唯心，万法唯识）、人生论（以此心舍染得净，转识成智，离苦得乐）、本体论（即心是涅槃）、认识论（自心起执相貌，故初假寻思，而终于心行路绝，由慧解析，知其无实，渐入观行，冥契真理）去阐释佛法。这些阐发给我极大启迪。他不是偏于一隅的专家，而是博学多闻的学者。他的兴趣在多方面，自称其学为六通之譬其运无所不在，如西谚所谓博识专精（We have to know everything about something and something about everything）。有一次，他突然向我谈起西方科学界的原子理论问题，他以为我正当壮年一定在这方面有些常识，孰知我茫然不能措一词，深感惶恐。他不使我难堪，很快转变了话题。他在早期就提出过治哲学者于中国、印度、西洋三方面，不可偏废的主张。这是很有见地的。他认为"佛家于内心之照察，人生之体验，宇宙之解析，真理之证会，皆有其特殊独到处。即其注重逻辑之精神，于中土所偏，尤堪匡救"。这些简明扼要的话，真是说得十分中肯，迄今仍成为我的良箴。在我和他来往中，我仅向他请教佛学，几乎很少涉及先生当时所服膺的二王之学。在这方面，我没有好好钻研，不敢妄议。我只能谈谈自己的一些粗浅的看法。十力先生早岁忿詈孔子，中期疑佛，最后归宗大易。他曾对龙树的大雄大勇无所不破的精神深表敬服。由佛入儒后，一反已往，以大易立人极之旨对此加以批驳。他恪遵"天行健，君子以自强不息"之义，演大易翕辟成变之论，从而构成一完整的思想体系。我以为，不论他的哲学经过怎样的发展与变化，其核心仍在"本心"这一概念。有的学者认为，十力先生的体用论出，乃一大转变。由于他的体用论有摄体归用、万物真实之旨，于是说他"接近于唯物论"。但是，细察十力先生本心说之根柢，则不得不承认贺麟辨析《明心章》之明澈。贺评见于一九四七年，至今读来，仍觉深邃有据。十力先生所谓本心，即仁，即生生不息、凝成众物、而不物化、新新不已的"绝对本体"。这个刚健的本体（或本心）之显现，如贺氏所说，"有其摄聚而成形象的动势，名曰翕；有其刚健而不物化的势用，名曰辟。所谓心物即是辟翕两种势力或过程"。一辟一翕，恒转不已。心与物交参互涵，不可分而为二，而是一个整体的相反相成的两个方面。十力先生既不承认唯物论，也不承认唯心论。贺氏称他为泛心论者，庶几乎近之。他认为有物即有心，纵使在洪荒时代，心的势用即随物而潜在。体用一如，心物不二，这就是十力先生哲学的真谛。他不墨守二王之学，而有所发展。他参照柏格森的生命哲学，而有所批判。他的哲学是称得上为一家之言的。以上理解不知是否恰当，我以为这方面的研究尚待深入。

十力先生自居儒家，他像宋明儒者一样，泛滥于佛老，反求于六经。他自称其学为"玄学"，这并非一时兴到之语。十力先生七十寿辰时，马一浮赠诗有"萧山孤寺忆谈玄"。直到暮年，他对庄子兴趣未减。他给我来信时皆书斋名漆园，或漆园老人。他这样偏爱庄子，我想可借用他论张江陵的一句话："以出世态度做入世学问"来阐明。他虽然最不喜六朝清谈名士，但从生活上来看，我觉得他颇有魏晋人的通脱旷达风度。有一次，我去访问他，他正在沐浴，我坐在外间，可是他要我进去，他就赤身坐在澡盆里和我谈话。他不是性格深沉内向的人。他的感情丰富，面部常有感情流露，没有儒者那种居恭色庄的修身涵养。卓民先生说，这次沪上相会，一见面他就号啕大哭，使卓民先生深觉不安。最后几年，他无论在生理上还是在心理上，都受着老年人才有的痛苦的折磨。他和我谈到自己的消化不良，常常便秘，成为他天天发愁的事。他未装义齿，无法咀嚼，由丰先生为他煮一点烂面软饭，生活上照料得并不好。他向我说，离京前原想入川，可是董老劝他说："年老了，还是和儿子住在一起好。"所以他到上海来了。世菩、承厚贤伉俪住处并不宽敞，条件也差。十力先生为了坚持写作，住在淮海中路寓所，有五间房屋，可是亲人都有工作，不能来照料了。我是在"文革"风暴前夕，最后见到他的。"文革"开始，就此音讯隔绝。一九七九年底我才平反，听到他的去世消息，已经是他离开这个世界十一年了。

一九九一年

一二二 谈汤用彤

一九九三年将是汤用彤先生的百年诞辰，北大准备汇编纪念文集，先生哲嗣一介教授嘱我写稿,这是义不容辞的。我寄去了一篇考释旧作,以表示对这位前辈的敬仰。

用彤先生是我省先贤。一九一一年,他和先父同时进清华学堂共事,应该说是我的父执辈。我虽然没有机缘拜识用彤先生,并亲聆他的教诲,但用彤先生的著作,却一直是我作为指导自己治学道路的良箴。六十年代初,我撰《文心雕龙讲疏》时,曾向熊十力先生请教佛学,但使我更获教益的却是用彤先生的两本著作:《汉魏两晋南北朝佛教史》与《魏晋玄学论稿》。拙著中所述魏晋玄风与般若性空之学的关系,悉本汤说。十力先生自开户牖,多一家之言,长于启迪思想。用彤先生则偏重于史实的阐发与剖析,有助于理解当时的思想源流和各家各说之间的错综复杂关系。正由于这缘故,我在书中每每征引用彤先生的说法。

用彤先生治学谨严,令人敬服。这里谨举一二件人所未道的小事,以窥其学。他学兼中外,通梵文、巴利文,在印度文化方面有精深的素养。早岁留学美国,曾钻研西方哲学,于英国经验主义与欧洲大陆理性主义,尤役心力。归国后,在中央大学等校哲学系任教时,主讲西方哲学,并撰有《叔本华之天才主义》、《亚里斯多德哲学大纲》、《希腊之宗教》等。他尝言,学中国哲学史不可不懂外国哲学史。门弟子说,他讲课常以西方与印度哲学为参照来讲中国哲学。如以斯宾诺莎的上帝观念来对照王弼的贵无论,以莱布尼兹的预定和谐说来对照嵇康的声无哀乐论,以休谟对经验的分析来对照郭象的破离用之体,想来这些讲课一定是精美纷纶。更值得注意的是,用彤先生采用中外哲学对释方法,并不是把两者引为连类,加以比附,他熟知魏晋传译佛经,道安废止格义不用,而独许慧远引庄子难实相义的故事。他在

《魏晋玄学论稿》中谈到王何、阮嵇、向郭诸人时，绝无一字一句涉及西方哲学。他所具有的深厚的西方哲学功底，倘不细察，是无法从字里行间寻找蛛丝马迹的，如撒盐水中，化影响于无形，不露任何痕迹。正像陆游诗中所云"功夫深处却平夷"。就这一点来说，我觉得他的史著和胡适的《中国哲学史大纲》是显然不同的。这种分歧，追其根源，可以从两人对中国文化如何吸收西学的看法方面去究其底蕴。用彤先生很早就倡中外文化融贯说，主张将西学化于中国文化中，这不仅是一种理论，而且他还把这理论严格地贯彻到撰写学术著作的实践里。中西文化融贯说非用彤先生一家之言，他同时代的陈寅恪亦与汤说并同。但与他们交往颇密的友辈如吴宓的看法就有些两样。我认为这种融贯论不应像当时或后来某些论者那样，用维新时期的中体西用说去妄加穿凿，强行归类。这是一个很值得研究的问题，不宜简单化对待。比如陈寅恪说："中国之哲学美术，远不如希腊。不特科学为逊泰西也。"这类话就是主张中体西用的维新派绝不会说的。

用彤先生性格谦和柔顺，甚至给人一种谨言慎行，口不臧否人物的印象。据同辈回忆，早年在美国，后来在北平，几次至友相聚论学，发生剧烈争论，他很少介入，总是保持一种默默不语的态度。但这只是他为人的一个方面。另一方面，我觉得他在治学上却显示了中国知识分子的坚韧。据传，抗战胜利那年，他对毕业的学生讲话，曾勉励他们不要去做"学得文武艺，卖与帝王家"那种人。在运动频仍、政治风暴逼人而来的岁月，他仍本着老一代优秀学者在治学上不容宗教政见杂入而只问是非真伪的独立精神。我的这一说法也许不易为人接受，因为用彤先生从未发表过语惊四座的言论，相反，在他后来重印的著作序跋中，几乎毫无例外地都用当时观点对自己的旧作进行了严格的自我批判。表面看来，这似乎与那些趋附时潮者无异。但是值得注意的是，他绝不像他们那样曲学阿世，按照最高意旨，删削旧作，加进连自己也并不太懂的概念，甚至等而下之，不惜随时改变自己的看法。这种现象在"文革"评法批儒时表现得最为明显。在对待自己旧作的态度上，用肜先生完全两样，当他的新的认识还没有成熟到可以据以修订旧作的时候，他决不妄作修订。他的旧作都是照老样子重印，从而没有留下那种使人使己事后都会感到愧恧的笔墨。我觉得这并不是一件小事，而是需要有一定心理准备的。用肜先生倘没有学术上的独立精神，是不会这样做的。

我就用肜先生治学态度提出上述一些管窥蠡测的浅见，供读者参考，倘能见微知著、一隅三反，由此引发出更深的高论，那将是本篇小文的意外收获了。

一九九二年

一二三　杨遇夫回忆录

杨遇夫（树达）于五十年代初撰《积微翁回忆录》。书无凡例，我只知它是以原始日记为底本，再加以增删润色而成。回忆录中有一些避讳，如称某为"妄人"，未书其名字，犹《越缦堂日记》之于赵之谦。又对某些人只胪列其著作名称，而隐去姓氏，如《观古堂文钞》、《说文籀文考证》略去著者叶德辉名字即此类。再如，作者将解放前与解放后的书籍出版审读机构，统称之为"编译局"，显然是用代称。这些地方并非出于粗疏草率，读者倘能细审，就不难踪迹作者的用心所在。这本回忆录看来似乎平板朴拙，文字缺乏雕琢成体的华彩，但只要从容含玩，潜心冥会，则必有所获。

遇夫先生承清代朴学传统，师法高邮王氏，为现代小学大师，专精汉学。陈寅恪称他为汉事颛家，并世无两。戊戌前入湖南时务学堂，后留学日本，通英日两种文字，受欧洲语源学（etymology）的影响。在语言学研究上学兼中外，多从语源追溯字义之始。从学术渊源上来说，他属于清代学术中的皖派。这派由江永、戴震开基；程瑶田、王念孙、段玉裁、孔广森继之。俞樾私淑高邮王氏，太炎亦属此一学派。皖派主张实事求是，具有解放精神，故能发展。与皖派相对应的是吴派，这派大师惠栋，信而好古，偏于墨守。其弟子江声、余萧客等更流于抱残守阙。回忆录中尊太炎，而对黄侃颇有微词。人多以为这是出于个人恩怨，其实究其根，乃在学术观点上的分歧。回忆录说："季刚（黄侃）受学太炎，应主实事求是，乃其治学力主保守，逆转为东吴惠氏之信而好古。读《诗》必守毛、郑，治《左氏春秋》必守杜征南，治小学必守许氏。于高邮之经学，不论今古文家法惟是之从者，则力诟之……"这里所说的不论今古惟是之从，正是皖派实事求是精神的一种体现。在学术中，这种治学精神可以说是一种解放力量。遇夫有《温故知新说》，大意谓温故而不能知新者，其人必庸；不温故而欲知新者，其人必妄。他在回忆录中明言，前者为黄侃，后者指胡适。（他曾撰文驳胡适《吾我篇》，以为胡是用西方文法强套中国文法。）

不容讳言，回忆录中偶或也流露出一些自负的口吻。但这绝不是毫无自知之明的轻薄妄语。他注疏经籍、考释文字，每当有所发现，往往难以隐藏像庖丁解牛后的那种踌躇满志之情。治学者都会理解这种创作激情迸发时刻所带来的喜悦。这种感情虽稚气却优美，像孩子般的天真无邪。博学知服、虚己从善，是老一辈学者的懿德。他们也尊重别人身上的这种品质。回忆录中曾记他与胡适辩论《诗经》中"于以"二字的训诂,一九二二年九月二十三日记曰:"胡君闻义则服之美,世所罕见。而辩论之有益,于此大可见矣。"回忆录又记,他将自己所撰《释醵篇》等三文寄太炎,一九三三年四月七日记曰:"按《释醵篇》乃于(太炎)先生《文始》之说献疑,先生不以为侮。《古有上声说》乃纠黄季刚,季刚固先生尊弟子也。先生颇以余说为是。于此知先生胸中只有真理,绝无人我之见存。"他对太炎的尊重,对王国维的敬服,对陈寅恪的真挚友情,往往情见乎辞,溢于言表。其中对王国维尤为推重。他读《观堂集林》后,曾有这样的记述:"胜义披纷,令人惊倒,静安长处,在能于平板无味事实罗列中得其条理。故说来躁释矜平,毫不着力。前儒高邮王氏有此气象,他人无有也。"他称王国维校理卜辞,"功力绝深,每下一义,泰山不移"。他把陈寅恪称为畏友,这可以举他的《朋交独畏陈夫子》这首诗为例。其中援引故事称:"攻金敢望追苟羡,请序犹思效懋堂。"前句自注云,"彝名考释近代孙仲容(诒让)最精。章太炎亡命东京时,仲容与通书,自署苟羡"。后者指他的《积微居小学金石论丛》请寅恪作序。注云,"段氏为《说文注》,请王怀祖(念孙)叙之,余愧学不逮段,而君则今之怀祖也"。文字间流露友情,也流露了敬重。遇夫对后辈也是虚心从善的,后辈弟子在考释上有新说创见,他也采录书中,加以表彰(如对周秉钧、郭晋稀等)。

遇夫于抄袭之风最所痛恨。尝云"剿说为大不德"。他曾撰《汉书所据史料考》,揭班固《叙论》不载其父(班彪)续《史记》六十五篇事。又揭颜师古左袒班固,说他和班固一样将其叔父(游秦)之说攘为己有。他对班颜两大家也不客气,责他们是"遗亲攘美","攘善盗名"。这是十分严厉的。在这个问题上，他绝不苟且，认为哪说在前，哪说在后，自己所据，取自何人，皆需一一注明。他自己则恪守这一原则，一旦发现雷同他人，必将己稿删汰，或加后案说明。回忆录中多此类记载。一九三六年五月廿七日记："'叨懫'读'饕餮'，王静安有此义，见刘盼遂记。因此余遂削去'叨懫'解一文。"一九三七年四月十九日记："读陈昌齐《淮南子正误》。余前校'槽柔'读'酋矛'，陈已先言之矣。"一九四〇年七月十八日记："阅《说文释例》。谓'冃'为'霉'之古文，已先我言之。"一九四七年二月廿六日记："阅《刘申叔遗书》。太炎云，'己'即'跽'字，先余言之。"回忆录中还记载了他请沈兼士为《小学金石论丛》写序，序中纠正了他的某些观点，他虚心地认为"说颇当"，欣然接受。这种虚己服善的态度，现在似乎渐渐消失了。但我认为，学术发展是靠这种优良的学风来促进的。

遇夫六十初度，朋辈赋诗祝寿。刘天隐寄来寿诗有这样两句："学津远溯周秦上，风度平居魏晋间。"当时正是日本侵华我国抗战时期，他过着流离颠沛的困苦生活，住在湖南乡下，物价奇腾，饥肠无米，子女失学。他的诗中有"荒山忍饥写图经"，"却愁乳燕不起飞"等句，可作为他当时生活的写照。在这种艰难处境中，他的好学不倦精神是令人惊佩的。王啸苏曾撰文记述当时情况："抗战时任教辰溪，寇机屡至，湖大且被炸甚剧。吾二人同寓马溪，避机入洞中，先生仍手不释卷，虽有轰轰之声，亦若为不闻者。"考其本人记述，在回忆录中差不多天天都有读书的记述，纵使在舟中、车上，亦是如此。回忆录中时有"夜中寐觉，忽得一义，晨起疾书之"，"今在枕上姑得此义，疾起书之"，"秉烛书之"之类记载。当时学人以多读互励。如一九三四年一月廿九日记陈寅恪来书云："公去年休假半年，乃能读书。弟则一事未作，愧羡愧羡！"一九四三年四月廿九日记："沈兼士由重庆来书告已微服入川，索余近来文字。行装甫卸，即通书求益，兼士好学之笃，令人惊叹。"他们都专心致志，肆力于学，而很少有别的要求，这大概就是刘天隐所谓魏晋人的淡泊风骨罢。回忆录中有一段记述是十分感人的。一九四六年十二月廿四日："杨（德昭）著《尚书核诂》，颇为王静安所称赞。时（清华国学研究院）同学数十人，王以杨为首选。近年颓放，酷嗜雀牌，学遂不进。社会无学术环境，诱导之者皆恶事，致令优秀之士不能有大成就而死，个人与社会当分负其责者也。"遇夫治学为人，我觉得陈寅恪为他撰写的《小学金石论丛续稿序》，说得最是中肯："百年来湖湘人士多以功名自见于世，而先生设教三十年，寂寞勤苦，著书高数尺，为海内外学术之林所传诵，不假时会毫毛之助，自致于立言不朽之域，孰得孰失，必有能辨之者。"抗战时遇夫困顿乡间，曾自撰《像赞》："身居环堵之室，而心会乎先民制作之精，蔬食布衣，而时为明日之无有兢兢，智乎？愚乎？将以俟夫天下后世之公评。"我认为这几句话颇写出了他自己的胸襟怀抱。直到晚年，他仍坚守学术独立立场。陈援庵在信中嘱他不要法高邮，而法韶山。他不为所动，亦未复信，却将此事函告至友陈寅恪。寅恪复书语多讥讪。（信中说："援老所言，殆以丰沛耆老，南阳近亲目公，其意甚厚。弟生于长沙通泰街周达武故宅，其地风水亦不恶，惜艺耘主人未之知耳，一笑。"）当时正是阿谀奉承风行的年代。陈杨一反时流，可以说是为数不多为中国文化默默工作的学者。

我和遇夫先生没有交往，解放前我在北平教书时，曾用过遇夫先生在商务出版收入大学丛书的《高等国文法》，只此而已。我撰写此文除了对他表示敬仰外，也由于我感到他的治学精神在今天实有介绍的必要。

一九九二年

一二四　记郭绍虞

今天各大学中文系已将中国文学批评史列为普遍开设的学科，而这门学科的建立则有绍虞先生的一份心血。早期教授这门学科的卓有成就的专家如罗根泽、杨明照等，均出自绍虞先生门下。他的《中国文学批评史》为这门学科奠定了基础，使人认识到它是一门独特的学问，而不是无根的游谈。绍虞先生曾谦逊地说，他这部书只是早出的陈中凡先生的《中国文学批评史》的跟随者。但正如朱自清先生在评郭著时所说，"它虽不是同类的第一部，可还得称是开创之作，因为他的材料和方法都是自己的"。郭著取材极为丰富，我们只要从他后来主持编纂的《中国历代文论选》就可见其端倪。倘使他没有搜集并掌握大量文论资料，并对这些资料下过鉴别和梳理的功夫，他是写不出《中国文学批评史》的，后来他编纂《中国历代文论选》时，能够驾轻就熟得心应手，也正是得益于当初在资料上所下的功力。

绍虞先生这部书在编例上有着与人不同的特点。一般文学批评史多按历史朝代分期，这种写法直到今天也殊少例外。郭著却不是这样的，在章节上并不整齐划一，而是或以家分，或以人分，或以文体分，或以问题分。表面看来，全书很不一致，显得有些琐屑零乱，但实际上却是费过一番经营擘划的功夫。这种编例摆脱了形式上的拘囿，更能勾画出我国文学批评史的真实面目，触及它的深微之处。但是这一点往往不易为人理解。我曾听到过有人指摘郭著不够豁朗，缺乏明晰的逻辑线索，文笔过于曲折细腻，有夹缠不清之弊。这种批评是受了长期提倡明白易晓使人一览便知的文风的影响，以致对内容复杂蕴藉较深的文字，就视为芜蔓晦涩了。绍虞先生似乎最怕过直过露。他谈任何问题，总是联系到各个方面，以防片面化和简单化，因之和那种文风恰恰是背道而驰的。

绍虞先生以照隅室作为斋名。晚年印有《照隅室文学论集》、《照隅室语言文字论集》、《照隅室杂著》三种。照隅二字取自《文心雕龙·序志篇》："各照隅隙，鲜观衢路。"这句话的原意，是刘勰对于前人持论多陷于取小忘大作风的指摘，本含有贬意。绍虞先生反其意用之，不仅在于这两个字和他的本名谐音，而是寓有其他命意。他的《中国文学批评史》自序有一段话说得很明白："（我）愿意详细地照隅隙，而不能粗鲁地观衢路。"这意思是说，宁可详细地从事一些个案的具体研究，而不愿粗率地从事抽象的理论概括。这一说法在今天正盛行着以简单的概括手段作为宏观研究的时候，就更容易为我们所理解所接受了。

绍虞先生《论八股》一文表明他对趋时之病最所痛恨。他称这种风习为"一窝蜂，即所谓赶时髦"。文中援引了章炳麟《复仇是非论》中一句话：趋时之疾沦于骨髓，相率崇效，与高髻细腰之见相去有几？（大意）他在治学上像老一代重视独立精神的学者一样，是不肯曲学阿世的。这一点在他所写的《语文通论》诸作中，也留下了痕迹。语言文字的研讨在他的学术著作中占有相当重要的位置，仅仅把他视为古代文论的学者，忽视了他在语言文字方面所取得的学术成就，就不能对他作出全面的评价。他在这方面的研究具有不少创见，往往发人所未发。比如，他对语言型、文字型、文字化语言型的界定；对于文言的音乐性使其具有不用标点亦能得其句逗的特性的阐发；对于我国义符文字不同于西方音符文字的特点乃在于目治、单音、造句以名词为主，因而很难向音符发展，只能从象形、指事等方面着手的说明，都可称为真知灼见。尤其他对于语言与文字或文言与白话问题的论述，更值得我们注意。这个问题从"五四"以来就已经有了固定的看法，胡适的活文学死文学之说似乎成了普遍为人接受的共识。绍虞先生并没有对此说进行商榷，他的话虽然说得十分委婉，但细心读者不难发现他的某些论述实际上正是对此说献疑。这可以从他对近乎口语的周秦文辞和与口语远的唐宋文辞所作比较看出，也可以从他对韩柳的古文、明代的语录体、戏曲等常杂以骈语的论述中看出。我感到遗憾的是我没有在绍虞先生生前，向他请教这方面的学问，我的理解可能是很不够的。

凡和绍虞先生接近过的人，从未见过他有激烈的言语和动作，都觉得他性格温和。他说话总是那样慢条斯理，从容不迫。但根据他的弟子记述，他也有过感情激动的时候。这事发生在抗战初北平沦陷后的燕京大学课堂上。一天他上课讲到《黍离》诗时，竟然恸哭失声，以致使满座随之下泪。这一突兀举止也不难理解，在为人处世上，他本来就称颂过狂狷性格。他在《忆佩弦》一文中说朱自清，不英锐而沉潜，不激烈而雍容，在性格中具有更多的涵容成分。他把朱先生归结为"不必定以斗士姿态出现而仍不失为斗士的人"。这足以说明他对斗士的向往。

最近读到前几年唐弢先生为纪念绍虞先生而作的《狂狷人生》，我才知道解放初复旦中文系聘我去兼课是出于绍虞先生的举荐。那时我们并无来往，后来绍虞先生也未向我提及此事。根据我和绍虞先生多年接触所得的印象,我觉得他是一位不知文过饰非而敢于展露自己胸襟的长者。"文革"刚开始,报上正在批"三家村"的时候,紧张的政治空气令人惶惶不安。我去见他,向他谈到邓拓。他没有一个字涉及这场运动,只是出乎我意外地说了一句"可邓拓的书法实在好"。说完他走进里面的书房拿出一本美术杂志,翻到一页刊有邓拓写的"实践"两个字指给我说"你看"!此情此景使我至今难忘。再有一次在"四人帮"粉碎后,那时的气氛完全不同了。他略带微笑地向我说,他曾经也想用儒法斗争的观点去修改《中国文学批评史》,可是还没有来得及,"文革"结束了。这种毫无掩饰的坦诚,再一次使我惊讶。绍虞先生虽教书多年,但他不是口才便给的人,他不大会说话,因而就需要从他那近于木讷的谈吐中去发掘寄托遥深的寓意。绍虞先生真诚地相信应改造自己跟上时代的步伐,像许多老一代知识分子一样。我感到遗憾,当时没有和绍虞先生深谈,不知他在几十年改造的经历中,究竟领受了怎样的甘苦?

一九九三年

一二五 与友人书:谈古史辨

七月二十七日手书奉悉。寄出的陈垣书信集收到否?九月初,你将离檀岛出访,赶写此信,以便行前达览。

《崔东壁遗书》上海古籍于一九八三年出版,十六开本,千余页,精装成巨帙,虽捧读唯艰,但检索甚便。书前有王煦华协助顾颉刚所写长序,约数万言。此序为顾氏晚年重要论文,述其学术思想甚详。崔著清时影响不大,观遗书尾所附清时诸儒之评骘可知。"五四"后,疑古思潮日炽，由胡适倡导，顾氏以十年心血将崔著整理出版。钱穆序中可见其对崔著之委婉微讽。崔述以疑古辨伪为顾氏所重。据顾氏云，古史研究即在辨伪与造伪（或成伪）之争。以怀疑精神探究古史本无可非议，但以辨伪规范古史，则未免过于简单。盖如此难免胸中横亘先入之见，所见莫非伪书。倘再率尔断案，则其弊尤甚。如崔述曾断"老子之言皆杨朱之说"，虽顾氏亦谓此说"毫无根据，自嫌卤莽"。疑古派盛行于二三十年代。战后，文物发掘，甲骨文、金文大量出土，于征订古史方面，足资凭借，即以《周官》一书而言，宋欧阳修、洪迈、清方苞、廖平、康有为诸人，均斥之为伪书。宋时夹有党争偏见（即今所谓意识形态化），清之今文家则更趋极端，称此书为刘歆助王莽伪造。徐复观先生更别出心裁，直谓《周官》乃王莽本人所伪造（余英时先生于金春峰书序中驳之甚辩）。据近二十年来出土青铜器铭文考订，仅西周早、中、晚三期，其中册命职官名称、职务与《周官》合者，不下五十余种（参见中华出版之《西周金文官制研究》及台湾出版的《西周册命金文官制研究》）。前人论先秦之典章制度，多取证于诗书，而不取证于三礼，以为不可据信，足征已往之偏见未除。东壁遗书的学术价值，疑古派似过于推重，清时王崧等评其所偏，未尝不得其要。近人钱穆，稍晚如杨宽等所论定，亦可称为持平之说。

近读四书，曾参阅前人注疏多种。顷已草就《论语》柬释数则。今夏海外学人惠我牟复礼（Frederick W. Mote）所撰评史华慈《古代中国思想世界》（*The World of Thought in Ancient China by Benjamin Schwartz*）。文中涉及达巷党人章。牟氏与史氏俱将本应连读之达巷党三字拆开，解党字为"乡党"，并释乡党为"无知的乡下人"。又史华慈释孔子"吾执御乎？吾执射乎？吾执御矣"，为孔子不喜"军事技艺术"之凭证。倘以诸如此类望文生义之训释，作为理解孔子思想之根据，岂能得其真谛？（我已草就二文，一，《达巷党人与海外评注》，交《中国文化》发表。二，《子见南子与前人注疏》，交《法言》发表。）近又读海外友人H先生惠我其所撰关于创造性诠释学一书（系我年初回国后由美寄来），书中分诠释学为五个层次，最后两层次，一为"应谓"（即原作者应说而未说者），一为"必谓"（即原作者必须说出而未说者）。H先生认为创造性诠释学任务，即在于替原作者说出"应谓"与"必谓"两层次内容。我以为这项工作不是不可以做，但极易引出逞臆妄说之风。如作为诠释者个人意见或诠释者的批判则可，而硬归派为原作本身思想则勉强，倘进一步断定如此方得原作之真谛，则更不可以为训。即以H先生本人来说，他以老学名家，而其书中竟未说明老庄并称始于魏晋，而在此以前只有黄老之学，诠释者只就己之好恶以庄解老，谓此才是真老，只字不提老氏何以曾与黄学兼综，而开法家先河。如此诠释岂非带有极大主观随意性？我不仅不反对，而且还赞同以羼入海外新理论（只要是推动理论前进的）的新观点来诠释古人著述，但不可流入比附，强古人以从己意。……

一周前，上海举行秦汉思想与华夏文化讨论会。参加者，除国内人士亦有海外学者数位，我被拉去与会，又被拉出发言，临时讲了几点感想。目前海内外对秦汉思想史都较轻视。谈儒家，必宋明，不是程朱（理学），就是陆王（心学），而视两汉为既陈刍狗，轻之如敝屣。即以经籍注疏言，汉儒固简拙，岂可废也。近翻阅《论语》注疏，宋人虽多新解，但穿凿者亦众。儒家思想至宋明如日之中天，被称为新儒学。但两汉定儒于一尊，当时儒家如董仲舒诸人，焉可弃之于不顾？否则何以理解儒学之源流与发展？据我管见所及，近来大陆研究秦汉思想专著，仅有金春峰及祝瑞开所撰两种，似未能超迈前贤如吕思勉之《秦汉史》者。目前谈文化思想者很少涉及秦汉。《吕氏春秋》一书，仅仅成为追寻先秦思想遗迹之资料库，而书中所反映之时代精神与文化思潮，迄未引起重视。《淮南鸿烈》亦然。《论衡》一书系早期对孔子持批判态度者，研究儒学，不可不考虑儒学定于一尊时持不同意见者的品评，以求从正反两面探其全貌。自然汉学亦有明显缺陷，如汉儒《易》注，专重象数。魏晋时，王弼以玄学本体论解《易》，其说出，汉学遂告寝微。唐定五经正义，弃汉《易》而取王《易》，非无故。就思想通豁，兼综各家而言，宋明确优胜于两汉。宋明儒学，融贯释老，擅发义理，长于思辨，而汉人多墨守师说家法，但就经籍注疏来说，汉人成果亦不可废弃。近有一想法，学人多钻研海外诠释学，而对两千年来前人注疏未加注意。倘将两千年来前人注释，爬梳整理，总结其成败，对今后传统文化研究定有极大帮助。自然，此项工作非个人可就，亦非一时可就。我相信，在此基础上，或将在古史辨学派后开创一新方法、新境界。"五四"以来，古史辨在我国所形成的主流学派达数十年，其功固不可没，但今天其病多已暴露。

匆匆已尽四纸，字小而劣，乞谅。又，蒋善国先生于其所撰《尚书综述》出版前（八六或八七）已殁。

一九九一年

一二六　与友人书：谈公意及其他

对于尊稿《青年与晚年》的意见，昨日电话中已详，不再赘述了。……用知性分析方法把复杂的丰富的东西经过抽象，舍去具体的血肉与细节，归结到一个概念中去，这种方法与传统的理学是有一定相似之处。陆象山在鹅湖之会上与朱熹辩论时，嘲笑朱的学问为"支离事业"，而自称其学为"易简工夫"。这"易简"二字无形之中成为他老人家（大概也由他而波及其他一些老人）的一种思想模式。这种思想模式尽量力求简洁，虽然使思想变得清晰明快，但往往不免将生动的、具体的、复杂的、丰富的内容，化约为稀薄抽象。

……斗争必须选择它的形式。被选择的最佳形式是：一切通过群众运动来进行。这种以群众运动方式来贯彻斗争哲学的理论和实践是属于他自己的，马恩等均无此说。如果一定要探其渊源，我认为他是汲取并总结了过去我国农民运动的经验。这一点在列于卷首的考察报告中已见端倪。这篇文章的要旨以及一些具体论断，成了三十多年以后的"文革"蓝图。明白了这一点就可以理解，为什么解放以来运动一个接着一个不断？甚至连"五讲四美"、遵守交通规则、教育儿童讲公德，以至打麻雀、发动全民写诗……都要通过运动来进行，更不必说镇反、肃反、三五、五反，历次思想批判，社会主义改造，反右、"大跃进"、反右倾、四清……这些本身就被当作政治问题从而理所当然地要发动群众通过运动方式来进行了。在这种情况下一切专门机构的特定职能，纷纷让位，被政治运动所取代或主宰。作为这一观念的指导思想是，斗争无所不在。在这一观念的形成过程中，可能也和苏联批判德波林的差异说有一些联系。斗争哲学针锋相对地提出差异就是矛盾，甚至综合就是"不是我吃掉你，就是你吃掉我"。……

政治运动在发动群众、调动群众的积极性上，力量大，效力快，因而是最便捷的手段。同时从一大、二公、三纯的道德理想出发，政治运动又可被视为使人净化，达到建立集体大我消灭个人小我的唯一途径。群众也只有在政治运动中,才能提高认识,受到锻炼。因为实践出真知,而群众运动甚至是比科学试验更重要的实践。道德理想主义所要求的"纯",不同于斯多噶派的禁欲主义,而是从传统的大公无私演化来的一种政治意识。这种政治意识可以用"斗私批修"这一口号来作最简明的阐释。"文革"中盛行的"狠斗私字一闪念"就是这种道德理想主义的实现。

你的书中谈到他在青年时代喜爱过卢梭。其实不止他一人,比他更早还有一些人也受到了卢梭的影响。倘使我们用《社会契约论》去进行比较参照,就会发现这种影响是很深的。我想把一位友人的论文介绍给你。这篇论文阐述了西方契约论,指出西方契约论有两种类型:其一,让渡的权力是部分的。交出的小,留下的大。国家取最小值,社会取最大值。由此形成了小政府,大社会。这种类型的契约并不赋予国家以道德化的要求,更不能奢望国家去领导社会去实现道德化,只能以权力制衡权力。这种权力牵制,既须社会对国家的外部规定,又须有国家内部的分权平衡。国家与社会各有运行的规则。前者为民主,多数决定;后者为自由,个人具有永恒价值,任何人不能强制任何人,不论是独夫暴政,或多数暴政。这种契约论称为政府契约论,或称小契约论。

其二,与上述相对的另一类型契约论,是由霍布斯开出,再由卢梭集其大成,称为社会契约论,亦称大契约论。霍布斯认为人性是恶的。他不信任人可以留下一部分权力,形成自治的市民社会。在这种契约关系中,交出的是全部权力,接受权力的也只能是一个具有绝对权威的主权者(专制的君主)。卢梭则批判了霍布斯的权力强制性和非道德性的理论,把服从君主个人转化为服从"社会公意"。照他看来,服从社会公意，无异服从交出去又转回来的自己。二者之间没有疏离与异化。这是卢梭人民主权论的逻辑依据，也是他坚持"社会契约"（大契约）而拒绝"政府契约"（小契约）的原因所在。

在卢梭的契约论中，由外在行为的服从，转移到了内在的道德服从。外在服从是服从世俗的功利配调，内在服从是服从先验的个人良知。卢梭的社会契约建立在道德基础上。他以道德与集体的共同体，来代替具有自由意志的个人。卢梭的公意是相对"众意"而产生的。公意的产生过程，就是众意的克服的过程。卢梭认为"公意只着眼于公共的利益，而众意只着眼于私自的利益"。他认为，从私意到众意是"一度聚合"为物体变化；从众意到公意则是"二度抽象"，为化学变化，从化合中产生一种新的东西"公共人格"，或称"道德共和体"。论者称卢梭的公意，实际上乃是"抽空了私意"。他在公意的名义下，也抽空了"众意的聚合空间——民间社团"。公意作为道德象征是神圣不可侵犯的，而每个社会个人绝不能成为公意的代表，只有从众人中产生出来作为道德化身的人物，才能体现公意，为公意执勤。

以上是从那位青年学者论文中摘出的要旨，我不过是作了简单的复述。我觉得卢梭的公意是我们十分熟悉的。我们都能够明白，公意是被宣布为更充分更全面地代表全体社会成员的根本利益与要求的。它被解释作比每个社会成员本身更准确无误地体现了他们应有却并未认识到的权利，公意需要化身，需要权威，需要造就出一个在政治道德上完满无缺的奇里斯玛式的人物。不幸的事实是，这种比人民更懂得人民自己需求的公意，只是一个假象，一场虚幻。其实质只不过是悍然剥夺了个体性与特殊性的抽象普遍性。以公意这一堂皇名义出现的国家机器，可以肆意扩大自己的职权范围，对每个社会成员进行无孔不入的干预。一旦泯灭了个体性，抽象了有血有肉的社会，每个社会成员就得为它付出自己的全部自由作为代价。民间社会没有了独立的空间，一切生命活力也就被窒息了。只有在国家干预有所限制的条件下，方能容纳各种需求，使多元性、自发性、独立性的公民意志得以沟通，达成真正的契约关系。这样才可以使原先淹没于抽象普遍性之中的个体性与特殊性，取得真实意义上的存在。

黑格尔幻想有一种不同于抽象普遍性的具体普遍性，可以将个体性与特殊性统摄并涵盖于自身之内。但这种具体普遍性只存在于黑格尔的逻辑中。不承认独立存在于普遍性之外的个体性与特殊性，实际上也就是用普遍性去消融个体性与特殊性。不管把这个普遍性叫作抽象的，还是具体的，情况并不会有什么两样。黑格尔的同一哲学，使他非常方便地作出上述逻辑推理，得出消融在普遍性中的个体性和特殊性，竟能保持其自身的独立价值。过去我曾十分迷恋黑氏关于普遍性、特殊性、个体性三范畴的哲学，认为这是他的辩证法所创造的一大奇迹。现在应该从这种逻辑迷雾中清醒过来了。

一九九二年

一二七　《文心雕龙讲疏》序

本书自一九七九年以《文心雕龙创作论》书名出版后，迄今有十多年了。一九八四年，《文心雕龙创作论》印行第二版时，我曾在文字上略作修订，并在有关章节后增加了二版附记，以补充或订正原来的观点，使先后两种说法并存。这是效法阎若璩《古文尚书疏证》的体例。现在本书即将印行新版本，在这新的一版里，我作了较大的删削，增加了一组近年来的新作，并更换了原来的书名，改为《文心雕龙讲疏》。

《文心雕龙创作论》自一九七九年问世，到一九八四年再版，共发行了五万多册。几年前已售罄。书出版后，得到了郭绍虞、季羡林、王力、钱仲联、王瑶、朱寨诸位先生的奖饰。此外，见诸文字的品评或引证，包括有《中国大百科全书·中国文学卷》、《新文艺大系理论二集导言》在内的专论、专著数十种。这些品评不仅限于古代文论范围，而且也伸展到其他领域。作为这部书的作者，对自己著述能够取得这样广泛的影响与回应，自然感到欣慰。但同时也萌生了一种喜忧参半的心情。

《文心雕龙创作论》于六十年代初期撰成，如今已历三十个寒暑。在这漫长的岁月中，世事沧桑，我个人的思想观念也在发展变化。当我开始构思并着手撰写它的时候，我的旨趣主要是通过《文心雕龙》这部古代文论去揭示文学的一般规律。在文艺领域内，长期忽视艺术性的探索，是众所周知的事实。但产生上面想法还有其他原因。五十年代末期，紧接着一次又一次的思想批判的政治运动之后，"大跃进"的暴风雨席卷了中国大地。那时候，人们似乎丧失了理性，以为单单依靠意志，就可以移山倒海。这种笼罩在祖国上空的乌云，它所带来的痴迷和狂热，倘非身临其境是难以想象的。当意志大喊大叫去征服大自然的运动刚刚开场，大自然对无视理性的盲目、愚昧、狂热，就加以惩罚了。其后果就是历史上所谓"三年自然灾害"时期。在饱经苦难之后，一些学人对于唯意志论感到切肤之痛。首先，在经济领域出现了孙冶方的价值规律的理论。虽然它马上被当作修正主义而遭到批判，但在六十年代为期短暂的学术活跃时期，它像投入平静湖面的石块，激起一圈圈涟漪，向四面扩散开去。哲学界展开了科研方法的讨论，史学界对农民战争性质作出了新的估价，文学方面掀起以《文心雕龙》为代表的古代文论研究，连一直沉默的心理学也发出了声音……这些富有生气的理论活动，给学术界吹来阵阵清新的微风。但是，没有多久，"千万不要忘记阶级斗争"的一声号召，风云突变，一切也就烟消云散了。不过，我不想因为突然的变故而中断《文心雕龙创作论》的继续写作，虽然我不知道等待它的将会是怎样的命运。

那时我正耽迷于黑格尔哲学的思辨魅力。五十年代中期，我在隔离审查的最后一年开始阅读黑格尔。隔离结束，我把十几本读《小逻辑》的笔记簿带回家中。此后，我又写了读黑格尔《哲学史演讲录》、《美学》等笔记。这三部书比黑格尔的其他著作给我更大的影响。几年中，我把《小逻辑》读了四遍，作过两次笔记。黑格尔的《美学》，我也作过十分详细的笔记。后来，我所发表的有关黑格尔美学思想的论文，包括《文心雕龙创作论》中的那几篇附录，都是从这些笔记中抄录出来的，几乎没有作过多少修改。当时关于德国古典哲学的局限性，谈得较多的是那批迂腐学究喜欢建构无所不包的庞大体系的特殊癖好。我也持同样看法。但是黑格尔哲学那强大而犀利的逻辑力量，却使我为之倾倒。我觉得它似乎具有一种无坚不摧、可以扫荡现象界一切迷雾而揭示其内在必然性的魔力。黑格尔哲学蕴含着一股清明刚毅的精神。一八一八年，黑格尔荣膺柏林大学讲席，他在开讲辞中说："精神的伟大和力量是不可以低估和小视的。那隐闭着的宇宙本质自身并没有力量足以抵抗求知的勇气。对于勇毅的求知者它只能揭开它的秘密，将它的财富和奥妙公开给他，让他享受。"这几句话充分显示了对理性和知识力量的信心。

六十年代过去了。十年浩劫之后，当我可以重新阅读、思考、写作的时候，我对黑格尔哲学进行了再认识、再估价。近年来，海外一些学人经过把黑格尔哲学抛在一边的冷漠时期以后，又重新对他的"市民社会"学说发生了兴趣。黑格尔是不能被当作一匹"死狗"而简单地予以否定的。他的哲学充满着复杂的矛盾。黑格尔哲学严格地恪守他为自己体系所建构的自在——自为——自在自为的理念深化运动的三段式。他的著作明显地流露了对这种刻板的、整齐划一的体系的追求和用人工强制手段迫使内容纳入它的模式的努力。七十年代末，我开始感到黑格尔哲学中的这一缺陷，并将自己的某些看法写进文章里。我对黑格尔哲学的清理，实际上正是为了对自己进行反思。今天这项工作仍在我的思想中进行着。这里我不能离题旁涉过远。我只想简括地说一下，我认为自己需要对黑格尔哲学认真清理的，除了他那带有专制倾向的国家学说外，就是我深受影响的规律观念了。六十年代初开始写作《文心雕龙创作论》时，我对机械论是深有感受并抱着警惕态度的，因为我曾亲领个中甘苦并为之付出代价。我知道艺术规律的探讨不是一个容易对付的领域，不小心就会使艺术陷入僵化模式。我曾在书中援引了章实斋"文成法立而无定格，无定之中有一定焉"的说法作为借鉴。但是，这种戒心未能完全遏制探索规律的更强烈的兴趣与愿望。《文心雕龙创作论》初版在论述规律方面所存在的某些偏差，第二版中仍保存下来，直到在这新的一版里，我才将它们刈除。但这只是删削，而不是用今天的观点去更替原来的观点。所以可以说是在做减法，而不是在做加法。不过，在新的版本里，我增加了新的一组讲话稿。比如关于玄学的评估，关于儒、释、道、玄的关系的阐释。特别是在一九八八年讲话中所提出的《原道篇》的"道"与老子的"道"的渊源考辨,关于《原道篇》中的"道"与"德"关系的考辨,关于刘勰的言意之辨的观点的阐发……这些都对初版的观点进行了纠正或补充。但我对这一版也有于心未愜的所在,这就是《释〈镕裁篇〉三准说》这一章。现在我不能对它进行过多修改,使之脱胎换骨,但我又认为这一问题是值得重视的,因而就索性让它像人体上所存在的原始鳃弧一样保存下来了。本书改名为《文心雕龙讲疏》,取既有讲话,也有疏记的意思。一九四六年,我在国立北平铁道管理学院任讲师时,曾讲授《文心雕龙》。《文心雕龙创作论》的某些观点,即萌发在那时的讲课中。八十年代,我曾在日本的六所大学,在瑞典的斯德哥尔摩大学,以及在国内举行的《文心雕龙》研讨会上,作了十余次讲话,现将手边有的并略经整理的四篇,作为新的一组文章收入集内。

一九九一年

一二八　日　记　摘　录

这是《清园夜读》的后记,我在日记中曾记述了写作书中一些文字的经过,现撮要钞录如下。

书中有几篇是谈熊十力的,日记有这样的记述:

一九九二年冬,客居南粤。一月十五"清晨骤寒,降至十度以下。日出后,风力稍减。《明心篇》批释氏日损之学云,佛以贪为惑者,'其实彼所谓惑,尽有不必是惑。'此语精审,极是。熊氏谓佛氏一切修行德用均为对治一切惑而设。又引《大学》,言修齐治平一段有五欲字,并释孟子所欲所恶,以申明所欲毕聚,人道大畅之旨。但又称孟子仍守小康,以圣王治天下为谬想。"一月十六"晴。熊氏谈欲,颇堪玩味。其'以大戒小,以公戒私'之旨,尤应细玩。"十月十八"晴。熊氏文章重逻辑,思辨性强,善用比,足征晚年仍受佛家文风影响。唯笔力渐衰,不及《通释》精练,多芜蔓。其文凡探寻幽深处皆写得好,一入伦理之域,则不免平庸陈腐。如所作义利之辨,公私之辨,理欲之辨皆此类。"一月二十"晴。写作仍缓慢。《明心篇》颂庄子语颇多。如称'其思深微,其识高远,肤学之徒,或疑庄子反对科学,是犹大鹏升云霄而览六合,小鸟卑视于薮泽,不信大鹏之所见也'。此似指关锋之书。熊氏论惠庄关系极动人,令人心胸豁然。"一月二十一"晨阴冷。读熊氏书使人引发出一种精神力量,此近人著作所无也。"一月二十二"晴。阳明诗:'个个人心有仲尼,自将闻见苦遮迷,而今说与真头面,只是良知更莫疑。'熊氏谓,古代学人尊孔子者,多视为如今之不可升。阳明此诗便指出孔子真面目是一切人各自本有的。熊氏至晚年仍反对专制实基于此种认识。"

下面是写《子见南子与前人注疏》时的日记:

一九九二年一月二十三"晴暖。今日成《子见南子引起的纷扰》初稿。近来写作须先写草稿。再据以写成初稿,再据初稿写成定稿。如此周折,始能成文。"一月二十六"晴。自十二日拟草稿开始,已历半月,费时费力如许,思维力衰退故。"一月二十七"晴。午前完稿。珠海环境幽美,人所称道,此地经济开放,与思想封闭适成对比。报端常有奇谈怪论,如称颂萨达姆,赞美民族主义等等。倘以此为未来模式,未免可悲。"一月二十九"晴,热。黑格尔称霍布斯为政治学创始人。《利维坦》反对分权,主张绝对权力。"一月三十一"晴,有风。昨日再写"子"文,已第三稿矣。"二月二日"小雨。长期处于希望、失望、再希望、再失望,交迭起伏中,哪里还会有甚么'乌托邦'幻想?隔海庸见,竟自信不移,为之一叹!"二月三日"先晕后晴,阳光遍地。义倬来此共度辛未岁末。仍改"子"文。"二月六日"'子'文改竣。先后持续近一月,已四稿,得六千言。"二月七日"阴雨。寒冷甚于昨日。早起感到疲倦。洛克崇尚自然,服从理性。《论政府》谓合法政府来自人民认可,主张政府权力应有限制。其权力分离说,开美国政治思想之先河。"二月八日"多云。早再读'子'文,改数字,稿可定。拟写《思辨发微序》。据报土耳其雪崩死数十人,中东酷寒。"

下面是写《思辨发微序》时的日记:

一九九二年二月十一"阴雨不止,已数日,寒气逼人。写序文尚顺畅,手冻而止。"二月十二"午后雨停。数日未散步,四时出门,行至好景门折返,甫抵舍,又雨。傍晚义倬离去,何时再来未定。续写序文,颇顺手,从考据材料中解脱,甚觉轻快。"二月十五"阴雨。写序文酣畅痛快。"二月十五"晨起散步,又遇雨而返。写序文笔涩,且放下再说。午后沐浴时不慎伤腰。"二月十七"阴。序文完稿。"二月二十九"雨。腰疼未痊。边沁有愚蠢的监狱设计,但他的功利主义政治思想,却是主张民主反对专制的(约翰·穆勒继承之)。我过去对他们看法不免片面,评论人物应审慎,不可用第二手资料,纵使是权威意见也是一样。今天对过去许多思想家还缺乏不带偏见的公允评介。我将此意托人转告为文化建设办刊的编者,无回应,且得到'他们对身后的二十一世纪太陌生，只有回忆过去才适合老人心境'的评语。"

日记中有关于崔述的记述，可补与友人书中之未备：

一九九二年四月十八"阴。崔述是先在东瀛受到注意的。明治三十六年（一九〇三），那珂通世校订《东壁遗书》，三宅米吉撰文，以崔述比配日本阐明古典的木居宣长，谓其所著《古事记传》一书，排中古儒佛之僻见，而崔氏《考信录》亦斥古来百家之异说曲解。三宅谓崔氏发挥古传之真面目，议论精确，超绝古今儒家者流，而清代学人不知重崔述之学，可知清代学界不及日本国学兴隆，其颓弊已久矣云云。日本推重崔述，可能给予胡适及古史辨派一定影响。早在胡适以前，光绪戊申年（一九〇八）《东方杂志》第六期载蛤笑《史论刍论》一文即称：'天下学问之途，皆始以怀疑，而继以证实。'这可以说是'大胆的假设，小心的求证'之先声。"

《鲁迅与太炎》一文谈及鲁迅写小说借用阮籍故事，日记有较详记述：

一九九二年五月二十八"晴热。鲁迅小说《孤独者》叙魏连殳在祖母丧事中，不拘礼法，坐草荐上，双目在满脸黑气中闪闪发光。丧礼毕，他仍枯坐不起，突然失声痛哭，如受伤的狼长嚎。这段描写颇似阮籍故事。阮亦不守丧礼，但举声一号，吐血数升。"

书中无专文谈陈寅恪，但时有涉及寅恪事，有如下各条：

一九九二年在杭州，六月七日"晴。还斯范《新文学史料》三本。读北大所出寅恪纪念册。冯友兰袭用余英时文化遗民之说。（冯文写于一九八八年,晚于余文。)过去我亦从此说,但读卞慧新文获知过去未悉之新资料后,不禁质疑。纪念册中有人谓寅恪之中国文化本位思想,乃在尊奉三纲六纪。此乃浮面理解《挽词》之浅见。"六月八日"晴。上午偕可与光年夫妇去云栖梵径,在修竹丛中漫步。林中有参天古木,苍劲挺拔。放眼远眺,见处处绿荫,浓淡相间,如叠玉集翠,景色如画,幽静宜人。再去九溪十八涧,至龙井折返。午后休息。寅恪不信中医。胡适谓寅恪有遗老遗少气,其文章也写得不好。此评失实。寅恪与王国维皆心仪沈曾植。王诗有'一哀感知己'句,知己谓沈曾植也。"六月十日"晴热。寅恪挽观堂诗云:'中西体用资循诱。'所谓中体西用乃一极广泛概念,可作截然不同诠释。寅恪并非重复南皮纲常名教之说,不过主张保持中国文化本色,仅此意义而已。"

日记中有关杨遇夫事,为文章中所未及者:

一九九二年八月七日"阵雨辄止。自上月中旬酝酿写杨遇夫回忆录文,今日动手。"八月八日"燠闷。续写《积微翁回忆录》文,得二千字。"八月九日"热,胃不适,'积'文完稿,约三千字。午后陆灏取去。文中未谈三事:一、人多以史家二陈并称,实则不尽然。五十年代初,援庵致书遇夫,劝其不法高邮而法韶山。遇夫不复,函告寅恪。寅恪讥之。二、回忆录出版时有删节。三、遇夫出书受阻,认为是郭沫若刻意挑剔。"八月十二"大热,蝉鸣不已,夜有阵雨。上午往古籍出版社访李剑雄,谈遇夫回忆录删节事。李为此书责编,知之甚详。据云,遇夫无顾虑,日记中有诟人语,出版时被删去。遇夫记毛泽东谈汉语拼音问题,亦被删去。"

读有关胡适资料时，日记记述如下：

一九九二年八月二十〔赴哈佛之会，于旧金山转机前，借宿中秋处〕"此处位居半山，清晨云雾喷涌游动，进入门窗，户外松林随风送来阵阵凉意。傍晚寒气愈重，如初冬。读胡适书信集。信中谈及学人多不满北伐战争。任鸿隽信中称，'广东工党曾宣布在君（丁文江）死刑。'当时梁启超、王国维亦感惊恐。胡适函中有关清室善后及人权问题言论，殊令人反感。"八月二十一"晴。翁文灏于战前致胡适函云：'教育如不能供给国家所需要的人才，则教育为虚设。如更努力造就事实上不能致力之人，而使之另走不正当道路以扰乱治安，尤为非常可惜。'其议论不啻发自今日某些佞人之口。胡适复信，直言此说之妄。"〔以下在上海〕十月七日"晴。晨沐浴时腰部突抽紧疼痛。有客约定来谈，勉强支撑坐椅上，后疼痛转剧，卧床。读艾思奇于一九四四年所写悼韬奋文。文中云：'知识分子走向大众是有一定过程的，他必须首先清算了自己思想中的各种个人主义因素。'艾在当时即见此义，故蒙赏识。读胡适资料。"十月八日"晴。连日继续读胡适资料。自美回沪后，对面建筑工地冲击钻凿地声，耄耄不绝。"十一月五日"阴雨。午后整理并抄录胡适资料，恐伏案过久引起腰疾复犯，一小时后即停止。"〔以下在广东井岸〕一九九三年二月二日"晴暖。早沿大街散步，至尖锋山下折返。此地无法借书是一憾事。读带来的胡适著作。好趋极端的哲学思想，强调同一性时便完全否定个性（如只承认有共同的阶级性）。但反过来，在强调特殊性时，又完全否定共同性（如只承认有特殊的国情、特殊的价值标准等）。"二月五日"晴朗。胡适以中学比附西学，即以西学为坐标。他同意陈序经的全盘西化论，应从这一角度去理解。"二月六日"清晨有浓雾，午时化开。读胡适书觉过时，读王国维书却不觉过时。胡吸取西学新义未融入中国文化中,王不仅能融入,且又自生新义。"二月十五"阴。楼上装修,喧声震耳,近十天已不能读写。"三月三日"阴。开始写《读胡适》文。"三月四日"时阴时晴,转暖。写《胡传唐注》,得二千字。"三月六日"晴暖。改换单衣。《胡传唐注》二稿写毕。"三月九日"续写《论胡适之学》。查对资料颇吃力。"三月十三"阴雨。《胡适的治学方法与国学研究》完稿,得六千言。明日去珠海转深圳回沪。"

日记中还有几则写于白藤湖:

一九九三年一月十一"阴。重钞前数日起草的《读樊著龚自珍考》文,已不可卒读,尽成废纸。写作如此艰涩,恐非外人可测知。清晨散步竹林中,闻鸟噪甚喜。湖面水波跃动,在阳光下嬉戏,极富生趣。但白藤湖处处动工,垃圾遍地,已非过去面目。"一月二十五"阴雨而冷。气温在十度以下。魏晋时,佛教传入,在一定程度上动摇了王权的绝对权威,如梁武帝三次舍身同泰寺,沙门不敬王者论兴起等等皆是征兆。"一月二十三"阴,仍有凉意。今天为癸酉元旦。过去谈近代翻译文学,如鲁迅与秋白之《通讯》,施蛰存之《导言》,罕言王国维,仅谈及严复、吴汝纶、林纾等辄止。当时对西学的见解,当以王国维最值得注意。《静庵文集》谓:'今则大学分科,不列哲学,士夫谈论,动诋异端。国家以政治上之骚动,而疑西洋之思想皆酿乱之曲蘖。小民以宗教上之嫌忌,而视欧美之学术皆两约之悬谈。且非常之说,黎民之所惧;难知之道,下士之所笑,此苏格拉底之所以仰药,婆鲁诺之所以焚身,斯披诺之所以破门,汗德之所以解职也!'这是何等精神!何等见识!纵在今日又何以易之!"一月二十四"阴,间断有雨。

《静庵文集》另一篇文章《论新学语之输入》应视为近代翻译文学理论的重要文献，尤不可忽略。文中评严复译事，造语虽工，而不当者亦多。如译 Evolution 为天演。Sympathy 为善相感，Space 为宇，Time 为宙；倘对原文本义，天演与进化，善相感与同情，宇与空间，宙与时间，'孰得孰失，孰明孰昧，凡稍有外国语之知识者，宁俟终朝而决哉？'又谓严复译述'古则古矣，其如意义之不能了然何？'王氏主张适当引进日译名，但又批评了'好奇者滥用之，泥古者唾弃之'的倾向，此评至今看来仍切中时弊。王氏之通达深邃率多类此。"

一九九三年

一二九 《刘岱墓志》

一九六九年江苏句容出土了南齐《刘岱墓志》，未残损，碑文完整。现撮要录下：

高祖抚，字士安，彭城内史。曾祖爽，字子明，山阴令。祖仲道，字仲道，馀姚令。父粹之，字季和，大中大夫。南徐州东莞郡莒县都乡长贵里刘岱，字子乔。君韶年歧嶷，弱岁明通，孝敬笃友，基性自然，识量淹济，道韵非假。山阴令，埒（淬）太守事，左迁，尚书札，白衣监馀杭县。春秋五十有四，以永明五年太岁丁卯夏五月乙酉朔十六日庚子遘疾，终于县廨。粤其年秋九月癸未朔廿四日丙午，始建坟茔于扬州丹阳郡句容县南乡糜里龙窟山北。记亲铭德，藏之墓右，悠悠海岳，绵绵灵绪。或秦或梁，乍韦乍杜。渊懿继芳，世盛龟组。德方被今，道乃流古。积善空言,仁寿茫昧。清风日往,英猷长晦。莫设徒陈,泉门幽暧。敢书景行,敬遗千载。

这一墓志可增订杨明照刘勰的世系表。在刘爽名上应增刘抚,在刘粹之名下应增刘岱。刘抚当为东莞刘氏之远祖,而刘岱则为刘勰的堂叔。刘抚、刘岱,史书无传。刘抚距穆之、仲道已有三世,估计当为晋代人物。《晋书》于汉帝刘氏之后,多为之立传。如刘颂(《列传十六》)、刘乔(《列传六十一》)、刘琨(《列传三十三》)、刘隗(《列传三十九》)、刘超(《列传四十》)、刘兆(《列传六十一》)等。更值得注意的是《列传五十一》载:"刘胤为汉齐悼惠王肥之后",但他的籍贯并非东莞莒县,而是东莱掖人。胤卒后,子赤松嗣,尚南平公主,位至黄门郎,义兴太守。从以上诸传中,都找不到有关刘抚的线索,这更使我觉得《宋书·刘穆之传》称他为"汉齐悼惠王肥之后"的说法是可疑的。

南齐《刘岱墓志》还有一点很值得注意,这就是它增加了颂功铭德的内容,这是东晋墓志所没有的。南齐《刘岱墓志》所出现的这一新的特点,正和刘勰《诔碑篇》"写实追虚,诔碑以立,铭德慕行,文采允立"之说相契。

一九七八年

注:此文发表于一九七九年《中华文史论丛》第一辑。我在文中说可据《刘岱墓志》以增补杨明照所撰刘氏世系表,应加上刘抚、刘岱二人。同刊同期发表了杨明照增订过的《梁书刘勰传笺注》,"笺注"所附刘勰世系表仍与增订前各版一样。一九八二年底出版的杨明照

《文心雕龙校注拾遗》将刘抚、刘岱名补入。

一三〇 刘勰世系

在刘氏世系中，史书为之立传的有穆之，穆之从兄子秀之，穆之曾孙祥和刘勰四人（其余诸人则附于各传内）。其中穆之秀之二人要算刘氏世系中最显赫的人物。据《宋书》记载，穆之是刘宋的开国元臣，出身军吏，因军功擢升为前军将军，义熙十三年卒，重赠侍中司徒，宋代晋后，进南康郑公，食邑三千户。秀之父仲道为穆之从兄，曾和穆之一起隶于宋高祖刘裕部下，克京城后补建武参军，事定为馀姚令。秀之少孤贫，何承天雅相器重，以女妻之；元嘉十六年，迁建康令，除尚书中兵郎。他在益州刺史任上，以身率下，远近安悦。卒后，追赠侍中司空，并赠封邑千户。穆之秀之都被追赠，位列三公，食邑千户以上，自然应该归入官僚大地主阶级。可是，从他们的出身方面来看，我们并不能发现属于士族的任何痕迹。穆之是刘氏世系中最早显露头角的重要人物，然而史籍中却有着充分证据说明他是以寒人身份起家的。《宋书》记刘裕进为宋公后追赠穆之表说："故尚书左仆射前将军臣穆之，爰自布衣，协佐义始，内端谋猷，外勤庶政，密勿军国，心力俱尽。"（此表为傅亮代刘裕所作，亦载于《文选》，题为：《为宋公求加赠刘前军表》。）这里明白指出穆之出身于布衣庶族。《南史》也曾经说到穆之的少时情况，可与此互相参照："穆之少时家贫，诞节，嗜酒食，不修拘检，好往妻兄家乞食，多见辱，不以为耻。其妻江嗣女，甚明识，每禁不令往。江氏后有庆会，属令勿来，穆之犹往，食毕求槟榔，江氏兄弟戏之曰：'槟榔消食，君乃常饥，何忽须此？'妻复截发市肴馔,为其兄以饷穆之。"(此事亦见于宋孔平仲之《续世说》。)这段记载正和上表"爱自布衣"的说法相契。在当时朝代递嬗、政局变化的情势下,往往有一些寒人以军功而被拔擢高位,参与了最高统治集团。但是,他们并不因此就得列入士族。这里可举一个突出的事例。《南史》称:"中书舍人纪僧真幸于武帝,稍历军校,容有士风,谓帝曰:'小人出自本县武吏,邀逢圣时,阶荣至此,为儿婚得荀昭光女,即时无复所须,唯就陛下乞作士大夫。'帝曰:'由江斅谢瀹,我不得措此意,可自诣之。'僧真承旨诣斅,登榻坐定,斅便命左右曰:'移吾床让客。'僧真丧气而退,告武帝曰:'士大夫故非天子所命。'"这个例子清楚说明身居高位的庶族乞作士大夫,连皇帝都爱莫能助。我们在《南史·刘祥传》里还可以找到有关穆之身世的一个旁证:"祥少好文学,性韵刚疏,轻言肆行,不避高下。齐建元中,为正员郎。司徒褚彦回入朝,以腰扇障日,祥从侧过曰:'作如此举止,羞面见人,扇障何益?'彦回曰:'寒士不逊。'"刘祥是穆之曾孙,时隔四世,仍被士族人物呼为"寒士",更足以说明刘氏始终未能列入士族。"寒士"亦庶族之通称。(《新唐书·柳冲传》称"魏氏立九品,置中正,尊世胄,卑寒士,权归右姓已",即以寒士与世胄对举。)总之,细审刘穆之、刘秀之、刘祥三传的史实,刘氏出身布衣庶族,殆无疑义。

一九六二年

一三一 刘勰卒年

这几年研究刘勰卒年,具有代表性的新说有二。一是杨明照据宋释志磐《佛祖统纪》，推断刘勰卒年"非大同四年即次年"（说详《文心雕龙校注拾遗》）。一是李庆甲据元释念常《佛祖历代通载》，推断刘勰卒于"中大通四年"（说详一九七八年《文学评论丛刊》第一辑《刘勰卒年考》）。后者大概是这几年重新考定刘勰卒年的最早说法。解放前出版的刘汝霖《东晋南北朝学术编年》一书早已涉及这一问题。上举李庆甲文中曾经提及此书。此书作者就是据宋释志磐《佛祖统纪》推断刘勰卒于大同四五年之际的。现引其文如下：

中大通三年辛亥（五三一）

梁太子统卒。（诏司徒左长史王筠为哀册文。）

大同四年戊午（五三八）

梁刘勰出家为僧。刘勰为文长于佛理，京师寺塔及名僧碑志，必请勰制文。有敕与慧震沙门于定林寺撰经，证功毕，遂求出家，先燔须发自誓，敕许之，乃于寺变服，改名惠地，未期而卒。文集行于世。

〔出处〕《佛祖统纪》卷第三十七，《梁书》五十《刘勰传》，《南史》七十二《列传》六十二《刘勰传》。

刘汝霖《东晋南北朝学术编年》注明刘勰卒年出处是引自《佛祖统纪》，但又据《南史》卷五十一《列传》第四十三《梁武帝诸子》所记昭明太子卒于中大通三年来订正《佛祖统纪》之误。《佛祖统纪》把昭明太子卒年中大通三年误为大同三年。此与祖琇《隆兴佛教编年通论》并同。后者曾被陈垣目为"编纂有法，叙论娴雅"（《中国佛教史籍概论》）之作。它是《佛祖统纪》等著作成书时的蓝本或参考资料。

"通论"把昭明太子一段文字置于大同元年《法师慧得》之后，虽未标明年号，但就此书体例来看，它所说的三年自然指的是大同三年。于是由此就产生了刘勰卒年的两种不同说法。刘汝霖《东晋南北朝学术编年》一方面据《南史》纠正了《佛祖统纪》记昭明太子卒年之误，另方面又仍旧援引《佛祖统纪》推定刘勰卒于大同四年之说。杨明照《梁书刘勰传笺注》未遑细考，袭刘汝霖旧说。殊不知，这是忽视了一个不应忽视的要点，即《佛祖统纪》是把刘勰简历附于昭明太子事迹之后。因此订正了昭明太子的卒年，就必须同时订正刘勰事迹的系年，将两者都改作中大通年代才是。念常《佛祖历代通载》正是这样做的。《佛祖历代通载》据正史订正了昭明太子卒年，并将刘勰事迹附于其后，即中大通三年。李庆甲据此推断刘勰卒于中大通三四年，而以中大通四年可能性更大。我认为倘以宋、元释家的编年记载来推考刘勰卒年，当以李庆甲说较为合理。

不过，我以为据祖琇、志磐、本觉、念常、觉岸诸作来推断刘勰卒年并不是十分可靠的。第一，何以《梁书》、《南史》等史籍都没有提到（或不能确定）刘勰的卒年，而事隔数百年之后，到了宋元之际，这个一向悬而不决的问题，竟突然迎刃而解了呢？解决这个问题的根据又是什么？上述佛家编年史书都没有提供任何有力证据，甚至连单文孤证或可供我们去按迹追寻的线索也没有。第二，不论是《佛祖统纪》或者是《佛祖历代通载》，虽然都是按编年体裁撰写的，可是这两部书都以刘勰事迹附于昭明太子事迹之后。同时，又都是以昭明太子事迹为主体，为了记叙昭明而兼及刘勰的。撰者涉及刘勰的原因是由于他"雅为太子所重"。例如"通载"就是将刘勰事迹附述于昭明事迹文末。这就很使人怀疑念常这样做究竟是认为刘勰逝于昭明太子卒后，还是出于行文的方便,而并不是严格地按照编年的顺序去兼述刘勰事迹?我认为,后者不是没有可能性的。

一九八六年

一三二 顾准其人其书

《从理想主义到经验主义》不是一本为发表所写的著作,而是作者顾准应他兄弟的要求断断续续写下来的笔记,时间是从一九七二年到一九七四年作者逝世前为止。我要说这是近年来我所读到的一本最好的著作。作者才气横溢,见解深邃,知识渊博,令人折服。许多问题一经作者提出,你就再也无法摆脱掉。它们促你思考,使你去反省并检验由于习惯惰性一直扎根在你头脑深处的既定看法。如果要我勾勒一下我从本书得到的教益,我想举出下面一些题目是我最感兴趣的。这就是作者对希腊文明和中国史官文化的比较研究;对先秦学术的概述;对中世纪骑士文明起着怎样作用的探讨;对宗教给予社会与文化的影响的剖析;对法国大革命直到巴黎公社的经验教训的总结;对直接民主与议会制度的评价;对奴隶制与亚细亚生产方式的阐发;对黑格尔思想的批判与对经验主义的再认识等等,都作了很少有人作过的探索,显示了真知灼见。作者的论述,明快酣畅,笔锋犀利,如快刀破竹。许多夹缠不清的问题,经他一点,立即豁然开朗,变得明白易晓。我觉得,这不仅由于他禀赋聪颖,好学深思,更由于作者命运多蹇,历经坎坷,以及他在艰苦条件下追求真理的勇敢精神。这使他的思考不囿于书本,不墨守成规,而渗透着对革命对祖国对人类命运的沉思,处处显示了疾虚妄求真知的独立精神。他对于从一九一七年至一九六七年半个世纪的历史，包括理论的得失，革命的挫折，新问题的涌现，都作了认真的思索，这些经过他深思熟虑概括出来的经验教训，成为他的理论思考的背景，从而使他这本书形成一部结合实际独具卓识的著作。

读了这本书我不能不想，是什么力量推动他这样做？请想想看，他很早参加革命，解放不久在"三反"整党中就被打下去。"文革"前曾两次戴上了右派帽子，一次在一九五八年，一次在一九六五年。据我所知，这是绝无仅有的。"文革"开始，唯一关心他的妻子自杀了，子女与他划清界线。他断绝外界来往，孑然一身，过着孤独凄苦的生活。在异地的弟弟和他通信，顾准寄给他大量笔记。读了这些凝聚着智慧和心血的文字，不得不使人为之感动。他的这些笔记是在十年浩劫的那些黑暗日子里写的，没有鼓励，没有关心，也没有写作的起码权利和条件，也许今天写出来，明天就会湮没无闻，甚至招来横祸。这是怎样的毅力！我由此联想到历史上那些不计成败，宁愿忍辱负重，发愤著书的人物。记得过去每读司马迁的《报任安书》，总是引起了内心的激荡。为中国文化作出贡献的往往是那些饱经忧患之士。鲁迅称屈原的《离骚》：怼世俗之浑浊，颂已身之修能，怀疑自遂古之初，直至万物之琐末，放言无惮，为前人不敢言。他指出达到这种高超境界是基于摆脱了世俗的利害打算。倘用他本人的话说，这就是：灵均将逝，脑海波起，茫洋在前，顾忌皆去。我想，本书作者在写下这些文字的时候，大概也是一样，对个人的浮沉荣辱已毫无牵挂，所以才超脱于地位、名誉、个人幸福之外，好像吐丝至死的蚕，燃烧成灰的烛一样，为了完成自己的使命感与责任感，义无反顾，至死方休。所以，在造神运动席卷全国的时候，他是最早清醒地反对个人迷信的人；在

"凡是"思想风靡思想界的时候,他是最早冲破教条主义的人。仅就这一点来说,他就比我以及和我一样的人,整整超前了十年。在那时代,谁也没有像他那样对马克思主义著作读得那样认真,思考得那样深。谁也没有像他那样无拘无束地反省自己的信念,提出大胆的质疑。照我看,凡浸透着这种精神的所在,都构成了这本书的最美的篇章。

我认识顾准在抗战初期,他比我年长,我们在一九三九年分手后,就再也没有见过面,后来连音信也断绝了。现在留在我记忆中的顾准仍是他二十多岁时的青年形象。王安石诗云:"沉魄浮魂不可招,遗篇一读想风标。不妨举世嫌迂阔,赖有斯人慰寂寥。"是的,世界上有这样的人才不会感到寂寞。

一九九○年

一三三 无 辩

韩非那套法、术、势所建立的太平盛世,是一个阴森森的社会。在这样的社会里,人民甚至不得互相往来,互相往来,就有朋比为奸犯上作乱的嫌疑。"欲为其国,必伐其聚,不伐其聚,彼将聚众。"(《扬权》)人民也不得随便讲话,争辩是非。因为明主之国自有法令在。法令条例就像海涅在《辩论》这首讽刺诗中所说的那个犹太拉比的圣书《钟托夫》一样,是至高无上的言行标准。"行不轨于法者必禁。"君主的话就是法令,该说的、该做的都写在法令上了。所以除了重复法令的话以外,愚者不敢言,智者不须言。(《问辩》:"愚者畏罪不敢言,智者无以讼。")韩非是主张"无辩"的,他用无辩来钳制口舌,禁锢思想,以为这样一来,就万喙息喙,天下太平了。可是他忘记了他的老师荀子这几句话:"故口可劫而使墨云,形可劫而使诎申,心不可劫使易意,是之则受,非之则辞。"在无辩的社会里,文学艺术自然也在排斥之列。不过,我们应当公平地说一句,韩非是很有艺术素养的。至今流传的"画鬼容易画人难",就是从他那里传下来的,不过他说的是犬马,不是人:"夫犬马人所知也,旦暮罄于前,不可类之,故难。鬼魅无形者,不罄于前,故易之也。"(《外储说左上》)他对音乐也很内行。《外储说右上》有一则谈到歌唱的理论:"夫教歌者,使先呼而诎之,其声反清徵者乃教之。一曰:教歌者,先揆以法,疾呼中宫,徐呼中徵,疾不中宫,徐不中徵,不可谓教。"这些话需要具有一定艺术造诣才能说得出。但是韩非却是反对文学艺术的。大概这是由于他只讲"致霸王之功",而反对"艳乎辩说文丽之声",认为艺术和霸业是矛盾的缘故罢。

一九七六年

一三四 选 言 判 断

评价韩非的论者往往强调韩非的矛盾论的重要意义。侯外庐著《中国思想通史》称:"由于调和矛盾的维新路线所遗留下来的氏族贵族与国民阶级之间的矛盾,到了战国末期已成了社会危机的枢纽。韩非坚持着国民阶级同一律的立场,洞察了历史所提出的现实的选言判断,在清算氏族的斗争里,明确而径直地主张矛盾律的逻辑原理。"这里先要说明一下,"通史"用"国民阶级"来代替新兴地主阶级,可能是仿照资产阶级革命时期的第三等级。所谓"国民阶级",意思大概是指新兴地主和农民、手工业者等与奴隶主利益对抗的集团罢。我以为这一用语是值得研究的。至于"通史"所说的"选言判断",则并不妥确。因为选言判断的公式是:甲是乙或是丙。按照这一公式,是依类在两种可能性中抉择一种。如"南美肺鱼不是鱼类,就是两栖类"。在这个选言判断中,南美肺鱼或是鱼类,或是两栖类,两者择其一。荀子所说的"类不两可"就带有这种选言判断的性质。这种类型的选言判断称为"不相容"的。还有一种"相容"的选言判断,如:"学习好是由于聪明,或是由于勤奋。"聪明和勤奋并不是相互排斥的,甚至两者可能同时在对象身上实现。不论相容的或不相容的选言判断,都不能用来作为构成韩非的矛盾之喻的思想基础。韩非的矛盾说虽然在形式上似乎与不相容的选言判断相应,但实质上却泾渭殊途。"无不陷之矛"与"莫能陷之盾",在这两种可能性中是没有一种可以实现的;而不相容的选言判断则在两种可能性中必然实现一种。所以,说韩非的矛盾论是反映当时历史的选言判断的逻辑原理,也就十分牵强了。

一九七六年

一三五　《孔疏》破《郑笺》

《孔疏》是在《郑笺》的基础上撰写成的,向来被认作是申明郑义的可靠资料。其实我们不必被前人所谓"疏不破注"的说法所束缚。孙诒让曾据《礼记正义》称"皇侃时乖郑义",又据《左传正义》称"刘炫习杜义而攻杜氏",认为六朝义疏家多破坏家法,逞臆妄说,而独于《孔疏》则未敢非议。他自己在解释《周礼》的六诗说时,也每有曲从《孔疏》之处。事实上,《孔疏》对于六义的说法,虽号称本之郑义,但往往疏不应注,语不衷本。《孔疏》创三体三用之说,谓"风雅颂者,诗篇之异体。赋比兴者,诗文之异辞耳。大小不同,而得并为六义者,赋比兴是诗之所用,风雅颂是诗之成形。用彼三事,成此三事,是故同称为义。非别有篇卷也"。这和郑玄对于六义的说法,不仅不能互相映发,而且可以说是以意增益之论。

《孔疏》之说,构画虽精,而其病亦在是。它所碰到的最大麻烦,就是六义的一曰风、二曰赋、三曰比、四曰兴、五曰雅、六曰颂的排列次序问题。《孔疏》对这个问题无法回避,只得强为之解云:"风之所用,以赋比兴为之辞,故于风之下即次赋比兴,然后次以雅颂。雅颂亦以赋比兴为之。既见赋比兴于风之下,明雅颂亦同之。"表面看来,这似乎也言之成理,但用来诠释六义冠以数词的一曰风、二曰赋、三曰比、四曰兴、五曰雅、六曰颂,则未免过于牵强。倘使赋比兴既次于风下,同时又次于雅下,进而更次于颂下,那么,能够用一到六的数词去排列它们吗?《孔疏》在疏解"郑志张逸问"那段引文时,也是强前人以从己意。郑答赋比兴吴札观诗已不歌,多少意味着在此以前,赋比兴还是单独存在过的,只是孔子录诗时才将它们合于风雅颂中。可是这段原文一经《孔疏》的疏解,就完全变了样:"逸见风雅颂有分段,以为比赋兴亦有分段。谓有全篇为比,全篇为兴,欲郑指摘言之。郑以比赋兴者,直是文辞之异,非篇卷之别,故远言以从本来不别之意。言吴札观诗已不歌,明其先无别体,不可分也。原来合而不分,今日难复摘别也。"这分明是三体三用说的发挥,哪里还是疏解"郑志张逸问"的本义?这里且举章炳麟的《六诗说》为例。章氏在这篇文章中一开头就援引了"郑志张逸问"原文,可是他的解释恰恰与《孔疏》相反:"此谓比赋兴各有篇什,自孔子淆杂第次,而毛公独旌表兴,其比赋俄空焉。圣者颠倒而乱形名,大师偏翥而失邻类,何其惝忘遂至于斯焉?"我以为章氏所谓"比赋兴各有篇什"是切合"郑志张逸问"本旨的。

一九七八年

一三六 生气灌注

我们的文论,和我们的画论、乐论一样,都有一个相同的特点,它并不强调摹拟自然,而是强调神韵。自然这并不是说我国传统画论只求神似,全不讲形似。比如,顾恺之曾强调阿堵传神的神似观点,但他也提出过颊上妙于添毫而不忽视细节上的形似。刘勰在《文心雕龙》中也有类似的议论,他曾说:"谨发而易貌",要求传神;可是同时他也提出"体物密附"不废形似的主张。汤用彤称:"汉代相人以筋骨,魏晋识见在神明。"可谓笃论。但是,他认为这是得意忘形或重神遗形的玄学理论在艺术上的反映,则不免失之偏颇。重神韵这是要求艺术作品有一种生气灌注的内在精神。谢赫的《古画品录》标示六法,其中之一就是"气韵生动"。《文心雕龙》所提出的"以情志为神明"亦同此旨。照这种观点看来,艺术作品的内容意蕴和表现它的外在形象必须显现为完满的通体融贯。就如在有生命的机体内,脉管把血液输送到全身,或灵魂把生命灌注在躯体的各部分内一样。《文心雕龙》中所提到的"外文绮交,内义脉注","义脉不流,则遍枯文体",即申明此义。后来,黑格尔《美学》也有"生气灌注"之论,似与我国古代文论、画论谙合。"生气灌注"是建筑在把艺术比喻为有生命的机体的理论基础上,在我国则更是由于把"气"的概念引进艺术理论的结果。过去,有人将气译作 quintessence(原质),似不妥切。拙著《文心雕龙若干范畴》英文稿，则从后来的译法，作 vital-energies（活力、生命）。"气"不是物质性的，也不是精神性的，而是近似 field（场）。"气"在中国文化史、科技史上均占有重要地位。美学中"生气灌注"的理论，黑格尔多有阐发，而我们的文艺理论迄今未作深入探讨，这不能不说是件憾事。

一九八八年

一三七　陆机的感兴说

陆机的感兴说在《文赋》篇末作了正面的阐发。他说："若夫感应之会，通塞之纪，来不可遏，去不可止，藏若景灭，行犹响起。方天机之骏利，夫何纷而不理？思风发于胸臆，言泉流于唇齿，纷葳蕤以馺遝，唯毫素之所拟，文徽徽以溢目，音泠泠而盈耳。及其六情底滞，志往神留，兀若枯木，豁若涸流，揽营魂以探赜，顿精爽而自求，理翳翳而愈伏，思轧轧其若抽。是故或竭情而多悔，或率意而寡尤。虽兹物之在我，非余力之所戮，故时抚空怀而自惋，吾未识夫开塞之所由也。"

这里用形象语言把"感应之时，开塞之纪"的两种相反情况生动地描绘出来。这个描述是朴素的。陆机所说的"天机骏利"事实上是指构成意象和技巧表达的轻巧灵活。就构成意象方面来说，作家的想象活动，首先取决于他在外来的材料中所捕捉的对象是否真正具有艺术意义。如果这个对象和作家的爱憎血肉相连，而且又是他所熟悉的，可以从他的记忆中唤起丰富的联想，那么它就会成为推动他的想象焕发起来的活力，使他轻而易举地去实现构思计划，这时他就会迸发出创作的激情来。但是在一般情况中，作家往往会被一些假象所蒙蔽，尽管他自以为是听凭自己的思想感情所指引，可是他的爱憎是浮面的、不坚实的，只是心血来潮的一时冲动，或者他所抓住的对象是没有艺术意义的，或者他并不真正熟悉这个对象，因而不能使它在自己心里变成有生命的东西，就像播种时撒下一颗不能发芽的种子一样。这时，纵使他殚精竭虑，把全部精力贯注到构思中去，他的思路仍旧不能活跃起来，而陷入"兀若枯木，豁若涸流"的呆滞状态。因此，作家是否抓住真正具有艺术意义的对象，使它在自己心里变成唤起想象的活力源泉，是决定作家在构成意象时感应开塞的根本原因。其次，就技巧表达方面来说，当作家创作激情迸发的时候，各种美妙的意象，生动的语言，全都自然而然地奔赴笔下，形成了陆机所说的"纷葳蕤以馺遝，唯毫素之所拟"的现象。这时，作家的主体好像反而成为传达客体内容的一种器官，似乎完全听从自己手中的笔所驱使。对于陆机不能解释的这种情况，我们可以试从艺术思维的特点来加以说明。通常有一种错误的看法，以为艺术的表现是把概念翻译成为形象。事实上恰恰相反，艺术表现是作家的一种直接需要，一种自然的推动力；形象的表现的方式应该正是作家的感受和知觉的方式。这些感受和知觉是作家长年累月大量积蓄在他的记忆之中的，因此当他一旦进入创作过程，它们就会不招自来，自然汇聚笔下。如果形象的表现的方式不是作家平时的感受和知觉的方式，那么，当他进入创作过程之后，他就不得不临时张罗，忙于不断地把概念翻译成形象，陷入那种枯燥的机械工作中，这是不会给他带来创作的喜悦的。这里，我们可以借用一位文学家说过的一句话："劳作开始也就是艺术停止的时候。"

一九七七年

一三八　善　入　善　出

龚自珍《尊史篇》提出了"入"和"出"两个概念。(他所说的史是一个极广泛的概念。《古史钩沉论二》:"史之外无有语言焉;史之外无有文字焉;史之外无人伦品目焉。"可证。)"何者善入?天下山川形势,人心风气,土所宜,姓所贵,皆知之;国之祖宗之令,下逮吏胥之所守,皆知之。其于言礼、言兵、言政、言狱、言掌故、言文体、言人贤否,如其言家事,可谓入矣。"这是说,作者的知识面要广,对于描写的对象要钻进去,揣摩到家,使之烂熟于心,达到如数家珍的程度。这就是"善入"。"何者善出?天下山川形势,人心风气,土所宜,姓所贵,国之祖宗之令,下逮吏胥之所守,皆有联事焉,皆非所专官。其于言礼、言兵、言政、言狱、言掌故、言文体、言人贤否,如优人在堂下,号咷舞歌,哀乐万千,堂上观者,肃然踞坐,眄睐而指点焉,可谓出矣。"所谓"出"是指作者钻进了对象之后还要跳出来,表现自己对对象的态度、看法和评价。龚自珍认为一个作者必须两者兼备。他说:"不善入者,非实录,垣外之耳,乌能治堂中之优也耶?则史之言,必有余齾。不善出者,必无高情至论,优人哀乐万千,手口沸羹,彼岂复能自言其哀乐也耶?则史之言,必有余喘。"不善入就不能写实。不善出就不能表达个性,就没有高情至论,就会缺乏生动的气韵,只是刻板地描摹。总之,他是要求表现个性,但又要使个性渗透在描写对象中,千途万辙,莫不贯穿,达到心物交融的境界。

一九七八年

一三九　诗与人为一说

龚自珍在《书汤海秋诗集后》中倡"诗与人为一"说，对于完整地表达诗人个性作了钩玄提要的说明："何以谓之完也？海秋心迹尽在是，所欲言者在是，所不欲言而卒不能不言在是，所不欲言而竟不言，于所不言求其言亦在是。要不肯捃撦他人之言以为己言，任举一篇，无论识与不识，曰：'此汤益阳之诗'。"只有在作品上鲜明地烙下自己性格的标记，才说得上是"完"，只有做到"完"才说得上是"达"。值得注意的是龚自珍要求诗人去表现自己的深层意识和深层心理活动。他提醒我们要注意诗人所欲言者和所不欲言而卒不言者，以及所不欲言而竟不言的各种不同心理现象。他所说的于所不言求其言，照我看已涉及诗人的下意识和潜意识问题，龚自珍在当时能有这种深层意识的发掘，这是难能可贵的。

一九七八年

一四〇　美 在 生 命

杜勃罗留波夫曾有一个有趣的比喻：

一个人对于眼前的一个美丽的女子，突然大发议论，说她的身躯并不像密罗斯的爱神那样，嘴的线条也不如麦第奇的爱神那样好，眼神并没有我们在拉斐尔画的圣母像上所能发现的那种表情，以及诸如此类的话，你倒说说，对于这个人，该作如何想法？

(《黑暗王国中的一线光明》)

美并不在于个别的轮廓和线条,而在面部的总的表情,在于面部所表现出来的"生命的意义"。尽管有人根据庸俗的技巧观点,来指摘许多好作品,没有他们所熟悉的那些绮丽的词句、曲折的情节、紧张的高潮、漂亮的结构……但这并不有损这些作品的真正价值。相反的,如果叫他们面临血肉的生活,把现实的真相表现出来,那么成了他们绊脚石的就是他们平时所炫耀的东西。他们把技巧当作一种脱离"生命意义"的刻板程式,墨守成规,闭眼不看新的活的美,闭眼不看生活的新进程,丧失了蓬勃的创造力,丧失了对于新事物的感觉,于是迟钝和麻痹也就凝固起来。

技巧不是从外面加上去的人工的手法。文学的技巧只有当它是和内容相应相成的活的表现能力或表现方法的时候才存在。因此它是平日积蓄起来的对于语言的感觉力和鉴别力,平日积蓄起来的对于形式的控制力和构成力,到了创作过程中间,就融进了作者向对象的拥合方法里面。

一九五九年

一四一 主导的情志

人物性格必须有一种主导的情志(如哈姆莱脱的复仇、夏洛克的贪吝等),但是这种主导的情志不能是唯一的、单线的。例如《三国演义》中的曹操是以奸诈来满足权势欲作为主导的情志。但是这个人物所以写得很成功,正如作家高晓声所说的,全在于从多方面来展示他的性格的丰满性：曹操杀死吕伯奢全家是一面，官渡之战破袁绍从档案中找出一批手下官员通敌信件看也不看付之一炬又是一面；为报父仇攻下徐州杀人掘墓是一面，征张绣马踏青苗割发代首又是一面；一方面礼贤下士兼收并蓄，另方面却容不下一个杨修；一方面煮酒论英雄表现得很聪明有眼力，另方面又毫不察觉刘备种菜的韬晦之计；一方面在华容道对关羽说："将军别来无恙！"显出一副可怜相，另方面当关羽被杀首级送至曹操，他笑曰："云长公别来无恙！"又显出一副刻薄相。最后，高晓声就把以上这些写法总结成这样几句话："一个曹操有多副面孔，看来似乎矛盾，但联系着每一特定的场合，却又真实可信。这多副面孔构成曹操的性格，曹操就立体化了，活起来了。"这话说得很好。可是，遗憾的是有些文艺评论者只能按照黑格尔所指摘的法国十七世纪古典主义作家的知性原则去评长道短。他们和普希金相反，把莫里哀的悭吝人看得比莎士比亚的夏洛克更合乎艺术法则。普希金认为悭吝人只是悭吝人，而夏洛克的性格却是活生生的。夏洛克的主导情志固然也是吝啬，但同时他爱女儿，对作为犹太人所受到的歧视和侮辱满怀愤怒，他的性格是丰满的、复杂的。但是坚执知性原则的文艺评论家恰恰把普希金所指出的缺点当作长处。

从多方面展开的人物性格的复杂性就在于：一方面他必须有一种主导的情志，成为支配或推动他行动起来的重要动力；另方面他的性格又必须是多方面的，具有多样性统一的性质。一方面作为人物性格中的情志来说是普遍性的，否则就不能引起人们的共鸣；另方面作为个体的人物性格来说，又必须具有和其他人所不同的独特个性。作家怎样通过一条微妙的线索使上述两个方面联系起来，这是艺术创造的真正困难所在。知性不能掌握美，就因为理智区别作用的特点恰好在于把多样性统一的具体内容拆散开来，作为孤立的东西加以分析，只知有分，不知有合，并且对矛盾的双方往往只突出其中一个方面，无视另一个方面，而不懂得辩证法的对立统一。须知，普遍性不能外在于个别性，倘使外在于个别性变成教诲之类的抽象普遍性，就必定会分裂上述的统一，使人物成为听命抽象概念的傀儡，而这正是知性的分析方法给艺术带来的危害。

一九八二年

一四二　情　志　A

黑格尔把激起人物行动起来的内在要求，用一个古希腊语 $\pi\alpha\theta o\xi$ 来表达。他说这个字很难译，不能作为情欲来理解，因为情欲总是有着一种低劣的意味，而它却是一种本身合理的情绪方面的力量，是理性和自由意志的基本内容。我以为情志应该合理地理解作在人的内心中所反映的时代精神。时代精神是一种普遍的力量，所以黑格尔把它称为"有实体性的普遍力量"，"普遍力量"或"普遍的内容"等等。更确切地说，这种时代精神，黑格尔往往用来表明那个时代的具有普遍性的伦理观念。为什么黑格尔又把它称为"神圣的东西"、"神的内容"或索性就是"神"呢？这是黑格尔从他认作是艺术理想时代的希腊艺术中概括出来的。在古希腊的作品中，无论是雕刻、史诗或悲剧，"神"纵使不是唯一的也是最重要的艺术表现的内容。古希腊人正是用神来表现他们时代具有普遍性的伦理观念的。这样我们就不难理解黑格尔说的："无论把神们看成只是外在于人的力量，或是把他们看成只是内在于人的力量，都是既正确又错误的。因为神同时是这两种力量。"反映时代精神的具有普遍性的伦理观念不是由于个别人所形成，并且不以他的意志为转移，所以是外在的。但是个别人不能脱离他的时代，他的性格被他那时代具有普遍性的伦理观念所浸染，形成他的情志，所以又是内在的。

黑格尔为了说明这一点曾举《伊利亚特》为例。他认为，在荷马史诗里，神与人的活动经常交织在一起。神好像是在做与人无干的事情，但是实际上，神所做的事情只是反映了人的内在心情的实体。比如，荷马描写阿喀琉斯在一次争吵中正在举剑要杀阿伽曼农，这时雅典娜女神站在他身后，一把抓住他的头发，只有阿喀琉斯才能看到她。一方面，雅典娜的来临好像与阿喀琉斯的心情毫不相干，阿喀琉斯心头的怒火突然停息，这种控制对于原有的愤怒似乎是一种外在力量。但是，从另一方面看，突然出现的雅典娜就是平息阿喀琉斯怒火的谨慎，这还是内在的，反映阿喀琉斯自己的心情的。事实上，荷马在前几行诗里就已留下了伏笔，点明了阿喀琉斯犹豫不决的内心矛盾。这就说明了雅典娜作为一种以神的面貌出现的情志，对阿喀琉斯来说，既是外在的又是内在的力量。这种情志代表一种审慎，这种审慎不是凭空而来的，而是和那个时代具有普遍性的伦理观念交织在一起的。它是以那个时代对于首领的尊重，处世待人的态度，以及符合英雄品格的行为标准这些具有普遍性的伦理观念为内容的。一个人从小就生活在浸透着他那时代精神，他那时代具有普遍性的伦理观念的环境中，这种时代精神及其具有普遍性的伦理观念，通过种种渠道：教养、习惯、亲友交往、社会风气的熏染，在他内心深处扎下了根，融为他的性格血肉的一部分，所以当他一旦发觉自己的行为背离这种时代的具有普遍性的伦理观念时，他就会自觉或不自觉地马上起来纠正自己行为的偏差，把它纳入他心目中认为合理的正轨。

一九七七年

一四三　情　志　B

黑格尔说："要显出人物的更大明确性，就需有某种特殊的情志作为基本的突出的性格特征，来引起某种确定的目的、决定和动作。但是，如果这种界限定得过分死板，以致使一个人物仅仅成为某种情志——例如爱情和荣誉感之类——的完全抽象的形式，那么一切生气和主体性也就完全消失了，而这种艺术表现也就会因此枯燥贫乏。例如法国的戏剧作品就是如此。"这是非常值得我们注意的一个重要论点。作为人物身上主导因素的情志必须在人物性格的丰富性复杂性中显现出来，和人物性格的丰富复杂性互相交织在一起，必须带有人物个性的鲜明烙印。莎士比亚的作品可以说是这方面的典范。他的人物都具有特殊的带有个性鲜明烙印的某种情志作为基本的突出的性格特征，同时这种特殊的情志又不是直线式地支配人物行为和心理的单纯力量，而是与人物性格的多样性结合在一起的复合性。与此相反的就是黑格尔所说的十七世纪法国古典主义作品。这种作品只是挑出某一种情志作为人物性格的全部内容，人物的一言一行莫不严格地按照这种情志的需要作出死板的安排和规定，从而消灭了人物性格原来所应有的丰富性和复杂性。这样，就使情志丧失了生气和活力，而沦为一种概念化的抽象力量。黑格尔在论述希腊悲剧时也指出了某些作品存在着同样的弊端。他反对把神（情志）作为一种抽象的外在力量加到人物身上去。他指出有些希腊悲剧搬用"神机关"来作为事件的转折点，而不是使神（情志）和人结合起来，通过神（情志）来表现人物改变自己行动的内在要求。在这种情形下，人和神分裂开来，神（情志）发号施令，人只有俯首服从。神（情志）变成了死的机械，而人物也就变成神（情志）的工具，任凭外在的意志所支配了。在法国的古典主义戏剧中，尽管没有出现神，尽管推动人物行动起来的力量好像也是人物内心的一种思想感情，但由于这种思想感情只是由作者的意志外加到人物身上去的抽象概念，所以它其实就是一种变相的"神机关"，不过是人化了的神机关罢了。

黑格尔认为，情志应该在一个完满的个性里显现出来，在这完满的个性中，某一特定的情志尽管是构成性格的基本特征，尽管是在这一个性中占有统治作用的一方面，但是人的心胸是广大的，一个真正的人可以把各种不同的情志同时包括在他的心里。人物性格所以能引起兴趣，就在于他一方面显出整体性，而同时在这种丰富性中，他仍是本身完备的主体。所以在人物性格中，尽管有一种特定的情志作为统治方面，但同时人物性格仍须保持住生动性和完满性，使他有余地可以向多方面流露他的性格，适应各种各样的情境，把一种本身发展完满的内心世界的丰富多彩性显现出来。但是从形而上学的知性观点看来，一方面有一个统治的定性，而另一方面在这个定性范围内又有这样的多方面性，好像是不可能的。形而上学的观点爱用抽象方式单把性格的某一方面挑出来，把它标志成整个人的唯一准绳。凡是跟这种片面的统治相冲突的，在形而上学看来，就是始终不一致的。但是，就性格本身是整体因而具有生气的这个道理来看，这种始终不一致正是始终一致的，正确的。因为人的特点就在于他不仅担负多方面的矛盾，而且还忍受多方面的矛盾，在这种矛盾里仍然保持自己的本色，忠实于自己。

一九七七年

一四四　情致译名质疑

我在文中所用某些黑格尔专门术语的译名，没有采取《美学》朱光潜中译本的译名。例如 begriff 中译本作"概念"（英译本作 notion），我在过去的文章中从贺麟译作"总念"。因为黑格尔赋予此字的特殊涵义与一般所谓"概念"有重大区别。"总念"指的是具体的普遍性以区别于知性的抽象的普遍性。再如 παθoξ 这一古希腊语，黑格尔在书中已说明此字很难转译，因此在书中特标明此字的希腊原文，至于他是否用德语转译以及用哪个德文字来转译，朱光潜中译本未曾说明，至于英译本用什么译名，朱译本亦未注出，估计可能用的是 pathos（悲哀，哀愁，动情力，悲怆性等）。而朱光潜译本竟以"情致绵绵"的"情致"译之。这个译名有悖原旨。英译名 pathos 作为一种动情力，含有悲怆性的意蕴，近似于雅科布·伯麦的 qual 这一用语的涵义（英译 qual 作 torment；intense suffering）。据恩格斯解释："qual 按字面的意思是苦闷，是一种促使采取某种行动的痛苦；同时，神秘主义者伯麦把拉丁语 qualitas（质）的某些意义加进这个德国词，他的 qual 和外来的痛苦相反，是能动的本原，这种本原从受 qual 支配的事物、关系或个人的自发发展中产生出来，而反过来又推进这种发展。"由于语言学水平所限，我不能把古希腊人说的 παθoξ 和神秘主义者伯麦说的 qual 两者之间的关系作进一步探讨，这里只是提供一条线索供高明者作为参考之资。至于《笔记》中把 παθoξ 转译为"情志"一词是借用刘勰的用语。《文心雕龙》中把作为情感因素的"情"和作为志思因素的"志"连缀成词,用以表示情感和志思的互相渗透。刘勰所谓"志思蓄愤",也同样是说情志含有一种悲怆性,它是一种打动人们心弦唤起人们共鸣的动情力,不过他只是就激发诗人进行创作这方面的力量来说罢了。

一九七七年

一四五　知性不能掌握美

黑格尔在《美学》中说:"知性不能掌握美。"这是就知性总是把统一体的各差异面分裂开来看成是独立自在的东西这一特点来说的。知性的这一特点,显然是破坏了艺术作品必须是生气灌注的有机体这一基本原则。从这一方面来看,我们可以援引黑格尔的话来说明:"有机体的官能和肢体并不能仅视作有机体的各部分,惟有在它们的统一里,它们才是它们那样,它们对那有机的统一体互有影响,并非毫不相干。只有在解剖学者手里这些官能和肢体才是机械的部分。但解剖学者的工作乃在解剖尸体,并不在处理一个活的身体。"(《小逻辑》第一三五节)黑格尔很喜欢援用亚里士多德说过的一句话,那就是,把手从身体上割下来就不复是手了。这正好说明采取孤立的、抽象的考察事物的知性分析方法,尽管在艺术研究中具有一定作用,但是如果不是把它作为达到具体的过渡环节,坚执为最终的范畴,那就不可能掌握美。

一九七七年

一四六　破"抓要害论"

这里我想谈谈我们文艺理论界曾经盛行不衰的所谓"抓要害"的观点。据说抓要害就是要抓住主要矛盾和矛盾的主要方面。这一知性观点经过任意套用已经变成一种最浅薄、最俗滥的理论。臭名昭著的"三突出"就是从这里产生出来的，并且直到今天它仍在改头换面传布不歇。最近我看到一篇评论电视片《武松》的文章，论者赞扬这部把《水浒》改编走了样的作品，说它的最大优点就是"一切从主题出发"。我还看到另一篇分析《阿Q正传》的文章，论者把阿Q的"精神胜利法"作为贯串每一细节中去的主题思想，由此断言鲁迅安排所有细节，连阿Q在小尼姑脸上捏一把，甚至阿Q向吴妈求爱，莫不是有意识地把它们作为"精神胜利法"的表现，而不懂得精神胜利法只是阿Q的主导情志，他的性格中还有其他不同的复杂成分。这就不得不使人认为，直到目前抓要害这一知性的分析方法，仍被当作不容置疑的正确理论。从表面上看，抓要害有什么错？这似乎是无可非议的。但是它却经不起仔细推敲。我们往往以为只要抓住事物的主要矛盾和矛盾的主要方面就抓住了事物的本质。但是，事实上，由此所得到的只是与特殊性坚硬对立的抽象的普遍性，它是以牺牲事物的具体血肉（即多样性的统一）作为代价的。抓住主要矛盾和矛盾的主要方面是不是就可以认识事物的实质？这在自然科学中可以找到回答。有人曾举出下面的例证：半导体材料主要是锗或硅这两种元素。这两种元素可以说是半导体的主要矛盾和矛盾的主要方面，但是却不能形成所需要的半导体的导电性能，因为必须在这两种元素外搀进某些微量杂质，如锑、砷、铟等才可以使半导体的特性充分发挥出来。分析什么是主要矛盾和矛盾的主要方面固然重要,但是仅仅到此为止是不够的,还应当更进一步研究事物的各个方面,以及其间的种种联系。只有对事物作出这样全面的考察才能认识事物的整体,而不致像知性的分析方法那样支解了事物的具体内容,使之变成简单的概念,片面的规定,稀薄的抽象。

一九七七年

一四七　两　种　表　象

作为政治经济学科学方法起点的感性认识是一种"混沌的关于整体的表象",这和作为艺术思维起点的感性认识是现实生活的可感觉的具体形象有着显著的区别。虽然两者都属于感性范畴的表象,但是这两种表象的性质是各异其趣的。作为政治经济学科学方法的起点的表象,也是外界所给予的感性材料。不过这些外界感性材料所构成的表象往往采取了思想的形式。例如,马克思所说的"人口"这一"混沌的关于整体的表象"就是一个明显的例子。此外,我们还可以举出:忿怒、希望等等。这些表象都是我们感觉所熟悉的,但它们也都是以普遍的思想形式呈现出来的。至于文学艺术家从外界所摄取的表象,却并不采取这种普遍的思想形式。人物形象的表情、姿态、举止、谈吐……种种外在的特征,思想感情的复杂微妙的表达方式,以及他们的经历、遭遇、周围环境和别人接触时所产生的形体反应等等这类具体的细节,对于政治经济学家来说,都是无关宏旨的。他们无须详细记下这类凭借感觉形式出现的表象,多半只是勾勒出一个大概的轮廓，或者干脆用统计方式来表达。纵使在恩格斯所写的调查报告《英国工人状况》这种著作中，我们也很少发现这类表象的描述。可是，对于文学艺术家来说，这种凭借感觉形式出现的表象却正是不可少的，甚至往往是最重要的东西。我们必须区分以思想形式出现的表象和以感觉形式出现的表象的不同性质。目前在关于形象思维的讨论中，似乎还没有涉及这一点。倘使我们不去探讨两种不同表象的区别，而只是简单地用从感性到理性的认识共同规律笼统地把艺术和科学的思维活动一律相绳，那么就不可能对形象思维的探讨再深入一步。

一九七八年

一四八　形象思维和理论思维

在形象思维的讨论中，有人说："形象思维就是逻辑思维，而逻辑思维就是知性的推理、判断等等。"这是否认形象思维的一种十分奇怪的理论。形象思维不能与理论思维混同起来。后者不能代替前者。科学家和艺术家是采用不同思维方式去进行活动的。有时它们甚至会发生互相干扰的情况。达尔文在他的《自传》中说，他在三十岁前读了许多诗。甚至当他做小学生的时候，他就非常喜欢莎士比亚的作品，特别是莎氏的历史剧。那时他还喜欢图画，更喜欢音乐。可是在他过了三十岁，成为一名科学家以后，却再不能耐心地读一行诗了。他曾尝试追回读莎士比亚时的乐趣，可是却感到了难忍的乏味。他对图画和音乐的兴趣也丧失了。他曾经感叹地说："这种高尚审美兴趣的奇妙而可悲的消失是最奇怪的。"他这样来解释这一情况："我的思想似乎变成了一种机器，只能从一大堆事实中研磨出一些一般的法则。"照我看来，这是由于达尔文专心致志于理论思维，仅仅习惯于这一种思维活动，在思维方式中单纯地向着一个方面发展了。因此他青少年时代所享有的高尚审美兴趣丧失了，这也就是说，形象思维的能力逐渐萎缩下来。请仔细地考虑一下，这个例子不是恰恰说明了形象思维和理论思维不能相等，而是两种性质完全不同的思维方式吗？至于说逻辑思维就是知性的推理、判断等等，我怎样来评论这种离奇的说法呢？这是任何具有理论初阶的人都可以指出它的谬误的。

一九八一年

一四九 艺术形象

作家提供读者的是可以感觉到的艺术形象，并不像科学家那样把自己从现实材料中抽象出来的概念或理论提供给读者。科学家提供给读者的是经过科学抽象出来的普遍性——也就是说，把特殊的个体的，统摄在这个以逻辑范畴表述出来的普遍性之中。而艺术家提供给读者的，则是经过艺术概括出来的个别性——也就是说，使特殊性和普遍性体现在这个以艺术形象表现出来的个别性之中。艺术以形象来表现思想感情，这是不言而喻的。在艺术作品中，思想感情凝聚在形象中。作家是用形象来说话，而不是借助理智来补充形象所没有完全说出来的东西，使思想感情游离于作为有机整体的艺术形象之外。不过，问题在于艺术作品所表现的思想感情本身究竟具有怎样特定的形态。在这方面，前人所提出的"情志"理论是值得我们去探索的。古希腊人早就提出这一概念（刘勰《文心雕龙》提出的情志则庶几乎近之），后来，黑格尔《美学》曾对它作出了精辟的论述。

一九六四年

一五〇　形象思维中的个别与一般

艺术形象应该是具体的，科学概念也应该是具体的。科学家在作出抽象规定的思维进程中必须导致具体的再现，正像《政治经济学批判导言》所说的，是由抽象上升到具体的方法。不过，这里所说的具体是指通过逻辑范畴以概念形态所表述出来的具有许多规定和关系的综合。科学家把混沌的表象和直观加工，在抽出具体的一般概念之后，就排除了特殊个体的感性形态。而艺术家的想象活动，则是以形象为材料，始终围绕着形象来进行。艺术作品所表现的一般须呈现于感性观照，因此，艺术家去揭示事物的本质，并不是把事物的现象形态抛弃掉，而是透过现象形态去显示它们的内在联系。不过，在艺术作品中所表现的现象形态已不同于原来生活中的现象形态，因为前者已经使直观中彼此相外、互相独立的杂多转化为具有内在联系的多样性统一。艺术形象保持了现实生活的细节真实性，典型性即由生活细节真实性中显现出来，变成可以直接感觉到的对象。在这里，由个别到一般，再由一般到个别，这两个认识过程不是并列的。作家的认识活动只能从作为个别感性事物的形象出发。在全部创作过程中，并不存在一个游离于形象之外从概念出发进行构思的阶段。因此，由一般到个别的认识功能，不是孤立地单独出现，而是渗透在由个别到一般的过程之中，它成为指导作家认识个别的引线或指针。对于由个别到一般，再由一般到个别这一认识规律，可以有两种不同的理解：一种理解是把它们截然分割为孤立排他的两个互不相干的独立过程。例如，所谓表象——概念——表象的公式，就是意味着在艺术创作过程中存在着一个摈弃形象的抽象思维阶段，而艺术创造就在于把经过抽象思维所获得的概念化为形象。这可以说是一种"形象图解论"，它是反对形象思维的。另一种理解则相反，认为由个别到一般，再由一般到个别，不是孤立排他的，而是互相联结、互相渗透的。后一种理解才是辩证的观点。

一九七八年

一五一　驳形象化说

一般把塑造艺术形象的表现方法往往划在形象思维之外，认为它只是把作家头脑中已有的映象表现出来的一种单纯技法这种观点，我以为并不正确。（至于曾经一度流传的所谓把思想"化"为形象这种等而下之的理论，就更不用说了。）我觉得，黑格尔《美学》中虽然有时也流露了与上述错误观点类似的论述，但他是矛盾的。总的说来，黑格尔《美学》在这方面也曾经提出过十分精辟的正确观点。他说："形象的表现的方式正是他（艺术家）的感受和知觉的方式"，"艺术家这种构造形象的能力，不仅是一种认识性的想象力、幻想力和感觉力，而且还是一种实践性的感觉力，即实际完成作品的能力。这两方面——心里的构思与作品的完成（或传达）是携手并进的"。这些说法纠正了那种把塑造艺术形象的表现方法视为游离于形象思维之外或之后的观点。我不得不承认，高尔基在一些文学理论中时或流露了这种观点。但是他自述创作经验却露出了这种观点的破绽。我还记得我在青年时急于想要悟出构造形象的奥秘所在，于是从高尔基写给青年写作者的文章中去找解答。一次我在他的一篇论文中读到他在写《奥古罗夫镇》这篇小说时的经验谈。他说，他曾经花了十来天工夫，苦思冥想如何用形象化的办法来为读者构成一幅奥古罗夫镇的图画，可是这种"形象化"的结果却是把奥古罗夫镇的形象变成掌中玩具，这使他感到很懊丧。我觉得这个例子足以说明把原本统一的东西，即形象的表现方式和作家平时对生活的感受和知觉的方式生硬地拆散开来所招致的失败。

一九七九年

一五二　观念性的统一

在黑格尔《美学》中，屡次出现了"观念性的统一"这一用语。首先，我想对黑格尔这一术语简略地解释一下。所谓"观念性的统一"就是指的事物的内在联系。说它是观念性的，并不是说这种统一只存在于主观意识中，这种由内在联系构成的统一就存在事物本身里面，但由于它是内在的，所以不能凭借感官知觉到，而只能通过思考才能辨识出来。通过思考去认识这种观念性的统一，却是专属哲学的认识功能。在美的对象里，观念性的统一却必须从事物的外在现象中直接显现出来，呈现于感性观照。例如，人的身体和灵魂之间有着有机的关联，在平时，这种内在联系，还不能直接见出，只能通过思考去辨认，这就是观念性的统一。但是人一旦被某种感情所支配的时候，这种感情就从他的身体的各个部分充分地显现出来，从而这种观念性的统一就由本来内在的直接宣泄于外，变成可以感觉到的东西了。这就是美的对象所必须具有的特点。

　　黑格尔在这段话中运用了必然性和偶然性这对范畴，揭示了必然性和偶然性在美的对象里的辩证关系。在美的对象里，作为整体的观念性的统一直接从各部分中显现出来，这就使各部分之间由于内容的生气灌注而形成通体融贯的协调一致。各差异面协调一致的必然性，使各部分之间结成这样一种有机的关联，即有这一部分就必有那一部分的关系。自然生命有机体的各部分，就是按照这种方式构成的。在生物学中，达尔文把它定名为"生长相关律"。这一规律表明一个有机生物的个别部分的特定形态经常是和其他部门的某些形态相联系的，虽然在表面上它们似乎并没有任何关联（参阅《自然辩证法》论"生长相关律"）。在自然生命有机体中，各部分的形状，性能发生着相互影响。（因此居维埃可以根据一枚牙齿的化石勾勒出一种早已灭绝的古动物的大致正确的全体图像。）无机物就不然。从矿物割取一部分下来，既不影响整体，也不影响部分。就部分来说，它们是同一矿物。就整体来说，并不引起质的改变，只引起量的改变。可是生命有机体并不如此。从人体割下一只手来，无论对部分或对整体都会引起质的变化。美的对象也像生命有机体一样。艺术形象的任何一部分的任意改动，就必然会影响其他部分以至整个作品的原有性质。这种整体与部分和部分与部分之间的有机关联，就是黑格尔所说的必然性。

一九七七年

一五三　审美主客关系

　　黑格尔在《艺术美的概念》中说："在艺术里，感性的东西是经过心灵化了，而心灵的东西也借感性化而显现出来。"这意思是说，在文艺创作过程中，心灵的现实化和现实的心灵化一直在交错进行着。文艺创作所反映的现实不是现实世界的自然形态，而是心灵化的现实，从而使艺术美区别于自然美。同时，文艺创作所表现的思想感情不是精神世界的抽象形态，而是现实化的心灵，从而使艺术区别于科学。

黑格尔在《美的理念》中，通过对于知性的有限智力和有限意志的批判更进一步阐述了审美的主客关系。现将大意综述如下：有限的智力对待对象的态度是假定客观事物是独立自在的，而我们的认识只是被动地接受。表面上看，这好像是克服了主观的幻想和成见，按照客观世界的原状去吸取眼前的事物。但主体在这种关系上是有限的、不自由的，因为这是先已假定了客观事物的独立自在性，从而取消了主观的自确定作用。而有限的意志则相反，主体在对象上力图实现自己的旨趣、目的、意图，根据自己的意志牺牲事物的存在和特性，把对象作为服务自己的有力工具，从而剥夺了事物的独立自在性，以致使对象依靠主体，对象的本质就在于对主体的目的有用。但这种主体的自由只是一种假象，在实践的关系上，它仍是有限的、不自由的。因为由于有限意志的片面性，对象的抵抗就不能消除，结果就造成了对象和主体的分裂和对抗。

黑格尔所说的"主观自确定作用"就含有审美活动的主观能动性的意蕴。不过他所谓审美主体的"自确定作用"，正如《费尔巴哈论纲》所说的，只是唯心主义抽象地发展了能动方面。因此，他一方面在批判知性的有限意志时，肯定了事物的独立自在性，反对主体为了实现自己的意图去牺牲事物的存在和特性。而另一方面，他在批判知性的有限智力时，又否定了客观事物是独立自在的，认为这种独立自在性只是出于主体的事先假定。他在《美学》中说:"一切存在的东西只有作为理念的一种存在时,才有真实性,因为只有理念才是真实的东西。这就是说,现象之所以真实,并不由于它有内在的或外在的客观存在,并不是由于它一般是实在的东西,而是由于这种实在是符合概念的。"由此出发,黑格尔认为在审美的主客关系中,客体对于主体是独立的。有限意志的局限就在于没有认识到客体不依赖人的意识而客观存在着。可是,另一方面,客体对于理念来说又是没有独立性的,因为它只是理念的外化,尚处于低级的粗糙阶段。有限智力的局限则在于没有认识到人的认识历程是理念的自身活动,由自在阶段向着高级自在自为阶段的不断深化,而要认识客观事物的内在概念,就要依靠主体的自确定作用,使理念回复到自身,达到主客观在自在自为的更高阶段上的统一。黑格尔把主观能动性视为理念自身活动的一个环节,这正可作为唯心主义抽象地发展了能动方面的最好说明。因为他"不知道真正现实的、感性的活动本身",不知道人的能动性是由历史所形成,只能从实践所产生,再经过实践来检验。

一九七七年

一五四　破艺术清洗论

黑格尔在论述审美主客关系时,作出了"在概念与实在的统一里,概念仍是统治的因素"的结论。不过,黑格尔在思辨的叙述中常常作出了把握事物本身的真实的叙述,例如,他虽然把艺术美称作"理想",但他却强烈地反对使艺术脱离现实的理想化倾向。他说:"在艺术和诗里,从'理想'开始总是很靠不住的,因为艺术家创作所依靠的是生活的富裕，而不是抽象的普泛观念的富裕。在艺术里不像在哲学里，创造的材料不是思想，而是现实的外在形象。所以艺术家必须置身于这种材料里，跟它建立亲切的关系，他应该看得多，听得多，而且记得多。"不过，由于黑格尔以"美是理念在感性事物中的显现"这一原则所建立的美学体系的局限，他断言心灵和心灵所产生的艺术美高于自然。他认为只有心灵才是真实的，才是涵盖一切的，所以自然美只是心灵美的反映，而且自然美所反映的心灵美只是全然不完善的粗糙形态。由此，黑格尔提出了他的艺术清洗的理论。他认为艺术要把被偶然性和外在形状所玷污了的事物还原到它和它的概念的和谐，就必须把现象中凡是不符合概念的东西一概抛开，只有通过这种"清洗"，才能把理想表现出来。黑格尔曾经把这种克服所谓自然缺陷的艺术清洗理论表述在下面的命题中，即：艺术创作应使"概念完全贯注到符合它的实在里"。对于黑格尔由绝对理念孕育出来的这种说法，费尔巴哈看出其中具有一种绝对化倾向，他在《黑格尔哲学批判》中说："认为类在一个个体中得到完满无遗的体现，乃是一件绝对的奇迹，乃是现实界一切规律和原则的勉强取消——实际上也就是世界的毁灭。"这个批判同样非常准确地击中了黑格尔追求绝对的倾向。因为黑格尔所说的"概念完全贯注到符合它的实在里"，正是认为"类"可以在一个个体中得到绝对的实现。但是，"类"在个体中绝对地实现，这在现实世界中是不存在的，在艺术中则是荒谬的。

事实上，当黑格尔的辩证法使他从思辨结构中摆脱出来，作出了把握事物本身的真实的叙述时，他也背叛了自己的理论原则。他在论述美的理想对现实的关系时，曾反对艺术家"从现实中的最好形式中，东挑一点，西挑一点，拼凑起来"的办法。他在《美学》和《小逻辑》

中，都说过偶然性在艺术创作中是不可少的。他在论述人物性格时，曾反对法国古典主义剧作家使人物仅仅成为某种情志的抽象形式而消灭了人物的主体性，从而使艺术表现显得枯燥、贫乏。他说："性格的特殊性中应该有一个主要方面作为统治的方面，但是尽管有这个定性，性格仍须同时保持生动性与完满性，使个别人物有余地可以向多方面流露他的性格，适应各种各样的情境，把一种本身发展完满的内心世界的丰富多彩性显现于丰富多彩的表现。"这类论述显然和他从艺术清洗理论提出的使"概念完全贯注到符合它的实在里"的命题异旨。可是这些地方往往为人所忽视，甚至把黑格尔美学中的消极一面发展到极端，成为将所有的优点集中到一个人物身上来拔高形象就是创造艺术典型的准则。从这种追求理想完人的理论出发，以致连车尔尼雪夫斯基在《生活与美学》中所提出的正确命题："茶素不是茶，酒精不是酒"，也被视为对艺术美的贬低（朱光潜《西方美学史》）。

一九七七年

一五五　美的理念辨析

照黑格尔看来，在美的对象中，概念和实在都必须是从事物本身发出来的。显然，这是从生命有机体的规律中概括出来的。在生命有机体中，概念和实在这两个差异面的统一，就是精神与肉体（黑格尔用的名称是"灵魂"与"身体"）的统一。精神与肉体都是生命所固有的。它们之间的关系是一种有机的内在联系。精神把生命灌注在肉体的各部分之中，这在感觉中就可以看出。人的感觉并不是单独地发生在身体上的某一部分，而是弥漫在全身，全身的各部分都在同时感到这感觉。但是在同一身体上并没有成千上万的感觉者，而只有一个感觉的主体。美的规律也是这样。在艺术作品中，内在意蕴和表现它的外在形象必须显现为完满的通体融贯。内容意蕴作为艺术生命的主体，把生气灌注到外在形象的各部分中去，使它们活起来。外在形象的各部分都弥漫同一内容意蕴灌注给它们的生命，而形成和谐一致的有机体。外在形象是从内在意蕴本身发展出来的，是内在意蕴实现自己的外在表现，而不能是拼凑一些外在材料，迫使这些材料勉强迁就本来不是它们所能实现的目的。因为那些拼凑起来的艺术形象的各部分对于外加给它们的抽象概念，处处都会表现一种抵制和反抗，从而造成形式和内容的分裂。

在美的对象里，作为整体的观念性的统一直接从各部分中显现出来，这就使各部分之间由于内容的生气灌注而形成通体融贯的协调一致。各差异面协调一致的必然性，使各部分之间结成这样一种有机关系，即：有这一部分就必有那一部分的关系。自然生命有机体的各部分就是按照这种方式构成的。在生物学中，达尔文把它定名为"生长相关律"。（这就是《自然辩证法》说的："一个有机生物的个别部分的特定形态经常是和其他部分的某些形态相关联的，虽然在表面上它们似乎并没有任何联系。"）在自然生命有机体中，各部分的形状、性能发生着相互影响。无机物就不然。从矿物割取一部分下来，既不影响整体，也不影响部分。就割下来的那一部分来说，它仍是同一矿物。就被割去一部分的整体来说，也并不引起质的变化，而只引起量的变化。可是生命有机体并不如此。从人体割下一只手来，就再不是一只手了。艺术形象的任何部分的任意改动，就必然会影响其他部分以至整个作品的原有性质。这种整体与部分和部分与部分之间的有机联系，就是黑格尔所说的必然性。

在互相关联协调一致的生命有机体中，各部分又显示了它们各自所具有的独立自在面貌。例如，在人体上每个部分都不同，都显得是独立自在的。固然它们都为同一生命所统摄，都为同一生命而服务，但是它们不仅在形状上显出各自不同的独立自在的外貌，而且在为同一生命服务上也随形体构造不同而发挥不同的功效。它们各有专司，各管各的事，不能互相替代。黑格尔认为，生命的过程就是矛盾统一的过程，它表现在下述双重活动方面："一方面继续不断地使有机体的各部分和各种定性的实在差异面得到感性存在，在这种感性存在中，每一方面都具有独立的存在和完备的特性；另一方面又继续不断地使这感性的存在不致僵化为独立自在的特殊部分，变成彼此对立、排外自禁的固定的差异面，而使它们可以见出观念性的统一。"在这种体现了生命过程双重活动的有机体中，各差异面保持了它们独立自在的面貌，而并不现出抽象的目的性。这就是说，某一部分的特殊性并不同时是另一部分的特性。任何部分并不因为另一部分具有某种形状也就具有那种形状。各部分的独立自在性显得是为它们本身的，而不是为了它们的统一体。虽然在各部分的独立自在性里可以见出一种内在的联系，但是这种经过生命灌注作用所产生的统一，不但不消除各部分的自身特殊性，反而把这些特性充分地表现出来。

因此，艺术作品的各部分、各细节不能是拼凑在一起的混合体。因为在混合体中，这一部分和那一部分之间并没有任何必然的联系，它们聚拢在一起只是由于偶然的机缘。同时，艺术作品的各部分、各细节也不能是限于形式方面的有规律的安排。因为在有规律的安排中，这一部分采用这个样式只是由于其他部分也采用这个样式。这样，各部分、各细节就会失去它们本身的特性，仅仅显出了外在的统一。相反，艺术作品的各部分、各细节一方面保持了各自独立的特性，另方面又取得了内在的统一。它们不是由于偶然的机缘，而是由于内在的必然联系融为一体。而艺术作品这种内在联系正是从具有各自独立特性的各部分、各细节直接显现出来的。

　　以上黑格尔在《美的理念》中所揭示的艺术规律并不是先验地在自然美产生以前就已存在，尽管黑格尔本人是这样宣布的。事实上，他所揭示的美的规律是从自然生命有机体中概括出来的。离开了自然生命有机体又从哪里去寻找"美的理念"呢？就连黑格尔本人也不得不在《美学》中承认：“凡是唯心哲学（指黑格尔本人的哲学——引者）在心灵领域内要做的事，自然在作为生命时就已经在做。”因此他说：“只有生命的东西才是理念，只有理念才是真实。”

一九七七年

一五六　情况——情境——情节

　　黑格尔的美学在《理想的定性》中阐述了理念的自我发展过程。他把这一过程规定为三个步骤，即：情况——情境——情节。情况即"一般世界情况"，是人物动作（情节）及其性质的前提。他认为艺术的理想不能停滞在作为普泛概念的普遍性上，而必须转化为具有实体性内容的普遍力量。普遍性实现其自身于特殊的个体中，这就是理想的定性。这种实体性的普遍力量怎样才能成为可供感性观照的艺术作品呢？它必须实现自己，通过动作及一般运动和活动展示出来。这种动作或活动的场所或前提就是"情况"。他说："情况只能形成个别形象表现的可能性，还不能形成个别形象表现本身。所以我们所看到的只是艺术中有生命的个别人物所借以出现的一般背景。"黑格尔关于情况的论述是很晦涩的。他认为只有在古希腊史诗时代，具有实体性内容的普遍力量才完全体现在个人的活动中，从而显现了个体的独立自足性，而在现代的散文生活中，普遍性与个体性形成了分裂状态，个性只有在局限的狭窄范围内才显出自由自在。所以他认为古希腊史诗时代是体现艺术理想的楷模。他对情况的说明是从和谐宁静这种观点出发的，而并不把情况看作是矛盾的普遍性。这应归咎于他的思辨结构，因为照他看来，情况在三个环节中尚处于最初的自在阶段，其发展尚未明显，其涵蕴尚未显露，因此还只是混沌的统一体。可是，事实上作为普遍性的情况只能形成个别形象表现的可能性，而不能成为激发人物动作的直接推动力，原因并不在于一般世界情况并不存在矛盾，而是在于这情况是最根本最普遍的矛盾。虽然每个社会成员都受到这同一普遍矛盾的影响和支配，但只有当它体现为特殊矛盾时，才能成为激发人物行动的直接因素。

由情况进入到"情境"，那就是由矛盾的普遍性进入到矛盾的特殊性。矛盾的特殊性是被矛盾的普遍性所规定的。只有在情境中，才能把情况所规定的人物及其行动表现的可能性转化为现实性。黑格尔说：情境就是"情况的特殊性，这情况的定性使那种实体性的统一发生差异对立面和紧张，就是这种对立和紧张成为动作的推动力——这就是情境及其冲突"。在这里，黑格尔把情境作为情况的特殊性，把情境及其冲突作为个别人物动作的推动力，这种见解是深刻的。就人物性格表现来说，冲突只能发生在特殊性的规定情境之中。黑格尔说："发现情境是一项重要工作，对于艺术家也往往是件难事。"人物性格离开规定情境就不能得到表现。怎样选择适当的特定情境及其冲突恰到好处地来显示人物性格，使人认识到这是怎样一个人确是不容易的。情境克服了情况的普泛性，和人物的具体处境、生活、遭遇结合起来，成为激发人物行动的机缘和动力。所以，情境及其冲突对于人物来说，是使他不得不行动起来的必然趋势。在情况中，具体的特定的冲突尚未定型，情况只是冲突的基础和根据。在情境中，冲突的必然性变成了人物的内在要求，和他的心情紧密地结合在一起。

但是，情境只是激发人物行动起来的机缘和动力，情境本身还不是行动。发出行动的是人。动作的蓄谋、最后决定和实际完成都要依靠人来实现。在情境及其冲突的激发下，人究竟怎样行动起来？性格的差异往往在相同的情境中使他们发生千差万别的动作和反动作。在这里，人物的个性起着决定作用。所以，必须再由情境进入"情节"。情节即动作，是以人物性格为中心的。人物性格属于个体性范畴。按照黑格尔的说法，个体性就是"主体"和"基本"，"包含有种和类于其自身"（《小逻辑》第一六四节）。矛盾的个体性包含着矛盾的特殊性（种）和矛盾的普遍性（类）于自身之内。黑格尔把冲突激起人物行动起来的内在要求，借用古希腊人所说的 $\pi\alpha\theta o\xi$（情志）一词来表达。

贯串在黑格尔三个环节中的主线是理念的自我深化运动。按照他的思辨结构，艺术理想（理念）要实现自己，取得定性的存在，必须否定自身作为普泛概念的普遍性，转化为具有实体性的内容，这就是"情况"。情况发生了差异对立面，揭开了冲突和纠纷，从而否定了原来的混沌的统一，这就是"情境"。在情境中，作为主体的人物发出反应动作，使差异对立面的斗争得到解决，达到矛盾的消除，这就是"情节"。不难看出，在这三个步骤中，每一步骤都是对前一步骤的否定,而每一否定都使艺术理想的自我深化运动前进一步,从而构成自在——自为——自在自为这样一个逻辑公式。黑格尔为了把艺术理想的自我深化运动纳入这个公式中,使用了思辨哲学的强制手段,因而使他在叙述每一环节的过渡时都显得牵强、晦涩。可是,只要打破他的体系,我们就可以发现在黑格尔思辨结构的框架中蕴含着某些现实内容。

一九七七年

一五七　风格与作风

在西方文论中,风格和作风是两个截然不同的概念,并不像我们现在的许多论文那样,不仅没有对这两个词加以严格的区别,甚至有时是在异词同义的情况下使用它们的。然而,在外国文论中,作风一词多半含有贬义。固然,作风也显示了作者的某种独创性,不过这只是一种坏的独创性。

歌德的风格论,是把"自然的单纯模仿"——"作风"——"风格"作为不同等级的艺术品来看待的。事实上,这一问题直接涉及美学的根本问题,即审美的主客关系问题。"自然的单纯模仿"偏重于单纯的客观性,这就是在审美主客关系上以物为主,以心服从于物,亦即以作为客体的自然对象为主,以作为主体的作家思想感情服从于客体。"作风"则相反而偏重于单纯的主观性,这在审美主客关系上是以心为主,用心去支配物,亦即以作为主体的作家思想感情去支配、驾驭、左右作为客体的自然对象。至于"风格"则是主客观的和谐一致,从而达到情景交融、物我双会之境。因此,歌德认为它是艺术所能企及的最高境界。歌德在他的文章中申明，他是"在善意和尊重的意义上使用作风这个词的"。但是他委婉地指出如果作风不能作为中介把主观性和客观性统一起来，那么这种作风就将变得浅薄和空疏。至于在其他一些外国文论中，作风却纯粹是一贬词。例如，黑格尔《美学》认为"作风只是艺术家的个别的因而也是偶然的特点，这些特点并不是主题本身及其理想的表现所要求的"。这种作风一旦发展到极端，就只是听任艺术家个人的、单纯的、狭隘的、主观性的摆布，就这种意义来说，"艺术家有了作风，就是拣取了一种最坏的东西"。因为这种"掌握题材和表现题材的特殊方式经过反复沿袭，变成泛化了，成为艺术家的第二天性了，就有这样一种危险：作风愈特殊，它就愈退化为一种没有灵魂的因而是枯燥的重复和矫揉造作，再见不出艺术家的心情和灵感了"。显然，这种带有贬义的作风与真正意义上的风格是朱紫各别、泾渭殊途的。这里所谓的作风近似我国书法中、绘画中、音乐表演中所谓的"习气"。这种习气是不适宜于表现审美客体的，也不是作者创作个性合理的自然流露，而是脱离了艺术的内在要求，作者在表现手法上所形成的某种癖性，往往由于习惯成自然，不管场合，不问需要不需要或适当不适当，总是顽强地在作品中冒出头来，成为令人生厌的赘疣。

一九六四年

一五八　矫揉造作的作风

我们可以威克纳格（Wilhelm Wackernagel）和狄昆西（De Qincy）在他们的风格论中所涉及的两位希腊悲剧家为例。这就是阿里斯托芬（Aristophanes）在《蛙》中借埃斯库罗斯（Aischulos）和欧里庇得斯（Euripides）所作的互相指摘：埃斯库罗斯指斥欧里庇得斯总是喜欢在诗句中第五缀音后停顿，于是用开玩笑的办法在每行诗句停顿处，替欧里庇得斯加上一个子句："丢掉了个小油瓶！"以挖苦欧里庇得斯诗句的平板单调。另方面，欧里庇得斯也指责埃斯库罗斯喜欢滥用大言壮语的叠句，他嘲笑了埃斯库罗斯在《密耳弥冬人》中总是毫无必要地在许多诗句后面插上一句："这打击！哎呀呀，怎么不来救呢？"以此来揭露埃斯库罗斯的矫揉造作。这两个例子使我们不禁感叹：这种带有贬义的作风纵使在艺术大师身上有时也在所难免。我觉得上述例子很可以作为殷鉴，帮助我们来区分什么是真正具有独创性的风格和什么是矫揉造作的作风（或我们所说的习气）。不幸，有时我们还不懂得这中间的差异，往往作出鱼目混珠式的审美判断。从某种意义上来说，进行文学风格论的探讨也正是为了提高我们的艺术鉴赏力，培养优美的审美趣味。

一九六四年

一五九　风格论的贫困

在我们的文艺理论领域内，有关风格理论的研究，迄今未取得多少成果。解放后大约在五十年代后期，文学风格论才成为研究的课题。不过，就我所见到的有关论文来说，我觉得大多使人有浅尝辄止之感。这些论述文学风格的文章跳不出狭窄的框框，仅在有限的几个概念上兜圈子，说来说去始终是那么几句话。这种概念的贫乏使得文学风格论的探讨再也无法深入下去。例如，大多数论文所谈的仅限于时代的、民族的、阶级的风格这样几个问题，不仅内容大同小异，甚至在引文方面也几乎雷同，以致使一些有关风格问题的具有深刻含意的名言警句也变成了苍白的浮词套语。这并非苛刻之论，我相信诚实的文学理论工作者也都会有同感。

　　风格是文学理论中的一个重大问题，它是一个国家或一个民族的文学超越了模仿的幼稚阶段，摆脱了教条主义模式化的僵硬束缚，从而趋向成熟的标志。如果创作实践没有为探讨风格的理论工作者在作出概括性的论证方面积累并提供足够的材料，那么就会影响理论工作的顺利进展。不过，纵使在这种情况下，理论工作者也不是完全无所作为的。我以为，他至少可以介绍我国古代文论或引进外国文论的风格理论。无论就我国古代文论或者外国文论来说，有关风格的理论都是十分丰富的。在许多方面，我们不得不十分遗憾地承认，今天我们的风格理论竟然落在前人之后。因此，这就有必要去清理、继承、借鉴我国古代文论和外国文论中的风格理论。

一九六四年

一六〇　风格的主观因素与客观因素

　　无论在我国古代文论中或者在外国文论中，大多涉及了风格的两个方面。一方面即作家的创作个性（《文心雕龙》中的《体性》篇即阐发这方面的问题），另方面即文学体裁本身所提出的要求（《文心雕龙》中的《定势》篇主要就是涉及这方面的问题）。威克纳格在他的风格论中把前者称为风格的主观因素，把后者包括在风格的客观因素之内。

这一观点在文学风格论中并非是什么创见，可是对于我们今天的风格理论来说却纯然是完全陌生的东西。由此我想到，倘使我们整理并借鉴我国古代文论和外国文论中的风格理论，放开眼界，使思想活跃起来，是可以突破今天在文学风格论的探讨上所形成的僵滞状态，有助于建立具有我们民族特色的风格理论的。

这里，我想再简略地谈谈威克纳格所提出的风格的二因素说，特别是风格的客观因素。这个问题今天探讨风格的论文虽然多未涉及，但是它在我国古代文论中却是经常论述到的。例如，上举《定势》篇就是申明势不自成，随体而成的体势相须之理。其要旨也就是说明作品的体裁规定了作品结构的类型，从这种体裁本身出发，要求作家必须顺应它的特定风格。《定势》篇所说的："章表奏议，则准的乎典雅。赋颂诗歌，则羽仪乎清丽。符檄书移，则楷式于明断。史论序注，则师范于核要。箴铭碑诔，则体制于宏深。连珠七辞，则从事于巧艳。"都是说明不同体裁应有其本身要求的不同风格。曹丕《典论·论文》所说的"奏议宜雅，书论宜理，铭诔尚实，诗赋欲丽"，也是申明同旨。至于陆机《文赋》所说的："诗缘情而绮靡，赋体物而浏亮，碑披文以相质，诔缠绵而凄怆，铭博约而温润，箴顿挫而清壮，颂优游而彬蔚，论精微而朗畅，奏平彻以闲雅，说炜晔而谲诳。"则更进一步从每种文体的特点与性质来说明每一文体所应具有的风格特色。我以为，这些见解正可以包括在威克纳格所说的风格的客观因素之内。自然，威克纳格有关风格客观因素的观点以及库柏对他的观点的修正和补充，并不仅仅限于阐明由文体的特点与性质所规定的风格要求。他认为风格的客观因素，可以就下述三方面来划分：（甲）从空间来划分，可得出民族的、国家的、方言或流派的、家族的风格等等。（乙）从时间方面来划分，即是各个历史阶段所形成的风格演变（主要表现在因时代不同而形成习惯语法的差异上）。（丙）即上述我国古代文论中所阐述的文体的特点与性质所规定的特定风格特色。库柏批评了威克纳格过分强调上面第三个条件，而把种族、时代等都归之于作家本身的人格的主观因素中去，这是不正确的。库柏指出："个人风格（即风格的主观因素）是当我们从作家身上剥去所有那些不属于他本人的东西，所有那些为他和别人所共有的东西之后所获得的剩余或内核。"我以为库柏这一论点是正确的。

一九六四年

一六一　自由与主观任意性

　　思想体系虽然是思想家有意识做成的，但其意识是虚假的，推动他的真正动力对于他始终是莫名其妙的，否则就不成其为思想体系的过程了。每个人的生活经历、内心活动、思想感情、教养、气质、才能、禀赋以及个人感受生活方式等等，多是积年累月形成的，甚至某些是来自遗传的素质。当它们一旦形成后，你不能违反这些因素，按照主观任意性去进行创作。这应当是个常识问题。如果写出来的东西不行，只能在平时通过长时期的艰苦锻炼去改变这些因素。而不能在这些因素未变之前，在创作时急于事功，用取巧的办法，妄求取得脱胎换骨之效。荀子曾经说过这样的话：可以强迫人的口沉默不讲话，可以强迫人的身体或伸或屈，但是却不能强迫人的内心改变他的意念，是之则受，非之则辞。荀子在一千多年前就懂得这一点。今天我们怎么能主张违心之论呢？撒谎还成什么文艺家？龚自珍是中国最早的杂文家,他曾经说过:庖丁之解牛,羿之射箭,僚之弄丸,伯牙之操琴,古之神技也。如果你对庖丁说,不许多割一刀,也不许少割一刀;对伯牙说,只许志于高山,不许志于流水;对羿和僚说,只许东顾,不许西逐,否则我就要鞭打你;那么这样一来,神技也就没有了。有人说,鲁迅的小说《药》,由于作者在坟上添了一个花圈,就增加了作品的亮色。我不赞成这种说法,亮色必须在作品中自然而然地流露出来,而不是外加的办法所能收功奏效。

一九八一年

一六二 新形式

在文学史上,随着每个重大历史时期的递嬗,都经历了一场艺术形式的变革。尽管莎士比亚仍然像歌德所说的是一位无人可以企及的伟大作家,可是现在哪个剧作者还会使用莎士比亚那种繁缛的充满隐喻和双关语的枝叶披纷的语言呢?这样做只有显得迂腐可笑。反过来,如果我们由于时间距离久远,已经不习惯莎士比亚在他那时代为当时所有剧作家所采用的那种语言表达方式,就断言他留给我们的凝聚着人类智慧精华的巨大遗产已经过时,于是掉首不顾,弃若敝屣,甚至以轻佻态度去任意加以贬抑,那也是愚不可及的。今天的小说作者也不会再采用巴尔扎克按部就班去描写宅邸、室内陈设、人物服饰和面貌那种近乎整齐划一因而多少显得板滞的表现手法了,虽然巴尔扎克仍然是今天不少作者的学习榜样。这并不奇怪,因为十九世纪作家所惯用的表现手法已经不能完全适应表现我们今天生活的气息、节奏、氛围和复杂多变的内容了。现实生活要求充分而完美地去表现它本身的新形式。

一九八二年

一六三　"不穿制服的将军"

不少杰出的作家，像有人所说的那样是"不穿制服的将军"。他们并不特别关心形式和表现手法问题，殚精竭虑地在这方面进行反复推敲，下功夫去精雕细琢。他们在构思的时候，往往把全部精力倾注在人物性格和生活意义的思考上，而在表现这些内容的时候却漫不经心，匆忙落笔，只求达意就行了。如果我们要从巴尔扎克作品中寻找形式或表现手法的缺陷，以至事件上的出入和情节上的漏洞，那是并不困难的。至于陀思妥耶夫斯基作品中的某些段落，更是写得拖沓、累赘、繁冗。但是，能够说巴尔扎克和陀思妥耶夫斯基不是伟大的作家么？能够说他们的作品没有自己的风格和作为伟大作家标志的独创性么？他们和同时代作家比较起来，谈不到有什么特别新颖的表现手法，更说不上在艺术形式上作出重大的突破。他们从生活中探索真理，用自己的眼睛去看，用自己的感情去感受，用自己的思想去思考，这使他们的作品留下鲜明的创作个性。这类作品是榛楛弗剪的深山大泽，而不是人工修饰的盆景。它们蕴含着内在美，我们可以用陆机所说的"石蕴玉而山辉，水怀珠而川媚"，去形容它们的内容意蕴所发生的作用。应该说它们也是敢于创新的作品。尽管写出这类作品的作家没有穿上镶滚金边威风显赫的元帅服，但任何人都会承认他们是文坛的宿将，征服人类心灵的大师。

一九八二年

一六四　新思潮与新成果

在过去长期"左"的思潮影响下，在自然科学中，曾有三十多种学科受到批判，涉及面是如此之广，以致在我国造成自然科学领域中的大量空白点。至于社会科学就更不用说了。长期以来，我们对待西方哲学社会科学的态度是厚古薄今。我们对西方当代哲学社会科学的新成果，可说是茫然无知的。尽管如此，我们却又信心百倍地对它作独断论式的批判。今天在引进外来东西时，自然应当吸收好的，抛掉不好的。但是，我认为在引进时，不要作过多的限制，我们还没有很好进行研究，先不要轻易地说哪些该引进，哪些不该引进。任何一种具有一定影响、发挥一定作用的理论，都应该认真对待，纵使其中有不好的成分，甚至大部分是不好的成分，也应该从其总体中剥取合理的内核，来为我们所用。人类的共同精神财富，不可能是没有任何缺点的绝对纯洁的，而只能是从有这种或那种缺陷的东西中提出的精华积累而成。

一九八四年

一六五　"各领风骚三五天"

学术领域内也有新陈代谢的问题，不过，更新不是趋新猎奇。新的诞生不是随心所欲，按照人的主观好恶，任意摆弄出来。在思想史上也有不少新流派，像旋风般一个接着一个涌现。近来理论界的新说似乎也露出这种旋生旋灭的迹象。有人开玩笑，把这类新说说成是

"各领风骚三五天"。黑格尔曾援引《新约》中的话来解释哲学史上新流派一个挤掉一个的现象。这段话的大意是：当你埋葬前人的时候，将要把你抬出去的人，已经站在门口。黑格尔感叹地说，新哲学、最新哲学、全新哲学已经成为十分流行的徽号。那些以为使用这些徽号能够表示某种意义的人，只要高兴就可以很容易地要贬斥谁就贬斥谁，要推崇谁就推崇谁，甚至把某一个平庸的空论高叫作哲学。照黑格尔看来，哲学史不是错误的陈列馆，每一种真正的哲学是不会完全消灭的。当它们推翻前人的时候，它们吸取了前人遗产中的合理因素；当它们被人推翻的时候，后人也会吸取它们遗产中的合理因素。那么，思想史上有没有不留痕迹、永远消失在忘川中的东西呢？有的，就是那些经不起时间洗刷、旋生旋灭的新说，因为它们仅仅是由于趋新猎奇而出现，它们毫不理睬前人遗产中的合理因素，它们自己也没有给后人留下任何有益的东西。它们只是思想发展史上的不正常的畸形儿。

一九八四年

一六六　垂杨柳和黄花鱼

直到今天，有人还在认为写社会缺点就是散布悲观情绪。也有人认为可以写阴暗面，但必须要有光明人物来衬托，如果没有一个光明人物出来现身说法，那就是违反了文学必须表现典型的原则。还有人认为写我们的缺点，就应该加倍地去写敌人的罪恶。甚至就是不涉及缺点问题也是一样。比如以解放战争为题材，要写我军的牺牲，就必须加倍地去写敌军的惨重伤亡。不管作者把侧重点放在哪里，不管作者要表现什么，也不管作品总要受到题材的一定局限不可能这样来处理，倘使作者不硬加上这一条，那就是长敌人志气，灭自己威风。这不禁使我想到老舍在解放初所写的《学习当先》一文中说过的几句话。这几句话的大意是，任何作品都不可能是一部包罗万象的百科全书，每篇作品都针对一定对象，作者只能在这篇作品中有限度地传达某一点思想，激起某种感情的反应。倘使作者写的是垂杨柳，而批评者说他没有写出黄花鱼，那只能说是强人所难的题外发言了。现在三十年过去了。评论者对于那些抉发弊端的作品所发出的求全责备，使人不得不遗憾地认为他们仍旧是老舍所说的那种强人所难的题外发言。我不知道我们的作家倘使像《毁灭》的作者那样，以那支溃败的游击队走出原来战地作为收尾，将会遭到怎样的责难？也许被呵责为败坏士气毁我长城还算是从轻未减了。可是，试问：《阿Q正传》里有什么先进人物或正面形象呢？

一九八〇年

一六七　新的不一定都是好的

　　在艺术形式和表现手法的探索中，可以继承民族的东西，也应该引进外国优秀的东西。鲁迅就是后者的典范，他把国外（特别是俄罗斯文学）的艺术形式和表现手法引进到他那和我国传统作品截然异趣的新小说中来，从而揭开了我国新文学史的第一页。如果没有鲁迅筚路蓝缕、披荆斩棘之功，就不会使我们的小说如此顺利地出现今天这种局面。自然，从国外引进新的表现手法这项工作并没有终结，仍应继续下去。但是，很不幸地，这项工作长期以来中断了。十年浩劫使我们成了固步自封的闭关锁国。其实早在解放初"一边倒"的情况下，西方就已成为一个未经探测像被魔法禁锢起来的世界。对于这片陌生的国土，我们虽然一无所知，却信心十倍地确认那里的一切，从社会、政治、经济、工业直到科技、文化、道德、艺术等等，都是垂死的、腐朽的、行将崩溃的。可是当我们痛定思痛，懂得了必须认真总结过去的经验教训之后，通向西方的窗户终于打开了。我们像华盛顿·欧文笔下的里凡从一场大梦中醒来，惊讶地发现我们并没有看见事实的真相。过去那种坚定的信心，原来是盲目的唯意志论。过去那种深信不疑的确认，原来是经不起事实考验的主观独断。现在我们再向西方望过去，对那些五彩缤纷、朱紫杂陈的奇景应接不暇，不免看得眼花缭乱，头晕目眩。于是，在匆匆忙忙引进西方的科学技术、成套装备和文化艺术的同时，也涌进了贴上洋商标的盲公镜、已经过时的喇叭裤、走了样的开字头。似乎我们要像性格开朗、活泼好动、喜新厌旧、追求刺激的美国人所掀起的"中国热"那样，也搞一场"西方热"或"美国热"，来报之以桃李。面对这种从未碰到的新形势下的新问题，我们怎么办？如果有人主张重袭前清顽固派保存国粹的那种对策，或者干脆采取义和团扒铁路、砍电线杆的那套蛮干办法，我是坚决反对的。小青年戴上贴洋商标的盲公镜如痴如醉向往西方生活方式的迷洋心理，固然是值得我们关心和重视的社会问题。但是，我们也不必感叹人心不古，世风日下。我们应该探索它的社会根源，认清这是历史对长期以来所形成的闭关锁国的无情惩罚。不必强制那些盲目迷洋的小青年改装易服，还我故衣冠。我们要学会循循善诱，相信他们一旦受到良好教育，有了较高的文化素养，变得更文明起来，他们自会懂得怎样把自己打扮得更美一些。重要的问题是，从国外引进什么和怎样引进？这是需要严肃认真思考的。我认为鲁迅所提倡的"拿来主义"

仍是我们必须遵守的原则。拿来，就需要辨认、识别、取舍、融化……其目的是为了祖国的"四化"，这就必须要有冷静的头脑和科学的态度。我不赞成像外国人那样一窝蜂地搞什么热。西方一些作家所盛行的不断花样翻新的做法并不值得我们效法。是不是可以把那里文艺界不断出现的旋生旋灭的种种新异流派，看作是文艺商业化的表现呢？罗曼·罗兰在《约翰·克利斯朵夫》中曾经描写过巴黎的艺术市场，请读一读《节场》这一章吧，它会使我们懂得新的并不一定都是好的。

一九八二年

一六八　圣像艺术

记得去年国外有个艺术工作团到上海，这个团的一位代表在一次报告中说，我们与文艺复兴时代意大利的艺术家，相隔约有五个世纪了，但我们认为他们所创作的那些优秀的艺术品，对我们仍旧有重大的意义。他们画了一些圣像，难道圣像对我们还有什么意义么？不是这些圣像对我们有意义，而是他们通过这种形式，真切地反映了周围的现实。接着他举出米盖朗琪罗的《大卫》的塑像做例子，他说，《圣经》的内容只是促成艺术家创作的动机，主要的是塑像中所表现的兴奋情绪、战斗的决心、胜利的信念，这是当时时代精神的表现。这样的艺术品是有着永远的意义的，时间不能洗刷它们。这些作品虽然是从宗教故事中取材，却不像当时多数宣传宗教的作品一样，限制在宗教宣传的狭隘的圈子里，到今天已经完全泯没，变成了化石和僵尸。

一九五三年

一六九　说真诚

　　文学不能用真诚来概括，但文学一定要真诚。难道撒谎还是文学吗？有人反驳说，迷信也是真诚的，希特勒也自认是真诚的。所以不能说，凡真诚的作品都是好作品。我不同意这种驳诘。我认为真诚只有建立在人的自觉上面，建立在非异化的主体上面，建立在真正的人性上面。这才是它的本义。马克思说："专制制度必要具有兽性，并且和人性是不相容的。兽的关系只能靠兽性来维持。"人性如果异化为兽性，是谈不到什么真诚的。十九世纪英国艺术理论家罗斯金曾经说过："少女为失去爱情而歌是感动人的，守财奴为失去金钱而歌就不会感动人了。"就因为后者的感情不是人性的感情，而是人性感情的异化。

　　在艺术鉴赏上，我爱好上世纪那些现实主义的好作品，但我主张艺术多元化。"声一无听，物一无文"，艺术的生命在于多样性。

　　长期以来，我们只有从苏联稗贩来的那种现实主义模式，其实这只能算作一种伪现实主义。教条主义猖獗时期，"现实主义广阔道路论"和"现实主义深化论"受到批判，使我们对于试图突破极左思潮而提出这些理论的论者深怀敬意。但不幸的是我们不得不承认，这些理论家并没有摆脱伪现实主义模式的拘囿。我们还没有现实主义。

一九八八年

一七〇　以翻译入文学史

　　威廉·席勒格（A. W. Schlegel）（一七六七——一八四五）是德国

的浪漫主义文学家，主要从事翻译和评论工作。他曾说，他对莎士比亚的钻研，"曾奉献了自己生命中的不少年代"。这不是虚言。仅就翻译莎士比亚作品这一方面来说，他就花费了十多年的心血，惨淡经营，数易其稿，迄今仍可说是一部优秀的译述。由于这种辛勤的劳绩，他被载入文学史册。勃兰兑斯（G. W. C. Brandes）在《十九世纪文学主潮》中说：席勒格的翻译"可以被视为堪与莎士比亚比肩的德国诗人的作品"。这种说法也许不免有些过分，但席勒格的贡献确实是巨大的。在他以前，还没有人按字逐句地来翻译莎士比亚。他的翻译不仅忠实于原著精神，而且在诗体形式的推敲上也是字斟句酌，煞费苦心。文学史家说，自席勒格的翻译问世，中欧和北欧成千上万不懂英语的读者，才得以发现莎士比亚的才华，从而使这位伟大的英国诗人在自己的域外国度里"复活"了。

一九六二年

一七一　席勒格的讥讽说

席勒格在哲学思想上受到费希特和谢林的影响，他的理论有时带有浓厚的神秘色彩。例如他把莎士比亚说成是"半神"、"先知"、"高级守护精灵"等等，都使人有神秘惝恍的虚浮之感。在美学观点上，他和他的兄弟弗里德里希创"讥讽说"（ironic）。黑格尔在《美学》中曾对此说（《美学》朱光潜译本译作"滑稽说"）加以剖析和批判，读者可参阅。席勒格也运用了"讥讽说"去分析莎士比亚使悲剧性和喜剧性互相交叠的手法，以印证自己的观点。他说："人与人之间的关系都可以用一种讥讽的观点来加以考察，而并不混淆区别善与恶的永恒标志。"照他看来，莎士比亚也是按照这种原则来写作的。这种强古人以从己意的说法，显然是牵强附会的。莎士比亚打破古典主义的传统，使用了悲剧性与喜剧性交叠的手法，是一个值得探讨的问题，但决不能说这是出于莎士比亚对人生采取了一种讥讽观点的缘故。不过，席勒格在评论莎士比亚时，也说出许多精辟的意见。他在《关于文学艺术的讲话》一书中说："人们反对莎士比亚的最大理由之一，就是认为他表现了使人厌恶的道德败坏来伤害我们的感情，毫不动心地把我们投入苦恼之中，甚至还展示了最不堪入目最令人反感的景象来折磨我们的意识。的确，他从来不用悦目的外表去遮盖粗野的血腥的情欲，从来不用虚伪伟大的外表去掩饰罪行和不义；在这一点上，无论从哪方面来说，他都是值得赞美的。"这些意见如果和黑格尔在同一问题上所显示的偏见比较一下，就可以看出席勒格对莎士比亚的理解有时是很有见地的。

一九六二年

一七二　柯勒律治谈《理查二世》

　　柯勒律治（S. T. Coleridge）是个诗人，又是一个哲学家，他的评论显示了他的深思和诗人气质，但也多少带点神秘意味，这使他的文笔显得相当晦涩。在英国莎学研究著作中，我最喜欢的是柯勒律治的《关于莎士比亚演讲录》。虽然我读这书很吃力，因为其中夹杂着不少希腊文、拉丁文、苏格兰文；还有许多双关语、隐喻、省字符号。但耐心读下去，仍可发现其中闪烁着机智的光芒。我曾经尝试翻译这本书的《论〈理查二世〉》，终因困难，未能完稿。

柯勒律治在谈到《理查二世》这本剧本第一幕第四场时作了这样的分析：这一场有一道新的光芒照射到理查的性格上面，在这以前他一直显示了君王的华贵，可是这一场，当他一旦无拘无束的时候，他性格中的固有弱点马上显露出来了，这种弱点并不在于他缺乏个人的勇气，也不在于才能上存在某种缺陷，而是由于他具有一种脆弱气质，使他感到有依赖别人支持和信赖那批谁都知道的下流角色的需要。必须把理查的一切恶行看作是这种弱点的后果。他的隐瞒和狡诈，所有这些手段都完全是为了排除眼前的困难。他不是一个堕落的人，可是我们在他身上看到人们通常具有的那种诡辩。人们可以用这种诡辩欺骗自己的良心，为自己的过失进行辩解，同时在日后再重蹈覆辙。柯勒律治认为，莎士比亚以非常独特的方式再现了这种特性。他并没有把理查写成一个可爱的人以抵消他的过失，而是依靠理查的不应受到的折磨和逐渐露出使人同情的善良，毫无保留地把这些过失公开地全面地揭露出来。这所以可能，是由于理查的过失不是积极为恶，而是萌于他性格上的缺点。柯勒律治在谈到第二幕第二场时，对理查的性格作了补充说明。他认为莎士比亚并没有把理查写成一个粗卑放荡的人，而是把他写成一个表面看来任性的人，一个脆弱的友情主义者，一个对自己所接近的人具有妇人般的爱心的人，一个误认那些被自己所爱的人也必然爱自己而感到喜悦的人。柯勒律治认为，莎士比亚总是尊重所有人的天性的产物；他从不以轻蔑的态度去阐述真实的（不管是多么难以说明的）人类的感情来玷污他的缪斯。

柯勒律治提到了这个剧本的另一个人物，他认为在莎士比亚作品中很少有其他人物比约克的性格写得更令人赞叹。约克的宗教的虔诚和他对君主愚昧所感到的深刻悲哀产生了剧烈的矛盾。他恪守着他的誓言和他的忠诚。观众可以看出他的老年的衰弱和环境的不可抗拒。他竭力要在抽象的忠心中得到慰藉，甚至不惜付出牺牲自己儿子的重大代价。这种偶发的软弱，跟理查不断增长的思想力和不断减少的行动力是平行的。

柯勒律治时或从一句台词中揭示出人物的心理和性格。当波林勃洛克击败理查，以胜利者的口吻说："贵爵，请你到那座古堡的顽强的墙壁之前……"柯勒律治言简意赅地指出："看：波林勃洛克在踌躇满志和必须做作之间的微妙的心理斗争。"这些都是十分深刻的。

我对柯勒律治没有什么研究，小时上英语课时，读过他的《古舟子咏》，其中若干警句，至今尚可背诵。后来读过他的几篇哲学性很强的论文，而读得较多的就是《关于莎士比亚演讲录》了。

一九六四年

一七三　撒缪尔·约翰逊的"褒贬格"

撒缪尔·约翰逊（Samuel Johnson）是英国十八世纪的著名学者，曾编注过《莎士比亚戏剧集》，他为这部戏剧集所写的《序言》已译成中文（见一九五八年第四期《文艺理论译丛》）。约翰逊的文艺理论与其说是"朴素的现实主义"，倒不如说更接近于十七世纪以来盛行一时的古典主义。他主要是吸取了亚里士多德的"模拟说"和贺拉斯的"教益说"，因此尽管他为莎士比亚不遵守"三一律"而辩护，尽管他也批判了伏尔泰贬斥莎士比亚的某些观点，可是实质上他像十七世纪法国古典主义派一样，是以理智为基础去衡量文艺作品的。唯一的区别只在于他不是那样呆板死硬地墨守古典主义派的陈规罢了。

虽然约翰逊对莎士比亚的评论也不无一些可取之处，但他的确存在着赫兹列特所指出的那种"时褒时贬"的古怪现象，他的论点缺乏逻辑的一贯性，常常互相矛盾，他所赞扬的东西往往会一变而为他所指斥的目标。例如，他在《序言》中说：莎士比亚的戏剧是"生活的镜子"，写得那样自然，那样逼真，以致读了他笔下的那些场景，"连一个隐士也会对尘世间的事务作出判断，甚至一个修士也会预测到爱情怎样发展"，而不像"其他剧作家只能用夸张的或涂黑的人物，用难以令人相信的和绝无仅有的美德或罪恶来吸引人们的注意，正如粗俗的神怪小说用巨人和侏儒来刺激读者的好奇心"。这似乎对莎士比亚给予了高度的赞美，可是，仅隔一二页，他就以教诲主义的面目来斥责莎士比亚"牺牲美德，迁就权宜，而不大考虑如何给读者以教导，因此他的写作似乎没有任何道德目的。他没有给善恶以公平合理的分布，也不随时注意使好人表示不赞成坏人"；甚至连莎士比亚的词句也是违反自然的，因为他"喜欢用过多的浮夸华丽的字眼和令人厌倦的迂回曲折的长句，本来应该用几句话把一个事件平易地说出来，他却费了许多话来说它，但仍没有把它说好"等等。这一类以己意要求前人的吹毛求疵的批评，只能说是夸大的、狭隘的、偏颇的。正像赫兹列特所说的，约翰逊不理解莎士比亚，因为他的理智根本无法掌握美。这种抑扬任声的文体，我姑以"褒贬格"名之。

一九六二年

一七四　谈史密斯《莎士比亚评论集序》

这篇文章评述了自一六二三年《莎士比亚戏剧集》第一对开本问

世直至十九世纪中叶莎士比亚评论的发展历程,由于它所提供的资料具有一定的参考价值,所以我曾将全文译出。

关于作者尼古尔·史密斯(Nicole Smith),译者知道得很少,不能说出什么来。但就这篇文章来看,他显然是属于一种客观主义的批评。他竭力为德莱登(J. Dryden)和约翰逊这两位早期的莎士比亚评论家进行辩解,赞美之诚溢于言表,也许是怀着一种思古之幽情并慑于他们在英国所享有的盛名罢。但是最主要的是这两个人对莎士比亚的评论恰恰都是折衷主义的。他们一方面套用古典派的陈规把莎士比亚说得一钱不值,一方面也许是不想违反公众的爱好把莎士比亚说得天花乱坠。我们实在不懂,莎士比亚如果真像德莱登所说的"他时常是单调的,乏味的,他的喜剧的智慧陷入了生硬,他的豪言壮语陷入了夸大","他的才智比他的语言更为粗俗",那么,这样一个拙劣的诗人还有什么可以值得我们赞赏的地方呢?可是史密斯却同意约翰逊对德莱登评论的评价,因为德莱登也说出一些谀美之词,于是它就成了"赞美的批评的典范"。并且,史密斯还以绅士的礼貌,用委婉的词句,含沙射影地指摘了赫兹列特(W. Hazlitt)对约翰逊的批判(见《莎士比亚戏剧人物论序言》),赫兹列特对约翰逊的批判虽然并不完全正确,但就基本倾向说是进步的,从而取代了体现十七、十八世纪陈腐理论的约翰逊的落后观点。史密斯看不出文学发展史上的新旧之争,他竟认为以柯勒律治、赫兹列特为代表的十九世纪英国莎士比亚的评论"是早期英国评论的自新的直接的发展"。这说明他的文学史的知识是可疑的。

照史密斯看来,只要说莎士比亚是一位自然的诗人就等于说出了真理。班·琼生是这样说的,德莱登、约翰逊是这样说的,柯勒律治、赫兹列特是这样说的，于是英国的评论从十六世纪开始直到十九世纪中叶一脉相承，形成了一种"自然的直接的发展"。史密斯忘记了把艺术当做生活的一面镜子这种观点最早是由莎士比亚本人提出来的。（见哈姆雷特对伶人谈话的一场戏。）除了这种不应有的疏忽之外，史密斯还忽略了一个更严重的问题，就是古典主义、浪漫主义、现实主义赋予自然这个字的涵义是具有原则的差异的。如果把它们混淆起来，就等于取消这些流派的根本分歧了。

史密斯对于十九世纪赞美莎士比亚的评论颇多微词，他的贬责有一条是"偶像崇拜"。偶像崇拜往往产生于一种缺乏智虑明达的愚昧，一种幼稚无知的狂热，一种牺牲独立的奴从，自然是可厌的。但是史密斯把偶像崇拜用在莎士比亚身上并不恰当。是的，我们不应该像席勒格那样把莎士比亚说成是一个先知，或者像卡莱尔那样把莎士比亚说成是一个神人（见《英雄与英雄崇拜》）。不过，我们必须把对于杰出人物的崇敬之情和偶像崇拜严格地区分开来。整个十九世纪，除了少数例外，那些文学巨匠和伟大的批评家都对莎士比亚怀着应有的崇敬，如果用"偶像崇拜"去加以指责，那对他是不公正的。就以这一时期的英国评论家来说，也并不全都作出了夸大的溢美赞歌。例如柯勒律治就是一例，他在评论《李尔王》时就指出了这个剧本中的某些缺陷。他是以尊敬之情来指出这些缺陷的。尽管如此，照我们看来，他的评论较德莱登、约翰逊的过甚其辞的时褒时贬是更接近于事实的。

史密斯在这篇文章中还竭力为英国的莎士比亚评论家吹嘘，一再强调英国的评论并未受到德国评论的影响。他似乎把影响简单地看成是抄袭或引申别人已经说过的话。但是影响的真实意义应该从文艺思潮上去理解。十八世纪末至十九世纪初浪漫主义思潮统治了西欧的文艺界，这种思潮在西欧各国之间彼此都有着互相影响的痕迹。无论是柯勒律治或是席勒格都卷入浪漫主义思潮中，正因为这个缘故，他们两个人各自独自思考的情况下得出了大致类似的看法。

就笔者的理解，关于英德两国在评论莎士比亚方面谁影响了谁的问题，应该认为是德国人领先的，因为歌德早在柯勒律治和席勒格之前就论述过《哈姆雷特》了，他是他们两人的先驱者。这里还没有把莱辛计算在内。就评论内容的深度来看，英国人也是远逊于德国人的。英国在十六、十七世纪之际出现了伟大的思想家培根、霍布斯等。但是在文艺理论方面，却显得贫乏而平庸。在莎士比亚评论方面只有一个柯勒律治的论文尚有可观，这实在令人为之感叹。

一九六二年

一七五　泰　纳

黑格尔曾经说过："法国人最不会了解莎士比亚，当他们修改莎士比亚的作品时，他们所删削去的正是我们德国人最爱好的部分。"泰纳（H. Taine）在《英国文学史》有关莎士比亚的章节中一开头也说："我要论述的是一个为所有法国式的分析头脑和推理头脑所迷惑不解的非凡心灵。"这里指的是法国十七世纪的古典主义派。

统治了法国达两百年之久的古典主义派是以冷静的理智为基础的。古典主义派所谓的"纯正的鉴赏力"是非常狭隘的。他们认为艺术创作在意义和表现方式上都要做到符合规则和沿袭陈规，必须把现实生活刨平磨光，成为概念化的东西。他们使舞台上充塞着矫揉造作和豪言壮语。他们为艺术所规定的清规戒律，使莎士比亚成为不堪卒读的荒谬作品。伏尔泰就这样说过：莎士比亚是一个"喝醉了酒的野蛮人"，而莎士比亚的作品只是"在粪便里夹杂着珍珠"。

泰纳的文章可以说是向古典主义派挑战的檄文。虽然他不是头一个起来背叛自己本国传统的艺术家，因为在他以前司汤达和巴尔扎克都以深刻的艺术鉴赏力表示了对于莎士比亚的推崇，可是在法国以反古典主义派的观点比较全面地来论述莎士比亚，毕竟还要算泰纳最早。

泰纳的艺术理论，以笔墨酣畅、风格华丽见称。他那流利的词句，如瓶泻水，使读者毫不疲倦地一口气读下去。在莎士比亚论中，他企图通过作品的分析，描绘出一幅作者的肖像，以显示作者的精神面貌。这种写评论的方法，可以说是另辟蹊径，别具一格。他在理论表述方式上也显示了强烈的艺术色彩。他的语言充满形象，采用了各种比喻，显得生动活泼，使读者产生一种具体感受，从而往往把读者不知不觉地引导到他的论据方面，自然而然地被他的观点所感染。

就思想体系来说，泰纳属于文化历史派。文化历史派是指十九世纪下半期受孔德实证主义影响的一些理论家。在法国有泰纳，在丹麦有勃兰兑斯（即《十九世纪文学主潮》的作者），在德国有谢莱尔（德国语言学家）。泰纳认为决定一部文学作品有三个最根本的因素："种族、环境和时代。"其中作为"第一性因素"的"种族"，属于主观感觉的天赋、情欲、本能、直观、想象等性质，成为决定一切的"永恒的冲动"。这个"永恒的冲动"是形成历史发展的根本动力。他像孔德一样，把力学、生物学、社会学综合在一起，并且宣称科学的任务是描写人类的主观感觉。他在论述莎士比亚的时候，自然也不免流露了这种实证主义美学观点。例如他说："人们把一切事物都涂上了自己的思想色彩，人们是按照自己的观念去形成世界的。"他认为莎士比亚本人身上的种种性格特点，都必然会在他笔下人物身上反射出来。他在反对古典主义派时所流露的直观主义，有其积极方面，也有其消极方面。

一九六二年

一七六　莎剧在中国的上演

过去莎士比亚的戏剧很少在中国上演。最近举行了莎士比亚戏剧节，这自然是件好事。但是在筹备过程中，不少人提出要用中国戏曲的形式，我提出不同意见，遭到了主持人的强烈反对。现在用戏曲演出的莎剧，据说在莎士比亚本土也博得了称赞。但是，我仍认为莎士比亚戏剧开始在中国演出，要严格采用道安废弃格义和鲁迅所主张的译文保存洋气，而不能采用以外书比附内典（格义）及削鼻挖眼（归化）的办法。外国人对于用戏曲方式演出莎剧表示称赞，或是出于猎奇，或是出于要看中国是怎样理解莎士比亚。但我们的立场不同，我们并不想知道中国戏剧家怎样使莎士比亚归化，而是要理解莎士比亚真面目究竟是怎样的。如果一个从来没有看过莎士比亚戏剧的观众，看了用中国戏剧形式归化的莎士比亚之后说："原来莎士比亚戏剧和我们黄梅戏（或越剧或昆曲）是一样的！"那么这并不意味介绍莎士比亚的成功，而只能说是失败！

一九八六年

一七七　黑格尔论莎剧的偏见

我们究竟应该怎样看待那些揭露丑恶或抉发弊端的作品？这类作

品往往遭到人们的误解。但文学不应说谎，不应粉饰。刘勰在一千多年前就曾经批评过那些回避生活真实的玄言诗赋。他所说的："世极迍邅，而辞意夷泰"，就是对这类虚假作品的针砭。在我们的文艺界，歌颂和暴露向来是一个有争议的问题。我很怀疑文学作品能不能按照长期形成的习惯划分为歌颂文学和暴露文学，我更不能赞同把那些抉发弊端的作品看作是违反文学将人提高的使命的。我认为，这是一种误解。倘使追源溯流，应该说它根源于古老的美学偏见。黑格尔在《美学》的序论中，曾指出西方惯用的几个美学名词（Asthetik 或者 Kallistik）都不能十分恰当地表现美学的内容。但是，他自己也没有摆脱上述那种偏见，对美作出精确的界说。他在《美学》中说："如果事物内在的概念和目的本身已经是虚妄的，原来内在的丑在它的外在的实在中也就更不能成为真正的美了。"由于强调理想美，他认为反面的、坏的、邪恶的力量不应作为不可少的反动作的根源，这种偏见使他对自己所崇敬的莎士比亚也作出了一些显然错误的审美判断。比如，他认为艺术不应引起罪恶和乖戾的印象，因而他对《雅典的泰门》和《李尔王》都不无微词，责备前者"没有合理的情志"，而后者则是"渲染罪恶"。他说："古代大诗人和艺术家从来不让我们引起罪恶和乖戾的印象，莎士比亚则不然，他在《李尔王》悲剧里却尽量渲染罪恶。"黑格尔偏爱古希腊艺术，将它标准化、偶像化。他的美的理想仍受到艺术只应表现美好事物的传统美学观念的束缚。正像车尔尼雪夫斯基所说的："把艺术作品必要属性的形式美和艺术的许多对象之一的美混淆起来了。"其实揭露黑暗与丑恶正需要作者的心的光明。果戈理曾经很机智地说明了这一点。有人问他作品中的肯定力量是什么的时候，他回答说："我的'笑'。"幸而黑格尔常常从抽象领域进入到现实世界，摆脱了他的思辨结构框架，这才使他对许多作品也包括莎士比亚剧作，作出了深刻精辟的分析。如果他僵硬地死守上述那个美学命题去评骘一切，那么，他那部具有卓识的《美学》就将成为令人无法卒读的著作了。

一九八〇年

一七八　莎剧不能上演说

　　上世纪英国拥有一批表演莎剧的著名演员：加立克（Garrick）、肯布尔（Kemple）、铿（C. Kean）等人。他们享有盛誉，蜚声海外。令人感到遗憾的是表演艺术受到时空限制，除从当时看过戏的人所留下的印象和观感的记录去了解他们之外，别无办法。我曾在司汤达的《一个自我中心者的手记》中，读到他在伦敦看了铿表演奥瑟罗后所发出的赞美。但是这毕竟不能替代自己观看演出的亲身感受。六十年代初，我偶尔发现加立克曾著有《戏剧杂谈》，曾辗转托人到图书馆去借，到国外去买，却始终未能觅得。直到今天这仍是我的一大遗憾。

　　却尔斯·兰姆（C. Lamb）《关于莎士比亚悲剧上演问题》是一篇颇为奇特的论文。它一开头就使我惊讶地读到他对加立克的抨击。他说他在威士敏斯特寺院发现一座加立克的雕像。这座被兰姆称为光怪陆离的塑像和荒谬无稽的铭文，使他大为反感。他说："我虽然还不至于像某些外国天主教徒一样，把所有的演员都排斥在神圣的场所以外，可是我得承认，在这个使我们远隔尘世嚣扰的地方竟会发现一种剧场气氛，不能不使我为之不齿。"兰姆把作家的剧本和演员的表演看成是截然不同的性质。他感叹人们竟然丝毫不假思索地把创造诗的意象的能力，和把这些意象化为文字后再去朗诵它们的能力混为一谈。他认为，戏剧诗人所拥有的掌握人类心灵的本领，和演员用以娱乐观众耳目的低级技巧是毫不相干的两回事。我以为兰姆的这些意见是偏颇的。他所划定的作家和演员之间不可逾越的界线，严格说来并不存在。好的演员也应该像他说的作家那样去掌握人类的复杂微妙的心灵，并以精湛的演技把它表现出来。反过来，不好的作家也往往像他所说的娱人耳目的演员那样流于平庸和浅薄。兰姆的话说得太绝对了。接下去兰姆又提到观众。他认为观众从戏剧中所得到的一切愉快，只有依赖演员的表演。他以自己为例说："我不能这样忘恩负义地忘记了几年前我头一次看到莎士比亚的一个悲剧演出时所感到的高度满足。这次演出由两位大演员分饰剧中的主要角色。它似乎使得我们头脑中一直没有明确成形的想象具体化、现实化了。可是，为了这种幼稚的愉快和这种明确的意境，我们却付出了整整一生作为代价。那种新鲜感过去了，我们沉痛地发现我们只是把一个美妙的幻境贬低到物质化的标准。我们为了寻求一种不能实现的实体而放弃了梦幻。"我不能说这些针对加立克这样的演员所作的指摘是否公正。不过，我觉得倘用来印证我们的某些表演艺术，我们就会发现，这些批评竟是如此切中肯綮，好像正是针对我们的剧场而发的。许多名著改编后演出的情况比兰姆说的远为严重。前两年哄起来的以传统戏曲形式表演莎剧不用多说了。最近上演的充满脂粉气的电视剧《红楼梦》与被改得面目全非的《长生殿》，都使我觉得应该重新考虑兰姆对于表演艺术的评价。他认为卓越的剧本不是为舞台而写的，只能供读者去阅读，这种看法我不能苟同。不过，他指出舞台演出损害原作的情况，却是相当普遍存在的。几年前我看了英国老维克剧团演出的《哈姆莱特》使我产生了一种茫然若失的感觉，好像原著的形象从我心目中消失了。

一九八八年

一七九　忒耳西忒斯式的酷评

> 请你们在公文上老老实实照我本来的样子叙述，不要徇情回护，也不要恶意构陷。
>
> ——奥瑟罗

我们对于这两年间涌现出来的一些不是按照通常习惯把角色划分为好人和坏人的写法，而是表现生活真实的作品，并不是都能接受的，有时甚至还发出了不公平的责难。作家需要别人实事求是地正确理解他的作品。评论者纵使不能成为作者的知音，至少也要尽量去理解作者的创作甘苦，可是有的评论者往往把已经习惯了的审美趣味的惰性当作评价作品的唯一准则。如果一部作品出现的人物既不能简单地归为好人，也不能简单地归为坏人，却是像生活本身那样具有复杂的性格，而作者对这样的人物又不是简单地抑扬或作出一览便知的褒贬，而是同情中夹杂了批判的成分或批判中夹杂了同情的成分，那么这些评论家就不免对之瞠目结舌，不知所措。而比这更糟的是不屑理解就硬以已经定型的习惯标准率尔判定是非。我不知道评论者根据什么逻辑又有什么权力，可以把别人作品中的复杂的人物性格按照自己所熟习的非此即彼的分类法去任意归类，把作品中的复杂的思想感情强行纳入自己看人论事的简单划一的尺度去妄作解人，然后再把这种歪曲了原著精神实质纯属捕风捉影的主观独断当作铁证，从而义形于色地进行无的放矢的指摘？最近我读了一位批评家对《在社会档案里》的批评文章，我感到自己不能沉默，因为这类批评并不是孤立的现象。我在本文里不可能以更多的篇幅来评论这个作品的功过，我只是想顺便提一下，嬉笑怒骂虽然皆成文章，但是意在求胜却不是批评的应有态度。我不懂那篇评论文章为什么要运用比"一个阶级只有一个典型"更偏颇的理论，把作者写的在十年浩劫中一个紧跟林彪——用作者的话来说"倒下去的人越多，官做得越大"的部队坏干部，充当作人民解放军的全体，从而对作者大张挞伐，并加上了给"最可爱的人"抹黑，给老干部"挂走资派黑牌"等等吓人的罪名？过去一位外国戏剧家把我国京戏中武生背上的四面靠旗当作了四支军队，这虽然可笑，但是，呜呼！他毕竟还没有把一个军人，哪怕他是军队的"大首长"，作为整个军队的化身！我不懂这篇评论为什么既然声明不敢说作者笔下的一个人物的思想就是作者的思想，可是紧接着笔锋一转，又以这个人物误入歧途的行为作为唯一的根据，去呵责作者本人竟"公然宣扬叛国无罪"？倘使把这种方法施诸前人，像普希金和莱蒙托夫这样的作家也会遭到无妄之灾。评论者可以质问：奥涅金开枪打死了自己的朋友兰斯基，这是什么行为？毕巧林的故事冠以"当代英雄"的美名，这是什么思想？作者必须为自己笔下的人物负起道德上以至法律上的责任，因为作者并没有在自己人物身上粘贴区分善恶的显眼标签，为读者提供现成的褒贬答案。如果作家没有采取金圣叹评《水浒》那种眉批夹注的办法，对书中人物的每句话和每一行动都作出塾师批卷式的诸如"妙"、"丑"、"狠毒"、"可畏"、"绝倒"之类的案语，那就是作者没有表态，没有批判，没有站稳立场。我想，鲁迅所说的分明的是非与热烈的爱憎，这种评论要求完全是风马牛不相及的两回事，都是需要具有思想力和艺术鉴赏力的评论者,以严肃认真的态度实事求是地深入到作品艺术形象的真实性中去探讨作家思想感情的复杂表现,才能作出中肯的审美判断。十年浩劫遍及全国的大批判造就了一批比著名的忒耳西忒斯还要严厉、还要粗暴、横行阔步的酷评家。随着"四人帮"的覆灭,这种显赫一时的大批判再没有耀武扬威的余地了。但是余毒未清,大批判的病菌也会侵入我们自己的机体,这是需要我们警惕并加以克服的。但愿那种无限上纲、罗织罪名、打"语录"仗式的驳难攻击,永远消失不再重演罢。

一九八二年

一八〇 开拓鲁迅研究的领域

我们的文学理论研究工作,分工分得很细,好处是向专的方向发展,使各个专题可以研究得深,研究得透,避免囫囵吞枣,只留下一个模糊轮廓的粗枝大叶作风。但是,分工过细也会产生另一种弊端。那就是各守各位,画地为牢,为各自所选的专题所拘囿。这种河水不犯井水的办法,势必造成隔行如隔山的很大局限性。鲁迅、郭沫若、茅盾、老舍、巴金……都成了一家之学,一个萝卜一个坑,研究者各守自己的领地,只盯着自己的专题,不肯越雷池一步,放开眼界,关心一下自己那个小天地以外的广大世间。这种情况倘不急速扭转,将会使我们的研究者成为所谓"分工的奴隶"。

早在一千多年前,刘勰就已感叹当时论者"各照隅隙,鲜观衢路";"各执一隅之解,欲拟万端之变,所谓东向而望,不见西墙也"。我很怀疑我们那种分工细到这种地步的研究方法,会有怎样的功效?

研究自然应有重点。人的才能、禀赋、志趣、爱好互异,修短殊用,难以求备。何况每人都受到时间、条件、精力的限制,怎么能够成为博览群籍、无所不晓的饱学之士?不过,我觉得,我们的研究者最好从拘于一隅的狭窄范围走出来,就力之所及争取做到博一点,至少对于和自己专题有着密切关联的学科,也花工夫去钻一下,这不仅有好处,也是必要的,天地是广阔的,何必都挤在大体雷同的题目里作着大同小异的研究呢?我们应该提倡一下敢为天下先的开风气精神。研究鲁迅不一定都非得走直径,是不是可以开拓一些表面看来似乎与鲁迅研究并无直接关系而实质上对于鲁迅研究却大有裨益的领域呢?

鲁迅的学识是广博的,多面的。他的作品涉及古今中外,其本身就蕴藏着多种学科的综合,一直延伸到自然科学领域。如果不采用综合法去进行剖析,就难免捉襟见肘,穷于对付。不要以为对鲁迅作品中所涉及的那些人名、书名、事件等等,找出出处,作出注释,就算大功告成,任务完毕。这些工作虽不可少,但毕竟是研究的初阶或前奏。六十年代初期,我们报刊上开始出现过号召研究者注意科学杂交和边缘科学的呼吁。有关科研工作方法问题一度引起了学术界的注意。在古史研究上还提出过文献和文物结合的研究方法,并取得了一定成绩。但是这个良好的开端不久就夭折了。而国外的科研工作却早已迈进综合研究时代,通过杂交和跨界研究出现了许多前所未有的新学科,不仅拓宽了科研领域,并且取得了惊人的飞跃和突破。我们如果仍旧抱残守阙,固步自封,那将大大地陷于落后状态。近年来,我们学术界重新注意到综合研究是科研工作的必然趋势,并提出了社会科学与自然科学的交叉。可是还未引起鲁迅研究者的注意,是不是在鲁迅研究上也应该尝试一下采用综合研究法?

一九八二年

一八一　斯坦尼不懂契诃夫

刚开始读契诃夫剧本的时候,也许会感到枯燥、沉闷和疲倦。这几乎是许多人的共同感觉。斯坦尼斯拉夫斯基也这样承认,他讲到初读《海鸥》时说:

> 我一点也不懂得那剧本,只有在工作的时候,在潜移默化之间,我才熟悉了它,不自觉地爱上了它。

在《我的艺术生活》中,他也讲到当丹钦柯起初向他解释契诃夫作品的"迷人处"时,他很喜欢这剧本,可是只要等他拿着书和脚本一个人留下来的时候,他又重新觉得枯燥起来。这个原因并不难找出,因为契诃夫的剧本不是那些在"舞台上所熟见的"戏剧,而是在"现实生活中所熟见的"戏剧。即使在艺术剧院成立以后,斯坦尼斯拉夫斯基仍旧不能完全按着内在的需要而运用他所特别丰富的外在颜色。在导演艺术剧院第一个节目《沙皇费阿多》的时候,斯坦尼斯拉夫斯基仍旧喜欢他常常说的"新奇",用他所发现的动作、服装和惊人的装置来吸引观众的兴趣。一旦从这种颜色、心象、呼喊等等悦目的堆砌转而必须去面对契诃夫笔下的日常现实生活,就宛如走入"一个相对的无人世界"。斯坦尼斯拉夫斯基并不讳言,即使他接受了契诃夫的剧本以后,他还没有完全摆脱掉过去吸引他的戏剧性,他说他在导演的时候，为了"帮助演员，唤起他们情绪的记忆……惯于滥用光与听觉的舞台手段"。正是这缘故，他才在《万尼亚舅舅》中使用过分的蟋蟀鸣叫的效果，他才把特利果林想象成与契诃夫后来所说的"花格裤、破洞鞋、臭雪茄"完全相反的风流倜傥的花花公子。照当时斯坦尼斯拉夫斯基的看法，少女尼娜所爱的只能是这样一个漂亮人物，而旧型剧院舞台上出现的爱人情侣也正是这样一个漂亮人物，可是这又如何能够表现"海鸥"一样天真无瑕的尼娜爱的不是特利果林，只是她自己处女的幻梦——她只是被天才、荣誉、作家、舞台的"湖水"所迷住？又如何能够表现受伤的"海鸥"的真正的悲剧？这距离真实的人生又是多么辽远？同样的理由，斯坦尼斯拉夫斯基不能理解《万尼亚舅舅》最动人的末一幕，万尼亚哭了起来，那个医生亚斯特罗夫怎么竟能够在这样悲剧性的场合，毫无心肝地吹着哨，而这个医生还是作者笔下赋以深切同情的人物？导演辛辛苦苦培植起来的那种浓厚的悲剧性的气氛，岂不是被这口哨一下子破坏得干干净净？不错，旧型剧院的舞台上是永远不会容许它发生的。可是我们再想想契诃夫在他书简中说的这句话："长久在心上拖着伤痛的人类，常常是只吹口哨的……"那么，这不是我们在生活中所熟见的么？斯坦尼斯拉夫斯基后来终于同意了契诃夫的意见，到底明白了契诃夫关于不要任何声音效果"或者一只蟋蟀"这种善意的讽喻。

一九五〇年

一八二　批评家对《海鸥》的攻击

许多批评家早就对契诃夫下了盖棺论定式的结论。当时攻击契夫最烈的是"操着有创造性的新型文艺的缰绳"的著名理论家米哈伊洛夫斯基,他不断地强调说,契诃夫是一个没有思想的作家。他的意见几乎获得了一致的响应。另一批评家基契耶夫发出了更古怪的论调,他指责《伊凡诺夫》,竟用尽一切辩辞来证明契诃夫因为是个医生,所以不能作诗人。等到彼得堡那次《海鸥》公演惨遭失败的消息传开以后,那些批评家好像比赛毒舌似地纷纷叫喊着:"……那时就好像有一百只蜜蜂、黄蜂和雄蜂,充满了剧场的空气。"——"个个人脸上都羞得通红。"——"无论是思想、文学,或舞台技术,从哪一方面看,契诃夫的这出戏,也都不能说是坏,只是绝对无意识而已。"——"这出戏是坏到无可再坏了。"——"这出戏给人一个压倒一切的印象,就是:它既不是一出严肃戏,也不是一出喜剧。"——"这不是《海鸥》,只是一个野狐禅。"……

他们众口一词地断定契诃夫的戏剧是完全失败了,而主要的责难除了思想问题以外,几乎多半是针对契诃夫缺乏所谓"戏剧性"。照这些人看来,"戏剧性"就是他们已经习惯了的那些:紧凑的剧情、紧张的高潮、适当的悬置、巧妙的穿插……换句话说,就是一个精巧的工匠无不具备的那种"技巧",而这个"技巧"是被那些贫血的作者借来当作孔雀尾巴似地装饰在作品之中的。

一九五〇年

一八三 意 识 流

我希望我的意思不致被误解为拒绝从西方现代艺术流派中引进新的表现手法。目前有几位作家正在尝试把意识流运用到自己的小说中来，由于这种探索正在开始，我不想评论他们现在所发表的几篇作品的成败得失。但是，不要由于自己不习惯或读不懂就轻率地把他们的尝试一笔勾销。他们中间有人把人、人物、性格、心理区分开来的观点是我感到惊讶而不能接受的。但我要耐心等待，从他们以后写得更成熟的作品和阐发得更充分的文学见解去对他们的创新尽量作出中肯的判断。坦率地说，我对意识流还不怎么理解也没有研究。我只知道意识流这一概念来自威廉·詹姆士（W. James）的《心理学》。这书我在"文革"前读过，并不认为它是一部具有卓识的了不起的著作。抗战初我从亡友满涛那里曾翻阅过他收藏的詹姆士·乔伊斯（J. Joyce）的《尤利西斯》。这部堪为意识流代表著作之一的作品，是一本写得非常古怪的著作，其中有许多页全是没有标点符号的文字，或者相反全是没有文字的标点符号。此外，还有大写字母和小写字母的错乱使用等等。我的英文程度差，简直无法卒读。满涛精通英语，又有很高的文学素养，但他也说很难读懂。据我们两人在当时的议论，乔伊斯这一流派是主张把未经整理过的在作者脑海中刹那闪现出的意识流动波迅速地照原样记录下来。如果那时的印象大体符合实际，那么，乔伊斯的新流派不过是把旧有的感性直观或潜意识的文艺理论推向极端而付诸实践罢了。应该承认我们过去在写人的时候很少或根本不涉及下意识或其他复杂的心理因素。现实的人的动作或反动作并不都是像我们大量小说中所写的那样是经过理性的审慎衡量的。他们往往凭着感情的冲动或其他心理因素（例如古希腊人所说的"情志"）去行事。为了弥补这种缺陷，去借鉴意识流的表现手法自然是可以的。但是，如果以为在这方面只有意识流才是唯一最好的借鉴，那也未免太偏颇。根据我读过的作品来说，例如司汤达的《红与黑》与《巴玛修道院》，以及罗曼·罗兰描写克利斯朵夫儿童时期的心理活动，和他在创作乐曲时的艺术构思活动所取得的非凡成就，决不在我读过的意识流作品之下。我认为把表现复杂心理活动的多样手法，全都归之于意识流，从而把意识流以前在这方面做出贡献的作家（甚至包括我国古代诗人），都说成是采用了意识流的表现手法，来为意识流争专利权，这是不是有些夸大？自然，现在电影采取了意识流表现手法，把过去、现在、未来相互交叉，打破时空刻板顺序的局限，从而形成了跳跃的节奏，逼真的气氛，轻快的旋律，生动的场面，取得了令人赏心悦目的效果，这是不容抹煞的。我认为对于引进意识流表现手法的尝试，既不应粗暴地呵责，也不应盲目地颂扬。我建议，我们（自然包括我本人）对意识流的作品和理论多做些踏踏实实的研究，先不忙于亮出旗号。

一九八三年

一八四　创作的直接性

"创作的直接性"就是指作家把认识生活方面的活跃想象力和艺术实践方面的敏锐表现力结合在一起，让它们在整个创作过程中间携手并进。这样，作家就会觉得完成作品所需要的技能是件轻而易举的事。他可以迫使那些最不驯服的材料听命就范。陆机在《文赋》中说："沈辞弗悦，若游鱼衔钩而出重渊之深；浮藻联翩，若翰鸟缨缴而坠层云之峻"，就是达到这种境界的生动写照。

一切创造性的想象活动，都是不能缺少这种创作的直接性的。诗人在写作的时候，往往并没有通过自我分析去进行冷静的修辞，人工的雕琢，而一切生动的意象，美丽的词句，好像全都摇笔自来，不可自抑。历来，我国的文艺理论家对于这种存在于创作活动中的直接性或自然性，曾经时常加以论述。钟嵘："观古今胜语，多非补假，皆由直寻。"李渔："妙在水到渠成，天机自露。"章实斋："无心偶会，则收点金之功；有意更张，必多画蔓之消。"这些话都是阐明作家在从事文学创作的时候，只有克服了人工补缀的方式，完全浸润在喜悦的激情里面，自然而然地抒怀命笔，才能写出成功的作品。所谓"直寻"，所谓"天机自露"，所谓"无心偶会"，也就是刘勰所说的"从容率情，优柔适会"的意思。这些说法正可用来作为《文心雕龙》"率志委和"说的最惬恰的注释。

过去的文艺理论家对于这种创作的直接性，往往用神秘的语言去加以说明，以至扑朔迷离，多有凌虚蹈空之弊。例如柏拉图的"灵感说"就是把它当作一种由"诗神凭附"所产生的"狂热状态"。不过如果我们撇开这些含混不当的说法，就可以发现，创作直接性是指平日的辛勤积累和创作的直接抒写结合在一起，从而使后者成为前者的自然产物。

创作的直接性正是经历了极其复杂的间接历程才在创作活动中出现。它往往是沉潜翻覆的思索和长期生活经验的结果。黑格尔论述知识的直接性和间接性的关系说："许多真理我们深知是由复杂异常间接思索步骤所得到的结果，（可是它们）却毫不费力地直接呈现其自身于熟悉此种知识的人的心灵之前。"正是由于这个缘故，数学家可以不费思索地解决一道难题，音乐家可以运用自如地演奏一首乐曲，诗人可以得心应手地直抒胸臆。这种直接呈现出来的圆熟技能，都是经过了间接积累过程的。作家修养有赖于日积月累的培育和锻炼，必须使之融为自己的血肉。这样,在进入创作过程的时候,它们就会像子宫里的胎儿,种子中的植物一样,以一种必然获得实现的可能性呈现在作家的面前。所以我们可以说,作家在构思前或者构思中所进行的巨大分析工作是在他实现构思的写作时直接表现出来的。我们把这就叫做创作的直接性。

一九六二年

一八五　写真实的厄运

写真实过去长期被当作心怀叵测去揭露丑恶的同义语而遭到厄难,今天又被当作机械的反映论而受到嘲笑。其实这不是一个复杂问题。真实不仅是发生过的,而且包括可能发生的;是现实,而不仅是存在。可以用写实的手法去表现,也可以用象征的以至荒诞的手法去表现。真实也不仅仅局限于物质世界,而且还包括精神世界的种种现象,它并不把人们头脑中出现的想象、幻想以至看来似乎是荒诞不经的意象和意念摈斥在外。真实既是审美客体的属性,也是审美主体的属性。后者就是许多作家一再说到的作家的真诚、说真话等等。这也就是说作家应当写自己的真情实感,写自己真切感受到的和体会到的东西,而不能在任何情况下去作违心之论,去撒谎。这样简单的道理本来是不言自明的,可是我们却需要大声疾呼,来为这样平凡的真理去说明,去申辩。我在一九八〇年写的《对文学与真实的思考》曾就这些问题作过阐释,也作过呼吁。七年多的时间过去了,我在一些会议和文章中,仍旧碰到七年多前的同样质疑和同样责问。最近我在一次会上提出撒谎还成什么文学的时候,有位作家理直气壮地回答,他写小说就是在编造谎言，他的理由是文学离不开幻想。这使我不得不感到惊讶。文学需要幻想这是一千多年前就已知道的文艺理论 ABC。其实不仅文学，纵使是科学也同样需要想象和幻想。在文学中，真实与想象、幻想不能隔离开来，这是一个常识问题。至于把想象、幻想和谎言等同起来，那恐怕就不仅是一个常识问题了。

一九八七年

一八六　艺术的偶然属性

认为艺术作品一切都必须从主题出发，这种来自知性的观点是对艺术的最大误解。艺术作品必须有一个占主导地位的情志，但是作者一旦使他的作品的任何部分，包括每一细节，都从主题出发，都必须作为点明主题思想的象征或符号，那么必然会引起尊重感情的读者应有的嫌恶，他将会指摘这种作品或者某些评论者按照这种理论对于一些优秀之作所作的牵强附会的分析。文艺作品固然要表现生活的本质，但是它是通过生活的现象形态去表现生活的本质的。因此，文艺作品不能以去粗取精为借口舍弃生活的现象形态。相反，它必须保持生活现象的一切属性，包括偶然性这一属性在内。甚至像黑格尔这样认为哲学的任务就在于扫除偶然性揭示必然性的理论家也说，偶然性在艺术作品中是必要的。过去，俄罗斯批评家歇唯辽夫认为《死魂灵》中的一切细节都具有反射主题的重要意义。这种理论曾受到车尔尼雪夫斯基的正当讥评。他反驳说："乞乞科夫在到玛尼罗夫家去的路上，也许碰到的农民不是一个人，而是两个人或三个人；玛尼罗夫的村落，也许坐落在大路左边，不是右边；梭巴开维支所称呼的唯一正直的人，可能不是检察官，而是民事法庭庭长，或者省长，等等，《死魂灵》的艺术价值一点也不会因此而丧失，或者因此而沾光。"歇唯辽夫把上述这些偶然性都认作是从主题思想中引申出来的，只能是这样，不能是那样。这正是知性不能掌握美的一个例证。

一九八二年

一八七　京剧与戏改

要接受并欣赏一种艺术，需要逐渐地去适应，才能培养起对它的兴趣，引发起对它的爱好。接受并欣赏京戏，尤其需要这样一种过程。如果说任何艺术品都有它特定的语言，那么以虚拟性程式化为手段、以写意为表现形态的京戏的特定语言，就是比较难以接受的艺术语言之一。观众要接受京剧，就先要使京剧的特定语言在自己心中有一个破译过程。以我自己为例，我在五六岁时被喜爱京剧的外祖母经常带到剧场去看戏，往往不到终场即已昏昏入睡，散场后由家人抱着回家。有好一阵，如果不是孩子爱热闹的心理，我对剧场中刺耳的锣鼓喧哗是难以忍受的。我也害怕老生或老旦一直呆坐着或呆站着大段干唱。我看武戏，只知道黑花脸杀出红花脸杀进，打旋子，翻筋斗，耍枪花这些近于杂技式的功夫。后来年岁渐长，在较长的看戏过程中由于耳濡目染潜移默化，也由于大人和同学在闲谈中无形的点拨，才逐渐习惯于京剧语言，才喜欢上京戏。

三十年代，抗战前戏剧界有过一次关于京剧的讨论。记得我的父执辈王文显教授说京剧是颗古老的珠子。一时传为佳话。当时一般人多把京剧说成象征艺术。我认为这并不妥当。京剧的唱念做打，以及包括服饰、道具、布景等等的虚拟性程式化,不是公式化,也不是象征化,而是一种具有民族艺术特点的写意型表演体系。中国艺术讲究含蓄,讲究意会,所谓"意到笔不到"、"言有尽而意无穷"等大量艺术格言,都是需要从写意这一特点才能理解,才能解释的。最明显的就是写意画,如齐白石画虾、画鱼,并不画水。但通过虾和鱼的生动游姿,你可以感觉到它们是在水中悠然嬉戏。画师不画水,欣赏者可以清楚无误地感到水的存在。这就是通过写意手法取得的效应。中国戏曲的特点也是写意的。在戏曲舞台上任何写实的东西都变成实中有虚和以虚代实的写意性的表现。上楼不需要楼梯,上马没有真的马,《空城计》中诸葛亮站在一块幕布后当作高矗的城墙。司马懿带领的四龙套代表一支庞大军队。一桌两椅的简单道具,在不同的场合,可以作山,可以作门,可以作窑洞,可以作织机。这种写意性的虚拟性手法,打破了西方古典主义的三一律。舞台不受三面墙的限制,使时间空间有大幅度的回旋余地,可以自由舒展,舞台调度有了极大的灵活性。如果剧情需要,演员在台上跑圆场,就可以表示长途跋涉,经过了万水千山。两个演员在台上,不用布景隔开,就可以表示,一个在室内,一个在室外,各自不见对方。在京剧同一舞台上,无需凭借舞台装置,就可成为各种不同的处所,或为宫殿,或为茅舍,或为通衢,或为荒郊,或为山林,或为河流。这些观众一看就明白,并且马上进入境界。现在有些京剧的改革引进话剧表演和布景,硬把写实的东西强加进去,结果就破坏了京剧以虚拟性程式化为手段的写意表演体系,变成了话剧加唱式的不伦不类的东西。

京剧中最引起争议的是它那俚俗的词句,有的唱词甚至文理不通,但必须注意,京剧唱词大都是老艺人根据表演经验的积累,以音调韵味为标的去寻找适当的字眼来调整,只要对运腔使调有用,词句是文是俚,通或不通则在其次,因为京剧讲究的是"挂味儿",可以说京剧虽在遣词用语上显得十分粗糙,但在音调韵上是极为精致的,目前尚无出其右者。这一点必须认清,否则京剧的字句虽然改好,而韵味全失,这是得不偿失的。用俚俗不雅,甚至文理不通的词句,竟能唱出感人肺腑的优美腔调,这似乎不可思议,但事实确实如此。记得外国一位戏剧家说过,好演员读菜单也令人下泪。这就是说,把词句当作激发情感或情绪的一种媒介或诱因,使音调声韵成为感人的主要力量。在京剧中,音调与词句俱佳,自然最好,倘不能至,我认为正如作文不能以词害意,京剧也同样不能为了追求唱词的完美而任意伤害音调韵味。

凡懂得并喜欢京剧的人都会同意京剧最吸引人的是在唱腔方面。我小时在北京,观众到剧院,不说看戏而说听戏。据说早先时候,一些老观众,只是闭目聆听,用手拍板,而眼睛并不看台上。这固然是一种不足道的畸形现象,但同时也可见唱功在京剧中所居的重要地位。也许这和我国艺术传统素重音乐有关。早在先秦时期音乐理论就已十分发达。连对艺术十分轻视的法家在音乐方面也有很深的造诣。如韩非就记有音乐的理论:"夫教歌者,使先呼而诎之,其声反清徵者乃教之。一曰:教歌者,先揆以法,疾呼中宫,徐呼中徵。疾不中宫,徐不中徵,不可谓教。"(《外储说右上》承一位通音律的友人译其意如下:"凡教人唱歌者,先使人喊长音而转高,如高音能唱到徵音[5.5],可以教之。"又"教歌者先以法测之,倘急速喊能合宫音[1],慢喊能合徵音[5],则可教。如疾不合宫音,慢不合徵音,则不可教。")至于有关音乐的传说与美谈,如"广陵散"、"伯牙琴"等等,更是不胜枚举。这种艺术传统的基因也渗透在京剧中。

京剧老生从同光十三杰的程长庚、余三胜到谭鑫培、汪桂芬、王凤卿、余叔岩,再到言菊朋、刘鸿声、高庆奎、孟小冬、周信芳、马连良、谭富英、杨宝森……在唱腔上经过不断的变化,形成各自不同的流派。他们都使京剧唱腔能表现最丰富、最复杂的情绪,或凄怆、或悲愤、或沉郁、或高亢、或雄伟、或委婉……摄人心魄,使人陶醉。我觉得音乐理论工作者应好好研究这一未经深入探讨的瑰宝。我青少年时代听到一位国外音乐家去听刘宝全的京韵大鼓的情况。他头一次来中国,对我国一切毫无所知,自然更不懂中国画和中国艺术。可是据说他听刘宝全的大鼓后,竭力称赞大鼓的音色与音阶的丰富多变,甚至认为超过西方的歌剧。他说他从大鼓中听出有:风、黑夜、女鬼……这个人不愧是位音乐家,那天刘宝全唱的是《活捉》。京剧唱腔的声调、音色也具有同样的优点和长处。

在京剧老生中,我尤喜爱余派。按照一般说法,余叔岩在京剧史上是一个承前启后的人物。我是从唱片去欣赏余叔岩的。他在唱腔上以湖广音为主,兼熔京音、徽音于一炉,从而拓广了唱腔的音韵领域,开创了一个新的境界。他的唱腔素有"空谷鹤鸣,巫峡猿啼"之称。戏剧界老前辈齐如山说余叔岩没有什么创造性,似非公允之论。齐如山不仅是深通音律的专家,而且在京剧鼎盛时期又亲自鉴赏过不少名家的演唱。但他也有千虑一失。例如他批评谭鑫培在《珠帘寨》中采用京韵大鼓"哗啦啦"的唱腔,说:"难道鼓的声音会'哗啦啦'么。"这恐怕是苛论。固然真实的鼓声不是"哗啦啦",但他没有从写意的角度去衡量。一旦走上这条什么都要求像真的形似路子,那么作为写意型的表演体系也就不存在了。倘用写实去要求,试问京剧还有多少东西可以留下来呢？甚至音乐本身也成了问题。我们不能要田园交响乐去真实地表现虫鸣鸟叫，更不用说云霞夕照的意境了。如果承认京剧是写意型的表演体系，那么京剧唱腔也不能例外。写意容许变形的表现手法，但这不是违反真实，而是更侧重于神似。优秀的写意艺术比拙劣的写实艺术可以说是更真实的，因为前者在精神上更酷肖所表现的内容。齐如山这类议论是不足效法的。他用同类观点去评骘余叔岩，甚至在修身上，指摘余叔岩喜欢和文人来往以及性格孤高等，我都不敢苟同。

现在海峡两岸都在进行戏改。我认为要戏改，先得有一个前提。这就是必须掌握京戏的特点，发扬这种特点，至少不要伤害这种特点。我希望海峡两岸的戏改，能参照前辈老先生的经验，他们也并不墨守成规，因袭前人，也作过不少更新改进的工作。如谭鑫培等人，他们在身段上、唱腔上都作了不少令人击节赞赏的革新，使得京剧在发扬自身特色的情况下更为提高了。现在大陆上各剧种都在改革，而改的结果却弄得你中有我，我中有你，好像大家通婚，由不同家族变成一个家族。这一情况又好像各种不同品种、不同味道的西瓜，互相串来串去，都变成品种相同、味道一样的西瓜似的。用一句北京话来说，这叫"串秧子"。艺术的生命在于多样化。所有的戏剧变成单一的格调，那不是在发展而是在衰落。

一九九二年

一八八　知·好·乐

关于艺术欣赏与艺术创造，我们可借用孔子所说的"知之者不如好之者，好之者不如乐之者"的"乐"字来说明。作家对他所描写的对象，自然首先应当熟悉它，理解它，达到"知"的地步。但这还不够，必须进而爱好它，对它产生感情，从而达到"好"的地步。"好"比起"知"来是更高的境界，可是还不能到此停止，还应该更进一步达到"乐"的地步。所谓"乐"，也就是作家和他所描写的对象融为一体。他用不着去思量它，欣赏它，它自然而然地从他心中涌现出来，这就是我们所说的作家在写作过程中创作激情突然迸发那种最美妙的现象。

一九七九年

一八九　"义脉不流则偏枯文体"

艺术最不能做假，作品无法掩饰作家的灵魂。一个人被胁以刀锯鼎镬也不肯吐露的内心隐秘，有时也会不知不觉地在作品中经过折射露出或隐或显的痕迹。作家在写作的时刻，如果强迫自己去写对他是陌生的、未经消化的、并未扎下根的思想感情，那么，不是变成一锅夹生饭，就是弄虚作假。艺术要求真诚，假、大、空是引起读者厌恶的。文艺复兴时期，摆脱了经院神学束缚、代表人文主义的光辉形象哈姆莱特在一场戏出场的时候，一边念着手里的一本书，一边说："空话、空话、空话。"这重复了三遍的两字评语难道不能使我们引以为戒？难道还要重蹈言之无物或言不由衷的故辙？没有获得人格印证融为自己血肉的思想是虚假的。游离于艺术形象真实性之外的倾向性，不是脉管中流动的血液可以灌注全身，赋予机体以生命，而是贴上好看商标的赝品，顶多只能起着暂时的蒙混作用，利用假象去唤起错觉。

可是人们只要揉一下眼睛,那些五彩缤纷的幻景就会立刻烟消云散。从艺术形象的真实性之外去评论倾向性,恰恰无视文学作品是活的有机体。其实把文学视为活的有机体并不是什么新的见解,古代文艺理论家早已认识到了这一点。亚里士多德曾在这方面作过充分的阐发。刘勰说:"义脉不流则偏枯文体",也是把作家的思想感情看作是血液在布满全身的脉管中流动不息,灌注艺术以生气和生命。

一九八〇年

一九〇　文质概念引入文学始于佛经传译

魏晋以来,佛书大量传入中土,译业宏富。当时名僧如鸠摩罗什、道安、僧叡、慧远诸人,都在经序中对翻译佛书问题进行了相当广泛的讨论。论题之一就是分辨文质之间的关系。这里由于篇幅所限,仅举以下数例:《梁僧传》记道安之言曰:"支谦弃文存质,深得经意。"《出三藏记》卷八载道安《摩诃钵罗若波罗蜜经钞序》:"昔来出经者,多嫌梵言方质,改适今俗,此所不取。何者?传梵为秦,以不闲方言,求知辞趣耳,何嫌文质?文质是时,幸勿易之,经之巧质,有自来矣,唯传事不尽,乃译人之咎耳。"《出三藏记》卷七载道安《合放光光赞随略解序》:"光赞护公执胡本,聂承远笔受,言准天竺,事不加饰,悉则悉矣,而辞质胜文也。"《出三藏记》卷十载慧远《大智论钞序》:"圣人以方设训,文质殊体。若以文应质,则疑者众。以质应文,则悦者寡,是以化行天竺,辞朴而义微,言近而旨远。义微则隐昧无象,旨远则幽绪莫寻。故令玩常训者,牵于近习,束名教者,惑于未闻。若开易进之路,则阶藉有由,晓渐悟之方,则始涉有津。远于是简繁理秽,以详其中,令文质有体,义无所越。"《出三藏记》卷七载《首楞严后记》(不详作者):"饰近俗,质近道。文质兼,唯圣有之耳。"僧祐《出三藏记》:"方言殊音,文质以异,译梵为晋,出非一人。或善梵而质晋,或善晋而未备梵。众经浩然,难以折衷。"

一九六三年

一九一 写意传统

不论把《文心雕龙》划归"言尽意"派,或相反划归"言不尽意"派,双方都把"言"与"意"的关系问题归结为语言与思想之间是否存在,如范文澜《文心雕龙注》所说的"不可免的差殊"。因而,它们在立足点上倒是完全相同的。我认为,这是受到了"范注"的拘挛。"范注"大概是最早用"语言能不能表彰思想"来阐释言意之辨的。近来,我重新思考了这个问题。我觉得,"范注"对这个问题的解释有片面性。

《世说新语·文学篇》称,渡江之后,王丞相"止道声无哀乐、养生、言尽意三理"。言尽意是当时玄学家所说的三理之一。这个问题是由于对《易·系辞上传》"圣人立象以尽意,系辞焉以尽言"这句话所作的解释而引起的。何劭《荀粲传》称荀氏治《易》者颇多,均主旧学,而粲独标新义,提出"象外之意,系表之言,蕴而不出"之旨。玄宗代表人物王弼在《周易略例·明象篇》中亦称,"意以象尽,象以言著。故言者所以明象,得象而忘言,象者所以存意,得意而忘象"。荀王二人,无非是说,不可拘泥于文字的表面,而应探求其内在意蕴,以达到寻言以观象,寻象以观意。这对于纠正汉儒拘守于文字训诂及其末流的咬文嚼字之弊，可以说是一大解放。引申到文学中来，借以作为诱发想象活动的基因，就具有更重大的意义。从荀王二人的言意之辨来说，其实质，本不侧重（甚至没有涉及）。"范注"所谓语言不能表彰思想或两者间存在不可免的差殊问题。玄学家和玄佛并用的名士名僧，确实有人提出所谓"心行路绝，言语道断"的说法，以揭示语言不能表彰思想的主张。并且还进一步认为所有的意识活动也都无法沟通，但这不能作为玄学三理之一言意之辨的完整解释。

刘勰把言意之辨引入文学领域，意义究竟何在？我觉得，这正如刘勰把文质概念引入文学领域一样。我们对这类问题的研究，既要探其渊源，找出它的根据；同时，又不可拘于本义，按照原来的意蕴照搬到另一个领域中去。过去由于拘挛于"范注"的训释来探讨《文心雕龙》中的言意问题，于是出现"言尽意"和"言不尽意"两种截然不同的看法。我曾经主张前说，并援《文心雕龙》"皎日嗜星，一言穷理，参差沃若，两字穷形"；"物沿耳目，辞令管其枢机，枢机方通，则物无隐貌"；"意授于思，言授于意，密则无际，疏则千里"等语作为证明。但这种看法，一直使我未能惬恰于心。因为《文心雕龙》还有另外一面，如其中所说的"思表纤旨，文外曲致，言所不追，笔固知止"；"言有尽而意无穷，晓会通也"等语，这些话又如何去解释呢？

近来，我有了一些和过去不同的看法。我认为，首先不应按照"范注"所谓语言是否能表彰思想或言意之间是否存在差殊去理解《文心雕龙》的言意之辨。那么，刘勰的言意之辨在于说明什么问题呢？依我看，他是企图阐明文学的写意性。写意性的特点就是以有限的笔墨去表现无限的意蕴。它可以说在形式上是相当于"言不尽意"的，在内容上则又相当于"言尽意"的。因为读者还是得从不尽意的言才能去领悟意蕴无限的内容。写意性是中国艺术的重要特点之一。中国绘画中有写意画,这是不用多加解释的。中国戏曲是以程式化为手段的虚拟性的写意型表演体系。中国的音乐舞蹈等也都带有写意性。伯牙操琴,子期从中听出了志在高山和志在流水,就是会意的结果,而会意则是欣赏写意艺术的必要途径。写意性建筑在想象的基础上。中国古代文论较之西方古代文论,是更早也更多地涉及了想象问题,这从借助于暗示、明喻、隐喻、联想等手段所形成的比兴理论在中国古代文论中特别发达就可证明。中国诗学中的比兴之义,贯串历代文论中,形成一种民族特色。比兴可以说是基于写意艺术而诞生的一种重要表现手法。《周礼》与《诗序》中的六诗或六义即比兴理论的滥觞,而比兴理论则具有与西方不同的特点。这是西方一些《文心雕龙》研究者所不理解的。最近法国汉学家弗朗索瓦·于连(Francoif Jullin)以欧洲直至十九世纪浪漫派产生才出现想象理论为准,来断言《神思篇》不涉及想象问题,就是一例。(见其所著《想象的产生》,载一九八五年《远东与远西》第七期。)

一九八八年

一九二 从宥情到尊情

龚自珍著有《宥情》篇专门讨论"情"这个概念。文中举出甲、乙、丙、丁、戊五人相互辩难。甲提出"哀乐也沉沉然"的情究竟是怎么一回事?乙引许慎《说文》:"情,人之阴气有欲者"而诃之。丙不同意乙的意见,引佛家之言:"欲有三种,情欲为上",肯定了情的价值。丁把情与欲加以区别,指出乙以情隶欲,无以正确对待哀乐之正而非欲者，故乙非是。又指出丙以欲隶情，将使万物有欲者皆混淆于情，从而使情成为秽墟，成为罪薮，故丙又非是。他认为应该析言之，区别对待情的问题。戊引佛书"纯想即飞，纯情即坠"，指出佛家对情并不是析言之，或贬或无贬，而是一概诃之，故不得言情。龚自珍对于以上五种意见虽未加评骘，但他认为这些意见都未得正理。他根据自己的切身体会，说情是一种阴气沉沉不知不觉袭上心来的东西，即使在"一切境未起时，一切哀乐未中时，一切语言未造时"，它也会出现。由于他说不出这种感受的所由来，他把它称为"心脉"或"心病"。他不顾世人对情怎样看法，"此方圣人（儒——引者）所诃欤？西方圣人（佛——引者）所诃欤？甲、乙、丙、丁、戊五氏者孰党我欤？孰诟我欤？姑自宥之，以待夫复鞠之者，作《宥情》。"这里显示了他摆脱旧传统的新精神。他写了这篇《宥情》十五年后，在《长短言自序》中说："情之为物也，亦尝有意乎锄之矣。"但是，十五年来，"锄之而卒不克"，于是"反宥之，宥之不已，而反尊之"。"情"这个怪物一直追蹑着他，盘踞在他心里，他想要摆脱，却无法摆脱，他越来越感到它的力量，于是由宥情到锄情，由锄情而尊情。嘉道之际，他写了题名《又忏心一首》七律，诗中虽未拈出"情"字，却正说的是"情"：

佛言劫火遇皆销，何物千年怒若潮？
经济文章磨白昼，幽光狂慧复中宵。
来何汹涌须挥剑，去尚缠绵可付箫。
心药心灵总心病，寓言决欲就灯烧。

这里重复了《宥情》篇中的"心病"这一用语。不过，我们可以进一步看到，他感到它的力量像千年怒潮一样汹涌澎湃，就是万物不可抵抗的劫火也不能摧毁它。他说它像黑夜中的幽光狂慧时时袭上心来，使他慷慨激昂，无法自抑。他把自己在它支配下写成的作品叫做"寓言"。由于他始终没有说清楚"情"是怎么回事，更加上他用了"心病"、"心脉"、"幽光"、"狂慧"一些恍惚的说法，所以直到后来，还有人说他"被变态的及狂放的心灵所支配"。其实，不纠缠在他的抽象术语中，他说的"情"还是可以理解的。龚自珍所说的"情"就是反封建束缚要求个性解放的"自我"。

一九七七年

一九三　反　刍

读者对于那些说来说去仍是那么几句话的反刍式的文章是感到多么厌烦！我觉得奇怪，为什么时至今日在文艺问题讨论中时或见到的那些简单化的偏见，竟是几十年来从未中断的旧主张旧观念？它们似乎在新文学史的洪荒时代就已存在，尽管在不同时期换上了不同的服装。我们是不是要像斯宾诺莎那样对它说："无知不是论据？"当我们读到那些纠缠不清的驳诘、论难、争辩……我们不禁会想到契诃夫在一篇小说中所嘲笑的那些头脑简单、思想冬烘、愚昧无知的人。这篇小说这样写道："哪怕跟他们之中最有思想的人，只要说，'人类往前迈进，再过下去，就会用不着护照和死刑'，这时那位居民就会斜着眼睛，满怀猜疑地瞪着他问道：'你是说，那时候大家可以随心所欲地在大街上杀人吗？'"在文艺的争论中，我们有时也会陷入这样的窘境。

在这样的对手面前你可以说什么呢？任何充足的论证都将失去说服力，在我们的文艺理论中是不是还残留着一种用引证代替论证的倾向，就如海涅的讽刺诗《宗教辩论》所提到的犹太拉比把他的圣书《泰斯维斯——钟托夫》中的每句话作为不容反驳的最后结论一样？这是从事理论工作最省力的办法，不用思考，只要会背诵就行。

一九八三年

一九四　社会和艺术二元标准质疑

我想谈谈我对文学的真实性和倾向性的一些意见。我不能同意所谓真实性强倾向性差的说法。这样的分割是重蹈社会和艺术二元标准论的故辙。三十年代末期，我曾赞同并在当时出版的《文艺新潮》上发表文章附和过藏原惟人所提出的社会价值和艺术价值的观点。据说这一理论是从苏联传入日本的，它来源于拉普时期苏联文艺界对普列汉诺夫提出的艺术作品中蕴含着"社会等价物"这一观点所作的解释和引申。（我怀疑拉普派的这种理论可能是从马克思《资本论》关于商品价值与使用价值二重性这种观点套用出来的。）由于缺乏资料，我没有经过查考，至今未究明原委。如果有人对这方面进行探讨，把研究成果发表出来，那对我们文艺理论研究工作会是很有益的。在四十年代初期，我开始对自己曾经相信过的这个观点产生怀疑。试问：在艺术形象的真实性之外有什么倾向性呢？也许某些概念化作品正是表现了这种筋骨外露的倾向性的——例如，我国革命文学发难时期文学作品中的光明尾巴之类。但是，不久成熟起来的以鲁迅为首的左翼文艺理论界就已辨明它的虚妄，因为提倡这种倾向性不是尊重艺术感染力的潜移默化作用，而是主张耳提面命的生硬灌输。

一九八〇年

一九五　艺术思维过程

　　有篇评论文章和我商榷，援引《神思篇》赞曰："神用象通，情变所孕。物以貌求，心以理应。刻镂声律，萌芽比兴。结虑司契，垂帷制胜。"我以为这篇赞是概括作为艺术想象活动"神思"的要旨，它一气贯串说明"结虑司契"的内容，而不能像那篇评论文章那样拦腰斩断，把"神用象通，情变所孕。物以貌求，心以理应"看作是"指作家认识、思考以至进行构思的思维过程"，而把"刻镂声律，萌芽比兴"看作在上述领域以外，"指的是用什么手法去表现在他头脑中业已构成的映象"。为什么呢？《比兴篇》赞中所谓"诗人比兴"的"拟容取心"，恰恰是《神思篇》赞中"物以貌求，心以理应"的呼应，两者异语同义，都是申明同一观点。为什么这同一观点在《神思篇》中是"指作家认识、思考以至进行构思的思维过程"，而在《比兴篇》中就不是"指作家认识、思考以至进行构思的思维过程"呢？这里顺便说一下，一般把塑造艺术形象的表现方法划在艺术思维之外，认为它只是把作家头脑中已有的映象表现出来的一种单纯技法这种观点，我以为并不正确。我觉得黑格尔在《美学》中所说的"形象的表现的方式正是他（艺术家）的感受和知觉的方式"，"艺术家这种构造形象的能力不仅是一种认识性的想象力、幻想力和感觉力，而且还是一种实践性的感觉力，即实际完成作品的能力。这两方面在真正的艺术家身上是结合在一起的","按照艺术的概念,这两方面——心里的构思与作品的完成(或传达)是携手并进的",这些说法值得借鉴,至少比那种把塑造艺术形象的表现方法视为游离于艺术思维之外或之后的单纯技巧观点,是更正确一些的。

那篇评论文章根据"《比兴篇》没有和《神思篇》放在一起,而是和《丽辞篇》、《夸饰篇》并列"来断定"在刘勰心目中,比兴也仅仅是一种手法"。这是由于没有辨析《文心雕龙》创作论的体例,所以才没有认识到《比兴篇》和《神思篇》之间的有机联系。《神思篇》是统摄创作论诸篇的纲领,这一点我曾列表示意,以说明"前者埋伏了预示了后者,后者则进一步说明了发挥了前者"。我认为《神思篇》"物以貌求,心以理应。刻镂声律,萌芽比兴"和《比兴篇》"诗人比兴,触物圆览。物虽胡越,合则肝胆。拟容取心,断辞必敢",正是表明这种关系的明证。倘使我们只从创作论诸篇的并列方面去分析其间的关系,而看不到刘勰以《神思篇》为总纲以笼罩创作论其余诸篇的内在联系,那么就还不懂得刘勰的命意所在。刘勰以《神思篇》作为统摄创作论诸篇的总纲,正是体现了他把作为想象活动(神思)的艺术思维看作是贯串全部创作过程的观点,这是一种卓识。这里顺便说一下,创作活动始终是通过形象思维来实现的。它并不像有的文章所说那样,先把作为感性材料的表象抽象成为概念,再把这抽象概念通过艺术表现手法化为艺术形象,即所谓:表象——概念——表象(这个公式实际上是:表象——概念,概念——表象)这种"形象图解论"。(抗战前有位日本作家企图按照这种"形象图解论",把《资本论》改写成为一部小说,但是失败了。)艺术思维是以形象为材料,始终围绕着形象来进行。作家的理性认识是他剖析生活的指针,可以使他对于生活达到"理解之后的更深刻的感觉"。它作为一根引线错综交织在作家把握形象的过程中，形成逐步深化的运动。可是，照"形象图解论"看来，艺术思维并不是以它的特殊形态体现由感性到理性的认识规律，而是把它和理论思维一律相绳，其间差别仅仅在于后者只是实现表象——概念这一步就告结束，而前者却在这一步之后还有概念——表象这一过程。这样一来，试问还有什么形象思维（这是就思维这个词的本义来说的）？形象思维只剩下一个形象化的表现手法了。创作活动中自然存在着一个表现手法问题，表面看来，它似乎出现于创作过程的后一阶段，但实际上它也潜在于作家的整个构思活动中，和作家的构思活动有着千丝万缕的联系。黑格尔认为形象的表现方式就是作家的感受和知觉的方式，构造形象既属于对生活的观察和感受的认识性范畴，又属于对生活的表现或传达的实践性范畴，从而要求作家使这两方面结合在一起，携手并进。我以为这个说法比较合理。因为"形象图解论"把作家创作活动的认识性和实践性分割开来，企图用形象化的表现手法去传达排除了生活感性形态的赤裸裸的概念，正是造成模式化的一个主要原因。

一九七八年

一九六　破创作过程分段进行论

在创造典型过程中，"把个别化理解为感性认识阶段，把概括化归入理性认识阶段"。这种话我并没有说过。我从那篇与我商榷的文章中才知道有这种提法。我认为把创造过程分为个别化和概括化的提法并不科学。（直到最近读了叶纪彬《艺术创作规律论》，我才知道上述理论是李泽厚提出的。叶著第五章第一节中说:"一九七八年以后,在形象思维讨论中,有的同志对李泽厚这一观点开始提出质疑。"文末注中即引我上述两句话。——一九八八年作者补记)我在自己的文章中只是提出:"由个别到一般,又由一般到个别,这两个互相联结的过程是不可分割的。作家的认识活动也同样是遵循这两个循环往复不断深化的过程来进行。"不过,那篇商榷文章既然提到感性认识和理性认识问题,这里我也想谈谈我自己的一点看法。我认为对个别事物的感性认识,并不是和理性认识不可分的。固然,对于任何具体事物的感性认识所构成的感觉或印象——比如:"这朵花是红的"、"这火炉是热的"、"这个球是圆的"等等都可构成"个别是一般"的直接判断形式。"这朵花"是个别的,"红"是一般的,因为红不仅仅适用于这朵花,还有许多别的花,别的东西也是红的,从而"红"成为一种共相。我们的感性认识所以能构成具有"个别是一般"的共相内容,是由于人类在儿童时期就已在头脑中形成了概念,它作为一根引线潜在于对个别事物的感性认识中。但是,尽管如此,我们仍旧把这种具有直接判断形式的感觉或印象叫做感性认识,而不能把它叫做理性认识。因为理性认识必须凭借思想的抽象作用,从感性事物抽绎出其中的本质和各种属性间的内在联系。可是在"这朵花是红的"这种可以构成直接判断形式的感觉里,"红"仍属一种可感觉的外在属性,这种外在属性无需通过思想的抽象作用,只要单凭知觉就足够了。因此,这里作为谓词的共相仍是感性的。其间的主词和谓词的关系并不是实在和概念的关系。而在理性认识的判断里,主谓关系则必须是实在和概念的关系。我们必须注意:具有个别是一般的认识内容是一回事,知道个别是一般的认识内容又是一回事。我们必须把两者加以严格的区别。前者属于感性认识，而后者才属于理性认识。

一九七九年

一九七　批　判　者

罗曼·罗兰是我青少年时代所喜爱的作家。当时，我以稚气的真诚把自己的一点感受写在两篇文章里。我没有料到这样两篇毫不涉及政治的平凡文字，在一九五五年反胡风斗争中，当我站在被告地位又被剥夺答辩的情状下，遭到了口诛笔伐。这里顺便说一下，收在《向着真实》里的谈契诃夫的两篇文章，也同样遭到一位翻译契诃夫的有名译者的批判。这些文章蒙受着批判者投掷给它们的污泥，伴随着我经历了二十多个寒暑，一直埋葬在尘封中。直到今天这些勇敢的批判者并没有为他们的行为感到愧疚，表示过任何歉意。好像他们以带着杀机的笔锋，把这几篇稚气文字上纲上到反革命的高度，只是逢场作戏。对于在过去那些思想批判的政治运动中为了保全自己的批判者，我不想多加指摘，虽然去痛打一个不能还手的人，比《圣经》中所写的向娼妓投掷石块的群众似乎更为卑劣，但他们的行径毕竟要归咎于气候的影响。

但是对于当时批判我那两篇谈《约翰·克利斯朵夫》的一位法国文学的知名翻译家，我还要说几句话。一直到一九六〇年，他仍在文章中责骂"胡风分子方典（即王元化）"，用的仍是与《胡风反革命集团三批材料》中的"按语"同样的语言。那时反胡风斗争早已结束了，没有任何政治原因促使他这样做。这种怨毒，说明他确实把我对《约翰·克利斯朵夫》的见解，视为不可饶恕的罪行。大概由于义愤填膺的缘故罢,他必欲置它们于永劫不复的地步方称心意。我相信这位先生这种疾恶如仇的态度并非做作出来的。他痛恶"胡风分子、右派分子"竟敢闯入学者视为禁脔的法国文学研究领域,痛恶这批别有居心的家伙竟敢越出以法国文学权威自居的学者所划出的研究罗曼·罗兰的界线去赞扬他所贬责的《约翰·克利斯朵夫》。自然他的批判也多少含着炫耀他的正确和优越的意味。他对这部作品的评价,可以从他于一九八〇年刊印的《论罗曼·罗兰》一书中看出。传说他自诩此书曾得到某公的赏识。在这本书中,他称作家的"自由灵魂"事实上"只不过是资本家的金丝笼中唱歌的小鸟"。他和"胡风分子、右派分子"不同,他是憎恶"资产阶级人道主义"的。他认为许多青年成为"右派分子"是读了《约翰·克利斯朵夫》的缘故。这些都不属于个人恩怨,而是出于对艺术对人生的观点上的分歧。恕我直白地说,由于长期以来学术和权力的结合,丧失独立人格的依附地位所形成的卑怯,使得我们中国知识分子永远像恶梦般地被窒息生机的极左思潮所缠绕。至于从个人的因素来说,为什么像他这样一位法国文学的研究者竟在一九八〇年这样时候还效忠于这股思潮?我就不能加以说明了。因为我不认识他,从未与他有过什么瓜葛,对他的研究并无兴趣,所以也就不甚了了。

现在我那两篇遭到厄运的文字,不但重印了,而且译成日文,可以让更多的人去公正地判断这件公案。为了使读者多了解一些情况,我在事过三十多年后,补述了当时的经过。在反胡风斗争以后,我没有写过什么辩诬的文字,这大概也可以算一篇追思往事的回忆文罢。

一九八六年

一九八　与友人论学书

　　钱学森在《美学、社会主义文艺学和社会主义》一文中说，人的思想总是落后于社会发展，这一点我也不同意。大约在五十年代后期哲学界讨论过桌子和桌子观念问题，已涉及认识中的主观能动性。其实不仅桌子和桌子观念是这样，社会主义学说就先于社会主义社会。《资本论》说得好，"劳动过程结束时得到的结果，已经在劳动过程开始时，存在于劳动者的观念中，所以已经观念地存在了"。实践的观点是反对机械的反映论的，从而也是反对唯一决定论的。但是我们往往忽视认识主体的能动性，从而重复过去洛克把认识主体当作一张白纸的观点。我看到过去编纂的一部哲学小辞典，其中对韩非反对"前识"的主张大为赞美，但同时也就站在机械反映论的立场上取消了认识主体的能动性。

　　此外，我认为钱文把普列汉诺夫的文艺理论当作马克思主义文艺理论的开山祖也不太妥当。普列汉诺夫确实作出不小贡献，但他不能代替马恩的地位，尽管马恩不像普列汉诺夫那样写出艺术论之类的专著。普列汉诺夫在论述托尔斯泰艺术论时，给艺术所作的定义，不能视为马克思主义文艺理论的基本观点。因为断言艺术不仅是感情交往的手段，而且是思想交往的手段，并不见得比托尔斯泰的定义更准确。托尔斯泰并不是认为艺术不表现思想内容，他的意思其实是说在艺术中思想内容是通过感性形态而表现的。这样，艺术才不是诉诸思考，而发挥入人速、感人深的潜移默化的作用。问题的实质在于艺术作品中所表现的思想感情和在其他精神产品中所表现的思想感情有什么不同。普列汉诺夫没有探究它们之间的不同特性，从而比古希腊人用

"情志"来揭示艺术作品所表现的思想感情的观点反而后退了。普列汉诺夫还认为艺术作品中,具有"社会等价物",这就导致了拉普派后来据此所提出的分别为社会价值与艺术价值的二元论艺术观。我认为这和马恩的艺术观是有根本分歧的。

一九八六年

附记:这是摘自给《文艺研究》编者林元的一封信。信本不准备发表,经编者一再敦促,我同意刊载在《文艺研究》上。林元还在《编后》写了这样一段话:"王元化同志的《关于文艺学问题的一封信》,是同钱学森同志商榷的。最近几年,钱学森同志提倡自然科学和社会科学之间学科交叉,以极大的革命热情关心着我国社会主义精神文明建设,文学艺术的发展。他发表的许多文章,对于发展和建设具有我国特色的马克思主义文艺学,提出了重要意见,引起了广大读者和专家学者的重视。钱学森同志多次提出希望听取文艺界专家们的意见,王元化同志的信,就是很好的学术对话;信中提出的一些重要问题,值得理论界重视。"我的信发表后,同年(一九八六)《文艺研究》第三期发表了李准、丁振海的《关于文艺学讨论中的两个问题》,对我关于普列汉诺夫的批评提出异议,认为"相比之下,恐怕普列汉诺夫的意见更科学些"。接着同年《文艺研究》第六期又发表了叶纪彬的《思想形象化非艺术的审美本质》的长篇论文,参与了这个问题的讨论。他是支持我的意见,不赞成钱学森与李准、丁振海的意见的。我在《信》中谈得很简单,叶纪彬作了充分的发挥,论述详赡,读者倘要了解这场小小的论争,请参考上述文章。

一九九〇年补记

一九九　日本的《文心雕龙》研究

据《〈文心雕龙〉小史》一文所述，可以见出日本学者对《文心雕龙》的研究大抵包括下述几个方面：一是援引袭用。日本最早征引《文心雕龙》文字的是遍照金刚的《文镜秘府论》。该书《天卷·四声论》曾援引《文心雕龙·声律篇》之文。又据小西甚一云，该书《南卷·定位论》之论旨，系以《文心雕龙·镕裁篇》为蓝本。后来青木正儿《中国文学艺术考》（弘文堂）中的《中国人的自然观》亦举《文心雕龙·物色篇》，述其大意，作为对山水景物文学的批评。二是考辨《文心雕龙》对日本文学的影响。这项工作首推土田杏村，他在《文学的发生》第八章《批评文学的发生及其源泉》中，谈及日本延喜五年（九〇五）敕撰和歌集《古今集序》与《文心雕龙》的关系，曾引《原道篇》及《程器篇》之文为例证。三是版本研究和校勘。釜谷武志云："当以京都铃木虎雄《敦煌本〈文心雕龙〉校勘记》为嚆矢。"铃木虎雄是最早校勘唐写本《文心雕龙》的学者，其文发表于一九二六年五月。越一月，我国赵万里《唐写本〈文心雕龙〉残卷校勘记》发表于《清华学报》第三卷第一期。本集所收户田浩晓的论文是近来日本在《文心雕龙》版本研究方面卓有成就的著作。四是注解校释。以斯波六郎《〈文心雕龙〉札记》为最。吉川幸次郎评论这部著作"钩隐发微，宏博精深"。可惜斯波六郎未能完成此书就赍志以殁。五是翻译。釜谷武志称："第一次把《文心雕龙》全书译成日语的是京都大学兴膳宏。他的译本（一九六八年筑摩书房《世界古典文学全集》第二十五卷）以带有非常流利的现代日语与日本传统的文雅的训读文这两种译文和其他注释本未曾有过的较细的注解为特征。国内对它的评价很高。九州大学目加田诚比兴膳宏更早开始了部分翻译工作，以后加以补订，于一九七四年由平凡社出版。此书有现代日语的译文与简单的注解，在通俗化方面作出了一定贡献。户田浩晓从一九六〇年到一九七〇年发表了部分译注后，在一九七四年和一九七八年由明治书院出版了全译本的上下两册。它的特点除了现代日语和训读文的译文外，还附有一七三八年养素刊以黄叔琳辑注本为蓝本的原文。"日本学界素以翻译迅速及时著称，但《文心雕龙》的日译本却较美国华盛顿大学教授施友忠的英译本 The Literary Mind and The Carving of Dragons 晚出，后者于一九五八年由哥伦比亚大学出版部印行。笔者未见全书，仅看到片断摘引，译文似并不理想。六是索引。冈村繁《〈文心雕龙〉索引》相当我国王利器《〈文心雕龙〉通检》，在日本享有声誉，是一部有用的工具书。七是思想内容探讨。近三十年来，我国关于《文心雕龙》研究的总趋势，是以过去的训诂考据的成果为依据，透过时代背景，对刘勰的身世、思想、世界观、创作论等等作了深入细致的探讨，这一潮流目前正在方兴未艾。目前日本也开始出现了这方面的论文。

一九八二年

二〇〇 释　宰

日本学者斯波六郎《文心雕龙札记》释《征圣篇》赞曰二句："妙极生知，睿哲唯宰"，曾提出这样的问题："'宰'究竟作动词，还是作名词性的动词呢？"接着斯波六郎自己回答道："我认为睿哲是指一般哲人，宰为'主'、'长'之意，是名词形动词，全句解作'孔子在哲人之中亦系登峰造极者'。"我认为这未免过于牵强。《札记》把睿哲解为孔子的代词,再把"宰"作为名词形容词,训为"主"或"长"以表示"登峰造极"之义,这不仅缺乏根据,而且也不符骈文对偶的体例。我以为下句"宰"字当与上句"知"字相对,都是名词,应解作"主宰"或"真宰",代表心的意思。《情采篇》也有"真宰弗存,翩其反矣"的说法。《征圣篇》赞中的宰字本之荀子《正名篇》:"心也者,道之工宰也。"陈奂曰:"工宰者,工官也。官宰犹言主宰。"这是宰可作为心之代词的明证。我在拙著中曾阐发过《文心雕龙》在思想体系上与荀子有较密切的关系。如刘勰的心物交融说强调了物沿耳目的感官功能,与庄子的"以神遇而不以目视,官知止而神欲行"的主张相悖,而其主旨却符合荀子的"缘天官"说。上引《征圣篇》赞曰二句文意,我在拙著中曾作过这样的解释:"圣人所以睿哲是因为圣人之心合乎天地之心,而宇宙产生了充满智慧的圣人之心,实在有着极其神妙的道理。"只有这样解释,《征圣篇》赞曰末句"百年影徂,千载心在"才有了着落。

一九八二年

二〇一 释"文成规矩,思合符契"

《征圣篇》赞曰:"文成规矩,思合符契。"日本学者斯波六郎《文心雕龙札记》释曰:"文成由规矩,思合有如符契。"所谓"文成由规矩",据《札记》的进一步解释是"把文章结构以规矩来衡量"。吉川幸次郎对这一句的解释亦大体相同,他解释为"表现形式合乎文章法则之意"。我认为以上二说,皆有悖原文本旨。刘勰论文固然肯定规矩的存在，但他又反对刻板的定程。《神思篇》："规矩虚位，刻镂无形"；《情采篇》："为情造文"；《通变篇》："变文之术无方"；《章句篇》："随变适会，莫见定准"；均可证。这些话都否定了按照一定规矩去作文的意思。据我看来，所谓"文成规矩"，亦即后世章学诚所说的"文成法立，未尝有定格也，然无定之中有一定焉"。这可以作为"文成规矩"的比较惬恰的注释。至于第二句"思合符契"，斯波六郎的解释是基本合乎原旨的，但是吉川幸次郎却认为不确，改释为"作为表现前提的思索与要点一致，并被紧紧地把握住"。我认为把"符契"训为"要点"是缺乏根据，也不足以尽原文之意的。从《文心雕龙》的体例来看，对偶句每每互文足义。比如《物色篇》："随物宛转"即指心随物宛转，"与心徘徊"即指物与心而徘徊。"思合符契"中思与什么相合有如符契呢？我以为吉川幸次郎把文作为表现形式，把思作为表现前提的思想内容是有一定见解的。所谓"思合符契"即思与文相合有如符契。

一九八二年

二〇二　别林斯基与自然派

文学园地是这样荒凉，仿佛活动和生命已经结束了，武器的铿锵声已经完全安静下来了。文学表现得没有性格，对社会没有力量，也没有影响。文学意见是这样脆弱和动摇，文学问题是这样暧昧和费解。阴沉和僵死的气息笼罩了一切……

在卑微的琐事的格斗中文学变得虚浮、堕落……

——涅克拉索夫

用嘈杂的喧嚷叫嚣遮没了一切的是些什么人？就是那批文学告密者，宣称自己的"一只小指头比所有的文学家的脑袋有着更多的智慧"的布尔加林之流；就是那批辞藻玩弄者，大言不惭地把自己拟为"俄国的巴尔扎克"，说自己的作品"给俄国文学打开了民族性的门"的马尔林斯基之流。泛滥在读书界的是什么作品？就是那些盲目模仿外国、贩卖廉价的"理想"、刻画的人物都是从一个模子里铸出来的同胞兄弟似的作品。这些作品装腔作势地卖弄着机智，宣扬着廉俗的道德教诲，修饰着像客厅地板一样光滑的文体，为了强求意义才用思想去凑合语言……

这时，毅然走着相反的道路的果戈理的作品，怎么能够不被看作异端？要肯定果戈理的价值，就等于有意地去冒犯当时的权威，反抗当时的潮流。

以一个平民的身份出现在俄国解放运动第一阶段"贵族时期"的别林斯基，在围绕果戈理的战斗中，为树立"自然派"的大旗，他打了多少硬仗！

一九五二年

二〇三　狂暴的维萨里昂

倘用他自己的话来说，他就是这样一种人："摒弃自己，克制利己主义，把自私的我踩在脚下，为别人的幸福而生存，为同胞、祖国的利益，为人类的利益牺牲一切，爱真理和善良不是为了求得酬报，而是为了真理和善良的本身，背起沉重的十字架，受尽苦难……"

倘用他自己的话来说,他就是这样一种文学工作者:"忘我地创造,不求酬报地劳作,打开同胞的心灵,使之吸收善良和真实的印象,揭露罪恶和无知,忍受恶人的迫害,吞吃眼泪浸湿的面包……"

在问题涉及真理,涉及艺术的利益的时候,别林斯基是严格的。但是,他的严格并不像某些评论者俨然以教导者自居,喜欢挑剔,冷酷无情。他对待自己也是毫不宽容的。他说他"赋有着向前进,像对待别人的过错那样直率地把自己的错误和谬论揭发出来的本领"。他不是那种天塌下来也不管,只要自己的自尊心受到一点损伤,就马上跳起来的人。他以为"自尊心受到凌辱,还可以忍受,如果问题仅仅在此,我还有默尔而息的雅量;可是真理和人的尊严遭受凌辱,是不能够忍受的;在宗教的荫庇和鞭笞的保护下,把谎言和不义当作真理和美德来宣扬,是不能够缄默的"。

"狂暴的维萨里昂!"朋友们这样叫他。他对待敌人,是无情的。他不畏强暴,蔑视权势,一个也不宽恕。这使他直到今天还在我们心目中留下不可磨灭的印象,只要想到他,就会赶走犹豫,驱除柔弱,勇气从心里升上来。

那时,莫斯科和彼得堡的青年人,总是从每月二十五日起,就紧张地等待着他主编的《祖国纪事》的出版,互相探问:

"有别林斯基的文章么?"

"有的!"

于是厚厚一本杂志,从一个人抢到另一个人手里,被狂热地吞读下去。

一九五二年

二〇四 他从不掩饰自己的见解

别林斯基说：

　　难道对智的生活处之淡然的人，能够懂得，一个人可以把真理看得比礼貌更重要，为了爱真理，情愿受到敌视和迫害吗？呵，他们永远不会懂得，这是多么愉快，多么痛快的事：告诉一个不穿制服的退伍天才，他幼稚得以伟大自命，是可笑亦复可怜的，让他认识到，他享到盛名，不是由于他自己，而是大声叫嚣的评论家所造成的；告诉一位宿将，他是由于旧时的记忆或者旧时的习惯，才维持威望于不堕；给一个文学教师证明，他目光近视，落在时代后面，他必须再从字母学起；告诉一个天知道打哪儿钻出来的怪物、老狐狸和维克多，一个文学贩子，他侮辱了他所从事的文学和信赖他的善良的人们，告诉他，他嘲弄了神圣的真理和神圣的知识，使他的名字蒙受耻辱，剥掉他的假面具，纵然是男爵的也罢，叫他赤裸裸地站在世人面前……

他始终怀抱着坚贞的理想和不疲的追求，直率而大胆地阐发真理，毫无掩饰地表示自己的意见。他憎恨那种被他叫作"躲闪"的批评，而以"直率"的批评和它对立。

一九五二年

二〇五　车尔尼雪夫斯基与《同时代人》

他是在上世纪五十年代开始文学活动的。这时，俄罗斯的经济发展和政治发展正面临着剧烈危机，农奴制经济在动摇，农民反对农奴制压迫的斗争在日趋活跃，同时西欧的革命也带来了巨大影响。连尼古拉一世本人都宣称：革命正疯狂地以它的目光注视着神圣的俄罗斯。由于他震慑于革命的事变，就以残酷的手段来镇压、迫害作为当时俄国解放运动主力的平民知识分子。

这是一个"检查恐怖的时代"：关于别林斯基和赫尔岑的文章不准发表了，甚至连他们的名字也不准提到了。屠格涅夫因为写了一篇悼念果戈理的文章而被逐出彼得堡。萨尔蒂可夫—谢德林因为写了中篇小说《纷乱的事件》而受到流放处分，奥斯特洛夫斯基因为写了喜剧《自家人好算账》而受到警察的监视……对文学活动的迫害一连串地出现了。

一八五三年，车尔尼雪夫斯基参加了《同时代人》的编辑工作。很快的他就成为这个杂志的思想上的领导者，使它成为宣传革命民主主义的机关刊物，成为反对专制政治和农奴制度的论坛。一开始，车尔尼雪夫斯基就知道这是一场艰苦的战斗，他准备为此付出代价。他在给自己的未婚妻的信中说：

> 从我这方面来说，把另一个人的生活同我自己的结合在一块是卑劣的，可鄙的，因为我不敢确信我能否长久地享受生活与自由。我既然有着这样一种思想倾向，我就应当时时刻刻等待着宪

兵出现,把我押送到彼得堡,关进要塞里面,上帝才知道关多少时候。我在这里所做的事情使我很有被判苦役的危险……

六十年代初期是《同时代人》的收获时期,也是遭到严重迫害的艰苦时期。车尔尼雪夫斯基被说成是"一个吞噬一切的怪物,一个类似马拉或者几乎是彼得堡的纵火者那样的人"。造谣、诽谤、告密……接着来的是沙皇政府的加紧的迫害和摧残:杂志屡次受到当局的警告,随时都有被罚停刊的可能。在不到一个月的时间内,两位经常给杂志撰稿的作家被逮捕了。就在这一年内,车尔尼雪夫斯基的战友杜勃罗留波夫逝世了。第二年(一八六二)沙皇政府逮捕了车尔尼雪夫斯基,没有找到任何的法律根据,就对他作了荒谬的判决。他在被捕以后,受到了粗暴的侮辱,被判处了七年多的苦役,囚禁了二十年以上,而且其中有十一年都是被监禁在可怕的维留依斯克的狱中,这是被称为"世界的边缘"的北方的一个地名,那里是"凄凉、冰天雪地、有八个月长的残酷的冬天统治着的不毛之地"。

苦役、精神上的凌辱、长期的监禁……都没有摧毁他的信念。沙皇政府要他提出呈请赦免的请求书,他断然回答:"我认为我的流放是因为我的脑袋和宪兵长官苏伐洛夫的脑袋的构造不同,难道这也能请求赦免吗?……我肯定地拒绝提出请求。"

一九五二年

二〇六 罗曼·罗兰和他的时代

罗兰是在"两度被征服"的法国生长起来的。

巴黎公社的溃灭和普法战争的战败,使法国的知识分子压在悲观主义的重荷之下,在文学方面造成了自然主义的赫赫声势。其中最有眼光的人,也不过以为"思想可以不需要行动"。最忠实于艺术的人,也不过希望创作"一本描写虚无的书"。最关心生活的人,也不过宣言"为叶子本身而观察叶子,要了解自然就得和自然一样镇静"。最重视科学方法的人,也不过主张"收集、记录所能获得的任何素材"。最有反抗精神的人,也不过被特莱弗事件"激起了一时的爆发"……其余的更是把小市民对于现实的追随代替了现实的表现,以坏感情代替好感情来作为创作的基础。他们驾驭熟练的语言惟妙惟肖地去刻画各种冷淡的形象,利用采访的材料做庸俗社会学的图解,根据纯生物学的方法做心理试验的记录……可是他们却写不出一个平凡的灵魂。

罗兰一开始,就和这种文学潮流对立起来。他要"使英雄再生"!他在第一部"信心的悲剧"中说:"只有爱才能了解别人。"他在第一部"英雄传记"中说:"我们应当鼓起对生命对人类的信仰!"

一九五〇年

二〇七　在孤独中工作

罗兰的青年时代完全牺牲在枯燥乏味的考试上,为了不负家庭亲人的期望,他一步步地通过高等师范学校、学士、研究生……的考试。正当这一切最繁重的工作都做完了、上流社会的大门为他洞开的时候,他却不愿跨进去,而宁肯挑选一条艰苦的道路。甚至连深爱他的老师迦勃里尔·蒙诺也认为他放弃即将获得酬报的教书生活是一种"轻率的举措"。但是他早已决定了永远不做一个"只求成功,企图通过最稳当又最方便的捷径来达到目的的人"。

这样一个默默无闻的青年人，竟准备向整个堕落的文学潮流挑战，自然这不是一件容易的事。敌人的力量是这么强大：占据了全部的出版物，垄断了所有的剧场，阻断了他和读者的一切交通。他的经济又是经常受着威胁，没有一个有力量的朋友。在新闻界、出版界、剧场方面得不到丝毫的同情。虽然他写了一打的剧本，而其中八本竟未能印行，上演的只是少数几个，而且没有演过几晚的，大多只演一次便无声无息地埋没了，除了他那信任的朋友玛尔维达推崇过这些剧本以外，谁也没有提到过一个字。他和几个朋友自己掏腰包办了一个刊物，不登广告，也不领取一文稿费，默默地支持了十五年之久。他预备写出一系列的如历史铜像的英雄传记。就在他们的刊物上发表的《贝多芬传》以及其他几本传记，也被人当做废纸似地忽视了。甚至当他发表了八卷《约翰·克利斯朵夫》以后，他还是默默无闻，没有回声，也没有响应。虽然有好几次，只要他表示妥协就可以得到声名，但他都毫不犹豫地傲然地拒绝了。等到《约翰·克利斯朵夫》的《节场》那一卷发表了以后，他从此永远失掉了巴黎出版界对他的善意。

十年、十五年、二十年……他一直在孤独和寂寞中工作着。他在《约翰·克利斯朵夫》中写下的这句话："他的目的不是成功，是信仰！"为了信仰就不怕失败、不怕受伤，为了洗清积满油垢的艺术界就不怕被冷淡、被打击、被围剿。

他说："世上不是稀稀落落有几颗石子，人类的元气真要丧尽了。"正是他才在巴黎的艺术"节场"中坚持了光明和进步。

一九五〇年

二〇八 "心的光明"

罗兰从开始他的文学活动起,就用了无畏的大勇精神来反抗当时死气沉沉的悲观主义的重荷与冷淡腐朽的自然主义的潮流。他说:"没有伟大的品格,就没有伟大的艺术。"这句话直到今天我们听来仍旧会感到它那沉重的分量。罗兰认为艺术家所不可或缺的是他所珍视的人格力量。他认为思想不能借来,思想必须变成自己的血肉要求,必须化为自己的实践意志,必须建立在自己的人格基础上面。罗兰所说的"伟大人格"并不是一种先验的独立的存在,它是在现实生活里面形成的战斗要求。凭借了它,罗兰才能够承担了血淋淋战斗的考验,踏着铁蒺藜前进。

罗兰说:"我们来到这世上,为的是发挥光辉。"可是,只有伟大人格才能够使作品放出生命之光来。

要有光!太阳的光明是不够的,必须有心的光明……

一九五〇年

二〇九 谈卓别林

卓别林的可爱处,不是他的八字脚、小胡子、细手杖,反之,倒是他的不可笑的一面。

一个伟大的讽刺家,所以伟大,也都因为他们有不可笑的一面。

在笑止步,只是滑稽,不是讽刺。读过果戈理的小说,能够懂得他的"含泪微笑",才能懂得讽刺的价值。

不过,果戈理和卓别林又不完全相同,果戈理是要在不可笑中挖出可笑来。罗士特莱夫叫乞乞科夫摸摸狗的鼻头,乞乞科夫一面摸一面说:"不是平常的鼻子!"这种交际术,世人不觉得可笑,但果戈理说他可笑。糖人一样甜的马尼罗夫,世人也不觉得可笑,但果戈理说他可笑。在平常人所谓合理、崇高、美丽中发现了荒谬、卑鄙、无聊……这就是果戈理的讽刺。

卓别林和果戈理相反,他要在可笑中挖出不可笑。见了人不分贫富一律脱帽行礼,别人说这是愚蠢,卓别林却说是真诚。只懂得爱:爱自然,爱动物,爱人类,爱流浪,不打他的人他都爱,打过了他的人他还是爱,别人说这是傻,卓别林却说这是崇高。用丑代表美,用笑代表泪,用蠢代表真,用傻代表爱,这是卓别林对于世界无可奈何的讽刺。人间本没有绝对真、绝对爱、绝对善,即使有,也只能在一个丑角身上看到。卓别林的悲哀就在这里,所以他说:

> 我把这可怜的小流浪人,这怯弱、不安、挨饿的生物诞生到世上来的时候,原想由他造成一部悲惨的哲学。

踢开功利的算盘,撕下虚伪的面目,才能懂得卓别林的伟大。世故、伶俐、圆滑如珠、到处滚来滚去的聪明人,只有把卓别林当作一个滑稽的小丑,加以无情的讪笑、玩弄甚至迫害。卓别林固然不幸,我们也同样不幸,因为产生这种丑角的世界是悲哀的。幸福的世界,就决不会有卓别林似的丑角,也决不会有嘲笑卓别林的聪明人。

一九四三年

二一〇 女性赞

一九五七年反右斗争是我们社会中的一场大悲剧。这场悲剧是怎样发生的？今后如何避免？这需要总结。只有敢于实事求是纠正过去的缺点和错误，才能不再重蹈覆辙。一个永远具有生命力不断前进的民族是不怕这样做的。

我们都亲身经历了十年内乱的大灾难。也有不少人经历过和影片《天云山传奇》中的罗群相类似的命运，在他们身边同样有着冯晴岚式的女性：母亲、妻子或姊妹。虽然遭遇不尽相同，但她们都和冯晴岚一样，甘愿默默地作出自我牺牲，相信自己的亲人是正直的。记得"四人帮"被粉碎后不久，我读到巴金第一次发表他所翻译的《往事与随想》的几章，其中有这样一段话："没有人（除了女人）敢于表示同情，敢于替那些昨天还同他们握过手、可是在夜里就给逮捕的亲戚、朋友说一句好话。……只有女人不曾参与这种抛弃亲近的人的可耻行为。"这几行文字当时曾使我心情激荡不已。自然，我并不认为在我们这里也只有女性才具有这种可贵的品质，但是确实有不少女性和冯晴岚的行径几乎完全一样。她们要比具有同样品格的男人多得多。这些女性是足以引为我们民族自豪的。

一九八一年

二一一 《鲁迅传》与传记文学

解放后三十年过去了。我们已经积累了足够的资料,写出了许多回忆录、事迹考之类的专文或专著。在资料整理方面,如辑佚、校勘、疏证、注释、考据等等,更是做了大量工作。这都为写作《鲁迅传》提供了有利条件。为什么新的《鲁迅传》偏偏姗姗来迟至今没有人写出来呢?原因恐怕是多方面的。我想其中相当重要的一个原因是和我们文学理论研究的现状有关。在我们文学理论研究领域内,直到目前为止还留下许多空白点,而传记文学这一课题似乎始终没有提到日程上来。在国外,传记文学早已成为专门名家的学问。且不说所谓"拿破仑学"的学者所写出的充塞各国图书馆内的为数众多的拿破仑传,仅以卓别林的传记来说,以我有限的见闻,就不下六七种之多。有卓别林本人写的自传,也有别人为他写的传记。而且写法不同,各有各的侧重面,各有各所选择的角度,很少雷同,都具有自身的特色,例如,二次大战前法国作家菲力普·苏卜根据卓别林在影片中所创造的那个流浪汉所写的《夏洛传》,就是通过卓别林的艺术创造来探讨他的内心世界。这在传记文学中别具一格,被称为"幻想人物传记"。如果我们把国外的各种传记的写法进行比较研究,是有助于丰富传记文学理论的。我国史学在世界素享盛誉。黑格尔曾经说,印度虽以史诗著称,但却是个史学很不发达的古国,在那里年代记载纷乱不全,使人茫然不可测知。他对中国两千年来从未中辍的史书,感到了惊讶并表示了赞美。我国古代史学家以编年体或纪传体来写历史。《史记》中的列传,既是历史,又可以说是早期的传记文学。我以为,对于我国史书中的传记文学更应加以总结，把总结的成果引进到我国传记文学的理论中来。

一九八一年

二一二　鲁迅的曲折历程

从《二心集》开始，鲁迅虔诚地接受了被他认作是党的理论家如瞿秋白等的影响。这一时期，他的不少文字带有特定意义上的遵命文学色彩。例如，他对"第三种人"的批判，对文艺自由的论争，对阶级性的分析以及对大众语和汉字拉丁化的意见等等，都留下了这样的痕迹。

现试举另一例。早期，鲁迅在一九〇七年写的《文化偏至论》中说"布鲁多既杀该撒，昭告市人，其词秩然有条，名分大义，炳如观火；而众之受感，乃不如安东尼指血衣之数言。于是方群推为爱国之伟人，忽见逐于域外。夫誉之者众数也，逐之者又众数也，一瞬息中，变易反复，其无特操不俟言；即观现象，已足知不祥之消息矣"。这分明是排众数的主张。但是，他在一九三四年写的《又是"莎士比亚"》和《"以眼还眼"》，对杜衡援引莎剧《裘力斯·凯撒》所描写的这同一历史事件，却作了完全不同的评价："我就疑心罗马恐怕也曾有过有理性，有明确的利害观念，感情并不被几个煽动家所控制所操纵的群众，但是被驱散，被压制，被杀戮了。莎士比亚似乎没有调查，或者没有想到，但也许是故意抹杀的……"布鲁斯特（布鲁多）不仅在文艺复兴时代，而且也在启蒙运动时代，都被当做推翻专制暴君的英雄加以歌颂。鲁迅在早期也是持这种观点，可是后来他不再提了。上面那些为群众辩护的话，显然是牵强的。它使人感觉到鲁迅担心如果不作一些肯定的评价，会使人丧失对群众的信心，其实这是多余的。在罗马以后十几个世纪，俄国思想家车尔尼雪夫斯基曾这样说到专制时代的俄罗斯："可怜的民族，奴隶的民族，上上下下都是奴隶。"列宁评论这段话说："公开的和暗藏的俄罗斯奴隶是不喜欢回忆这些话的。然而我们却认为这是本着对祖国真正热爱所说的话，是因感慨大俄罗斯民众中间缺少革命性而吐露的爱国热情的话。"就是按照马克思主义的观点也并不一定主张讳言群众的落后性，或者甚而把群众加以理想化。

在这几年中，纵使从鲁迅身上也可以看出当时的某些思想倾向的影响。早年，他经常提到的个性、人道、人的觉醒……在他的文字中消失了。直到他逝世前，才开始超脱左的思潮，显示了不同于《二心集》以来的那种局限性，表现了精神上新的升华。他最后发表的那些文章：《我的第一个师父》、《女吊》、《死》、《凯绥·珂勒惠支版画选集序目》等，写得既沉郁又隽永。

一九八八年

二一三　人格力量与思想力量

鲁迅在二十世纪的黎明期开始了文学活动。像同时代清醒的现实主义者一样，他向旧社会做着百折不挠的战斗，把文学事业和人民解放事业结合在一起。从他入路矿学堂和水师学堂求学时代起，直到他停止了呼吸，人民用表彰他伟大战绩的"民族魂"旗帜覆盖在他的灵榇上止，他始终没有松懈过片刻。这种献身的爱国主义精神，使他一直站在中华民族前列,成了披荆斩棘的革命先驱者。

他经过无数次失败的挫折和痛苦的磨炼,在同辈"有的高升,有的退隐"中,倔强地屹立不动,向"吃人"的旧社会做着韧性的反抗。这是什么力量?倘用他自己的话来解释,就因为在当时,他敢于做一个"失败的英雄,单身鏖战的武人,抚哭叛徒的吊客"。这就是"鲁迅的骨头是最硬的"原因。

他再三告诫人们,要反对那种东倒西歪摇来摆去看风使舵的态度,反对那种故作激烈而又受不住考验的豪言壮语的空谈,反对那种专一冲锋反遭覆灭的无谋之勇的浪漫情绪。在他三十年的文学生涯中,他始终保持了作为一个作家的最可宝贵的品格,而显示了光辉的存在。鲁迅所以有别于那些善变的人物,正因为他的思想力量是以伟大的人格力量作为基础。没有人格印证和血肉融化的思想,那思想也就变得苍白无力。

他在一九一八年发表的《生命的路》,今天读来还使我们感到它的分量。他说:"无论什么黑暗来防范思潮,什么悲惨来袭击社会,什么罪恶来亵渎人道,人类的渴仰完全的潜力,总是踏了这些铁蒺藜向前进。"这是多么雄壮,多么勇敢,多么充满信心!他的热爱一直倾注在那些被侮辱被损害的卑微灵魂身上。即使像《阿Q正传》这篇被人歪曲作者"心里藏着可怕冰块"的讽刺小说,如果我们理解他那"哀其不幸,怒其不争"的基本命意和唤醒昏睡麻木的自觉的企望,那么,无论如何也不能够把"冷嘲"和"滑稽"这种曲解胡说去侮辱作者的。长期以来有一种偏见,以为揭发弊端就是出于心怀恶意。但是要知道,否定必须以肯定作为前提;对于旧的批判得愈深,对于新的则爱之弥切。我们应该这样理解鲁迅,也应该这样理解那些怀着真诚的爱去揭发社会弊端的作家。

鲁迅逝世后，半个世纪过去了。我们纪念他、尊敬他、热爱他，并不因为他是那个被漫画成为"神"的形象，而是因为他是一个在严格意义上的真正的人。他并没有超凡入圣，而是和我们一样的人。不过，他的心怀，他的睿智，是我们难以达到的。他的成就，他的贡献，是我们不可企及的。这使他直到今天还活在我们心中。当我们感到苦闷、彷徨、软弱的时候，我们总会想到他。这时他的形象在我们心中也就更清楚、更生动、更光辉。

一九八六年

二一四 哈姆雷特的犹豫

歌德在《威廉·麦斯脱的学习时代》中援引哈姆雷特的一句话："这是一个颠倒混乱的时代，唉，倒霉的我却要负起重整乾坤的责任"，以为这是理解哈姆雷特行动犹豫迟缓的关键。歌德说："莎士比亚是要表现一个伟大的事业承担在一个不能胜任的人的身上的结果。在我看来，全剧似乎都是由这种看法构成的。就像一棵橡树种在一个贵重的花盆里，而这花盆只能种植可爱的花卉，树根生长，花盆便破碎了。"哈姆雷特所经历的剧变是他毫无准备也无法承受的。突然间，他的父亲被叔父杀害了，母亲嫁给篡夺王位的叔父。过去在他看来显得那样神圣、可爱、纯洁的东西，一下子变得虚伪、阴暗、险恶……他的周围伏着可怕的杀机，处处都要提防脚下的陷阱。在吹笛子这场戏里，当他的两个友人罗森克兰滋与基腾史登奉命打探他的内心隐秘时，他激愤地对这两个叛变他的朋友说："哼！你把我看成了什么东西？你会玩弄我，你自以为摸得到我的心窍；你想要探出我的内心秘密；你会从我的最低音试到我的最高音；可是在这支小小的乐器之中，藏着绝妙的音乐，你却不会使它发出声音来。哼，你以为玩弄我比玩弄一支笛子容易吗？无论你把我叫做什么乐器，我是不让你把我玩弄的。"哈姆雷特在人格尊严受到凌辱时，说出了多么深刻的思想。他并不像世人所说，是一个迟疑不决、优柔寡断的懦怯者。他行动犹豫是因为骤然之间，他经历了一场难以承受的剧变。正如海涅说的，堂吉诃德把风车当作巨人，把娼妓当作贵妇，把傀儡戏当作宫廷典礼；而哈姆雷特却相反，他从巨人身上看出了风车，从贵妇身上看出了娼妓，从宫廷典礼看出了傀儡戏。这使他经历了一场可怕的精神危机，在这场精神危机中，他一下子由幼童变成了成人。

一九五三年

二一五　巴尔扎克的小说情节

巴尔扎克的写作生涯不容许他从容不迫地精心撰构，他像一架写作机器，每天的工作时间都排得满满的，恐怕连构思都是匆忙的，赶时间的。

如果挑剔的话，他在小说中安排的某些情节，就不总是经得起细心读者认真推敲的。例如《邦斯舅舅》中，作者说，邦斯不知道自己收藏的古董在市场上的行价，因为他不上拍卖行。直到庭长太太带着女儿到他家里相亲那一天，他才从浪子勃罗纳那里发现自己的收藏原来是一大笔家财。这里有一个很大的破绽。在此以前，我们从小说中已经读到，邦斯在送给庭长夫人那柄华多绘的扇子时，曾经说出了一大批古董（瓷器、家具、绘画）的行价，甚至连古董商人都要向他求教。我们能想象邦斯天真到连自己的收藏家底的一个大概数目都不清楚吗？还有，邦斯给庭长女儿和勃罗纳作媒，开头是那样一帆风顺，可是眼看大功就要告成的时候，勃罗纳突然提出了独生女问题，于是一下子告吹了。这种急转直下的情节，虽然很能吸引读者，但也是不自然的，这是一般以出其不意取胜的情节小说的通病。不幸，巴尔扎克有时也采取了这种手法。这并不是说出人意料的情节都是坏的。莎士比亚戏剧情节的传奇性就是值得赞美的。在莎士比亚笔下，无论怎样突如其来的情节，都具有充分的说服力，是可信的。读莎士比亚的时候，自然而然地被情节所卷走，不感到它们的离奇曲折，只觉得惊心动魄。而一般情节小说，只是在挑动读者的好奇心，迫使读者只是想知道：下面会发生什么？结局会是怎样的……

一九七六年

二一六　果戈理的讽刺

果戈理的思想是"反动的"么？果戈理是"地主阶级的代言人"么？那些在地狱里挣扎着的"死魂灵"：乞乞科夫、玛尼罗夫、罗士特莱夫、梭巴开维支……存在着果戈理自己的形貌和声音么？这些问题我不想讨论。不过，我相信：倘使果戈理没有以他那纯正的严肃的文学口胃和当时庸俗的腐败的文学潮流挑战的勇气，没有从小地主的自私、褊狭、琐碎中解放出来的清晰目光，没有对人生抱着崇高的理想，那么他就写不出《死魂灵》！就看不到"糖一样甜蜜"的玛尼罗夫的背后躲藏着怎样可怕的悲剧！同时，也就不会对于为所有的"死魂灵"享受着、咀嚼着的生活有所反抗！

果戈理的作品不是反映星光的玻璃，而是显出微生物蠕动的玻璃。你读他的小说，正像读一切好的讽刺小说一样，开头是笑，继之却是眼泪。你只要看看那本果戈理笑得最辛辣的《死魂灵》，你就会知道他对于无聊的、庸俗的、残酷的生活，发出了多么悲壮的袭击。你只要看看那篇果戈理笑得最温柔的《旧式的地主》，你就会知道他是多么向往于那种善良的、纯朴的灵魂，同时又是多么强烈地鞭挞了埋藏在尘封里的灰色人物！这种作品难道是一个没有爱、没有感情，只有冷眼旁观或者违背自己良心的作者所能写得出来的么？

果戈理在《死魂灵》中说道：

> 我要和我的主角携着手，长久地向前走，在全世界，由分明的笑和谁也不知道的不分明的泪，来历览一切壮大活动的人生。

果戈理是自觉地要以他的作品和当时俄国那些无聊的作品站在相反的方向。他不顾批评界的诽谤，不顾读书界习惯了的口胃，抛弃了认为文学是"被装饰了的自然"的陈腐观点，把"下贱的人物"带进文学里。他的《外套》是承继了普希金的《驿站长》的传统。而且把它确定了，发扬了。克鲁泡特金甚至带着夸张的口吻说："自从果戈理以来，每一个俄罗斯的小说家，都可以说是在重复着这部《外套》。"

一九四六年

二一七 《姚尼奇》

契诃夫所写的《姚尼奇》，是表现一个人如何陷在庸俗泥沼中的真实而又可怕的历史。

契诃夫曾经说过:"俄国人是多奇怪的东西!他跟一个筛子一样,什么东西都留不住。年轻的时候,他贪馋得不得了,只要是他碰到的东西,他都抓来填塞他的心灵;过了三十岁以后,这一切都完了,就只剩下一种淡灰色的杂拌儿。"

姚尼奇就是这样一个典型人物。最初我们看到他的时候,他年轻、生动,有朝气,爱自己的工作。可是在那个沉闷和单调的城市里住了几年以后,他胖了,肥了,变得又肿又红,呼吸困难;而且有了一点一点不自觉的染上手的娱乐,就是每天晚上从口袋里掏出许多行医赚得的钞票。当他听到有房子出卖的时候,就毫无礼貌地去看那幢房子,穿过所有的房间,也不顾到那些惊奇地望着他,没有穿好衣服的女人和孩子,用手杖敲着所有的门,说:"这是书房?这是卧房?那间是什么?"看病的时候,他也曾常常用手杖敲打地板喊:"我问你什么就回答什么!别多开口!"

专制统治下死气沉沉的灰色的小市民生活,使他完全变了一个人。开头的时候,姚尼奇也想接近人,找人谈话,可是经验一点点地告诉他,只能跟那些人在一起打牌或者吃一顿。如果跟他们谈到些什么不能吃用的东西,他们立刻就会哑口无言,或者发出愚蠢恶劣的议论,使你只能挥手,离开他们远远的。哪怕跟他们之中最有思想的人,只要说,"人类往前迈进,再过下去,就会用不着护照和死刑。"这时那位居民就会斜着眼睛,满怀猜疑地瞪他,问道:"你是说,那时候大家可以随心所欲地在街上杀人吗?"

在这城市里,被称为最有才能的土尔金一家人,是吸引过姚尼奇的。可是,几年以后,姚尼奇再去拜访他们,发现什么也没有改变,母亲薇拉·约西福夫娜还是在向客人朗诵她自己所作的小说,女儿柯蒂克还是弹奏她的大钢琴,父亲伊凡·彼得罗维奇还是用说不完的俏皮话卖弄他的机智。甚至临别时,伊凡·彼得罗维奇也仍旧对柏娃说:"柏娃,表演一个罢!"不过,这时柏娃已经不是一个腮帮鼓起的十四岁的孩子,而是一个长着胡子的年轻人了。姚尼奇看到他还像从前一样,摆好姿势,一只手往上举着,用悲剧的声调说:"给我死去,不幸的女人!"这个表演现在只有使姚尼奇生气。他发现曾经被自己欣赏过的这一家人,原来竟是这样浅薄和空虚。

这是一个平凡人的生活历史。描写苍蝇、毒蛇,并不可怕,像姚尼奇所过的生活,才真是令人毛骨悚然。

有人说:"安特莱夫叫人恐怖,人不恐怖;契诃夫不叫人恐怖,人反而恐怖。"他深刻地洞察了当时专制社会,通过人人熟悉的平凡的日常生活,揭露了那个畸形社会的矛盾、不合理和无法医治的病症。不理解他的人,以为他的心里藏着可怕的冰块,说他是"用冷血偶然写些事物",说他是"不可救药的悲观主义者"。但世人知道的他并不是真正的他。

他说:"人要活得正派,活得像一个人,就得工作。带着爱和信念去工作。"他又说,可是人们并不这样做,而是拼命地吃喝,喜欢白天睡觉,闭上眼睛就打鼾,简直像狗似的,挨了打就轻轻地叫几声躲到自己的窝里去,得到爱抚就仰面躺在地上,四脚朝天,摇着尾巴……他指出这是可怕的,叫人感到颤栗。

一九五二年

二一八　《海鸥》与新形式

风中的物体会有各式各样的形态：站着的、摇摆的、倒伏的；但有生命力的文学从来都是迎着压力站着的文学！我觉得目前在不少青年作者中所出现的这场意识流热，是和我们过去多年来对西方所形成的闭关锁国的情况密切相关的。同时，是不是有一种避开生活中的尖锐矛盾，认为还是在形式上进行突破比较保险的心理也在无形之中起着作用？过去那些机械的模式和因袭的陈规，压得青年作者喘不过气来，激起他们追求新异，恐怕也是一个重要原因。就后一种情况来说，我除了向青年作者们推荐《约翰·克利斯朵夫》的《节场》之外，还要请青年作者们仔细读一读契诃夫的《海鸥》。这个剧本并不像通常所理解的那样只是单纯地描写恋爱，它也是反映当时俄罗斯文艺界的一幅精致的缩影。上世纪末本世纪初，在俄罗斯艺术领域内也经历了一场追求新形式的热潮。《海鸥》中的特里勃列夫就是投入这场热潮中的一位青年作家。他被抛在穷乡僻壤，默默无闻，但他怀着一颗赤诚的心，真挚热烈地探索形式的创新，企图以此来向周围死气沉沉的艺术界的陈腐空气进行挑战。戏在开始的时候，他的母亲伊琳娜是一个自私、俗气、心地狭窄却在当时戏剧圈子里享有声誉的女演员，和她的情夫特利哥林，一位平庸的却又有些小才气的作家，一起回到乡间来了。特里勃列夫让自己的女友宁娜为他们演出自己新写成的一个剧本。这个剧本的开场是一段独白：

人们、狮子、鹧鸪和苍鹰，长角的鹿、鹅、蜘蛛，住在水里的沉默的鱼,和海星,和眼睛不能看见的一切生灵——一切有生之伦,一切有生之伦,一切有生之伦,既已完成了他们悲哀的循环,都已经寂灭。千年,万年,地球上不曾生出生命,只有这凄惨的月亮在空虚里点着它的明灯。草原上,不再有鹭鸶长啸一声而惊醒,菩提林里,也没有五月甲虫的声音。空虚呀,空虚,空虚;恐怖呀,恐怖,恐怖;寒冷呀,寒冷,寒冷!(稍停)生物的尸骸都已化为灰尘,永恒的物质已将他们变成了岩石、流水和浮云。一切的灵魂全都化为一体,而我,我就是这世界的灵魂……

我不知道契诃夫凭借什么力量,竟像普洛士丕罗挥动一下手中的魔杖,就写出了这段奇异的独白?他是一个忠于自己艺术信念的作家,可是他模拟追求形式创新的表现手法却远远驾凌在当时那些新流派的新作品之上;我们究竟应该怎样来对待特里勃列夫在艺术形式上的这种探索和尝试?他那自私的甚至对自己儿子也嫉妒的母亲,充满了陈腐的偏见,除了已经习惯盖上通行公章的东西之外,把一切新事物都看作异端。她用不屑一顾的轻蔑口吻说:"颓废派。"这三个字一下子就判定了这部作品的死刑。她的情夫,那个平庸的成名作家特利哥林是比她懂得创作甘苦的。他说:"每个人都是按照自己所喜欢所能够的来从事写作。"倘使问我本人对于特里勃列夫写的这段独白怎样看法?我要这样回答:我反对伊琳娜那种一笔抹煞真诚追求艺术新形式的努力。粗暴地去刺痛艺术家的自尊心,使他的人的尊严受到凌辱,那是不尊重人,不关心人的表现。我宁取特利哥林比较通情达理的宽容态度,我也要说,每个人可以采取他自己所喜爱的艺术表现手法,而不应把自己的审美趣味强加于人。不过,我想还是让真诚追求艺术新形式的探索者特里勃列夫自己来发言，也许更能对我们的青年作者有所启发。他在探索的道路上逐渐发觉在艺术形式和表现手法上新的并不一定都好。他对宁娜说："我的剧本那么愚蠢地失败了。我已经把它烧掉，片纸不存。你怎么知道我心里的苦恼啊！"后来，特利哥林从他那里夺去了宁娜的爱，而不久又把她抛弃了，他陷入更大的痛苦中。可是艺术家的良心使他公正地说："特利哥林已经找到他自己的一套手法了，所以他写起来就很容易。对于他，破瓶的颈子在堤上闪光，风磨的巨轮投下一道黑影——那就是月夜的情景。可是，我呢，颤栗的光影，星星们安静地眨着眼睛，远远的地方有钢琴的旋律，在寂静芬芳的空气里渐渐消逝……唉，这真令人苦恼！"由于这种清醒的自省，特里勃列夫对于自己所卷入的那场追求新形式的热潮终于大彻大悟。我们应该牢牢记住紧接上面的反省，他说出的这几句话：

我越来越相信，这并不是新形式和旧形式的问题，要紧的是，一个人写作的时候应该根本不会想到形式，而是它自然地从灵魂里涌了出来的。

这几句话说出了一个经过认真实践的探索者的心声，他曾经在自己的探索过程中呕尽心血，遍尝甘苦，我想这个过来人的告白至少可以作为一种意见供我们的青年作者参考罢。我觉得这几句话也可视为契诃夫本人的文学见解。表现手法并不像有人所理解的那样，是作家可以随便挑选的时装。它和作家的气质、趣味、个性以及感受生活的方式结合在一起。黑格尔在《美学》中提出"形象的表现方式正是作家的感受和知觉的方式"，可以用来说明形式必须自然地从灵魂中涌现出来这句话所包含的深刻意蕴。要知道在上世纪末本世纪初俄罗斯艺术界所出现的追求新形式的热潮中，契诃夫不仅以自己的新型剧作出色地完成了对传统戏剧的巨大变革，而且开启了莫斯科艺术剧院在表演艺术上所作出的卓有成就的突破和创新，为这个新的表演体系铺平了道路。丹钦柯曾经在他的回忆录中说，新表演体系的建立是从契诃夫批评旧剧场"演员们演得太多了"这句话得到最初启示的。所以至今莫斯科艺术剧场的大幕上仍以海鸥为标志，来纪念契诃夫的开创之功。

一九八二年

二一九　生活吸干了他的生命

我很喜欢《万尼亚舅舅》这个剧本。万尼亚一出场就神经质地抱怨着，如同哈姆雷特一样，他几乎总是说着带刺的反话，接着又并非真正恋爱地追求别人的妻子，最后甚至要用手枪打死一位大学教授——"一个领有证书的人物"（这是引用皇家剧院检查剧本的一位官员的话，《万尼亚舅舅》未能在皇家剧院演出就是由于这个缘故。）……这是怎么一种人？怎么一种性格？当我们在第一幕看到大家坐在花园里用茶，空气充满了和平与恬静，有人赞美着天气的优美，这时万尼亚突然说：

　　　　让人上吊的好天气！

在这种情形下，要把作者对于万尼亚的同情，清清楚楚地找出来是可能的吗？同样的，这剧本中的那个大学教授，他有相当的智慧，受过良好的教养，他喜欢谈论着人生的哲学，对人的态度也可以说相当坦白，万尼亚的母亲简直把他当作"英雄"似地崇拜着。在第三幕中，他把大家集拢来，声明他要卖掉他的前妻——万尼亚的姐姐——的田庄。这田庄是万尼亚充满了珍贵的回忆的地方，又是他埋葬了自己的一生的地方……可是教授说明他卖田庄的理由道：

> 我生来就不适合乡村……

一句话就把这位教授的面具揭开了，你越听下去，你就越明白这是一个渺小的、狭窄的、自私的人物。

倘使你明白了万尼亚的那个时代，他的死气沉沉的、灰色的生活环境，他的枯燥、简单而又可怕的生活历史……那么你就会自然而然地从万尼亚的抱怨、嫉妒、怀恨、争吵、反话……这些支离破碎的言语和行动的后面，发现他的真诚、善良、充沛着无处可使的生命力，以及在"广袤而杂乱的俄国的穷乡僻壤悄悄地腐蚀了一生"。枯燥、庸俗、可怕的生活环境，吸干了他的生命，使他变得暴躁、乖戾、怀恨、嫉妒……

在最后一幕，那些无止境的、无聊的争吵已经过去了，老教授赛布雅可夫和他的年轻的妻子叶琳娜离开了，万尼亚舅舅他们似乎恢复了过去的生活，在安静的夜晚工作着，笔在纸上沙沙地写着，蟋蟀唧唧地叫着，温暖、舒适。表面上看，这一切是多么平静！这时，阿斯特罗夫医生走到地图前面：

> 我看，这会儿在非洲那种地方一定还是热得怕人罢？

马雅可夫斯基曾说过,别的剧作家需要用自杀去解释的东西,契诃夫仅仅用这一句话把它表现出来了。

一九五〇年

二二〇　庸俗胜利了

契诃夫在《三姊妹》中,写出了庸俗和虚伪的胜利。娜塔霞和三姊妹的哥哥安得烈结了婚以后,闯进她们的家庭,一步一步地变成家庭的主人。契诃夫没有把娜塔霞写成一个天生的邪恶的性格。这完全是一个有血有肉的人物。可是你愈看下去,就愈感到她的庸俗、虚伪、自私。她的感情愈真实,你就感到她愈可厌。对于孩子的母爱,应该是动人的、使人感动的。可是当娜塔霞向人夸奖自己的孩子时说:"这真不是一般的小婴儿!""真是一个可爱的小宝贝!"你不由得要从心坎里感到厌恶,觉得她的生活的天地是狭窄的,只关心自己的态度是庸俗的。后来,你看到她为了自己的孩子的缘故,竟要伊琳娜让出房间,搬去和俄尔迦一起住,并且禁止假面舞会的举行,粗暴地夺去别人的欢乐;这时,你就会发现她的母爱原来是损害别人的最卑鄙的自私自利。

高尔基在回忆契诃夫的时候说过:"庸俗是他的仇敌;他能够随处发现'庸俗'的霉臭,就是在那些第一眼看来好像是很舒服,并且甚至光辉灿烂的地方,他也能够找出那霉臭来。"娜塔霞的恋爱,她对自己孩子的真情的喜爱,她的管理家务的老练精干,甚至她在腰上束着的有光的绿色带子……都使人闻到庸俗的霉臭。契诃夫之所以有这种"随地发现和暴露'庸俗'的技巧,是只有那些对人生有高的要求的人才能够有的,而且也只能够由那种想看见人成为单纯、美丽、和谐的热烈的愿望产生。在他的身上，'庸俗'遇到了一个严厉而公正的裁判官"。

《三姊妹》的结尾，庸俗和虚伪战胜了，娜塔霞像黑影一样遮没了一切。在娜塔霞的努力下，哥哥安得烈更变得懒惰、麻木、阴郁，他放弃了做一名学者的念头，甚至安心在妻子的情夫名下做一个地方自治会的会员，不准手下人叫他的名字，要叫他"大人"。大姐俄尔迦亲眼看到妹妹们的生活被破坏，但她没有办法伸出援助的手来，"她的胸怀里面连一个抗议庸俗的有生气、有力量的字都没有"。她只有哭泣。当娜塔霞吼骂老奶妈，叫老奶妈滚出去时，她只能说："你刚才待奶妈这么卤莽……对不起，我实在看不惯……我眼里都发黑了……""亲爱的，你要懂得……我们也许受的奇怪的教育；我真受不了。这样的待人我真难受，我要病了……我真绝望！"第二个姊妹玛霞，从表面上看似乎有着怪僻、无恒、刻薄的性格，但这是不幸的生活给她的。实际上，她善良，洋溢着热情，有着天真的崇高的梦想。她和魏尔希宁的恋爱，完全不是一个军官钟情有夫之妇的缠绵的俗套恋爱故事。他们分别的时候，玛霞一个人孤单单地留下来，站在篱垣旁边，正在开拔的军队的军乐声还可以隐约听见，一阵痛哭窒息了她。她不由自主地唱着"海湾里有棵碧绿的橡树"……她充满"生活的渴望和对生活的怨恨"。那个最小的姊妹伊琳娜，在最后更是陷入不幸之中，她是违背了自己的意愿去嫁给男爵屠寻巴赫的，因为这是唯一的办法，至少男爵并不坏，无论如何将来的生活要比眼前有希望。可是连这个也被剥夺去，男爵在决斗中被打死了。

在这样的生活里，娜塔霞征服了一切。庸俗和虚伪战胜了！

一九五〇年

二二一　契诃夫的"小笑话"

契诃夫笔下的许多人物都是我们所熟识的：死去了儿子，找不到人倾吐衷曲，只有和自己的小马去谈心的贫穷的老车夫姚纳（《苦恼》）；思想僵化，以机械死板的规律，去限制并妨害所有人的普利希别夫（《下士普利希别夫》）；照例在打输了牌或闹过酒之后，就要痛骂妻子儿女的家庭暴君日林（《家长》）；发现小时同学做了枢密顾问官，就马上改变口吻，脸上现出一副谄媚的、叫人恶心的恭恭敬敬神气的波尔菲里（《胖子和瘦子》）……这些人物好像生活在我们周围。我们似乎随时随地都可以碰到他们。

契诃夫使我们觉得接近，不仅是由于他在作品里所表现的俄国社会和我们的社会有着类似之处，而且也是由于他在作品中所显示出来的对生活的"高度看法"；用这看法"照亮了它的倦态、它的愚蠢、它的挣扎、它整个的混乱……"

"笑"是契诃夫作品的特点。从开始以契洪特的笔名发表"小笑话"的时代起，他就运用"笑"这个武器，向专制主义战斗。直到他临死以前所写的最后的一个剧本《樱桃园》，始终没有改变。别人把这出戏当作"悲剧"看待，他不承认，并且认真地称它为"通俗笑剧"。

一九五〇年

二二二　《约翰·克利斯朵夫》

……我第一次读到这本书是在四年前。那时的情形我记得很清楚，我一早就起来躲在阴暗的小楼里读着这本英雄的传记，窗外可以看见低沉的灰色云块，天气是寒冷的，但是我忘记了手脚已经冻得麻木，在我眼前展开了一个清明的、温暖的世界，我跟随克利斯朵夫去经历壮阔的战斗，同他一起去翻越崎岖的、艰苦的人生的山脉，我把他当做像普洛米修斯从天上窃取了火来照耀这个黑暗的世间一样的神明。他行动之前并没有预先看到了成功的希望，等有了成功的保障之后再来动手。他不是为了成功，而是为了信仰才去战斗。当我读到这个不谙世故的大孩子用了拙劣的措辞批评狭窄的小城，批评积满了油垢的艺术界，批评盲目庸俗的小市民，而遭受了残酷的嘲笑和玩弄的时候，我为他的不幸的遭遇流下了同情的眼泪。这时他所有的朋友都不见了，最后一股刚强清明的友谊，曾经在艰难时期帮助过他而他此刻极需要的亲爱的高脱弗烈特舅舅，也死掉了，永远不回来了。包围他的只是含有敌意的眼光，这些人希望他陷落下去，变成和他们一样的平庸。可是克利斯朵夫回答道：

> 他们爱把我怎样说、怎样写、怎样想，都由他们罢，他们总不能阻止我保持我的本来面目。他们的艺术、思想与我有什么相干！我统统否认！

这种英雄的心使我得到多少鼓舞啊！那时，上海正统治在敌人手掌下，戒严、封锁、屈辱、思想的压迫使许多人陷入极端的沮丧中。可是当我认识了克利斯朵夫的艰苦的经历之后，我看到他处于这样不幸的境遇中仍旧毫不动摇地趱奔他的途程，始终不放松他的远大的理想，什么都不能阻挠他的果敢的毅力。"在这种榜样之前，谁还有抱怨的权利?"比起他的痛苦,那些小小的苦恼又算得了什么?我相信,克利斯朵夫不但给予了我一个人对于生活的信心,别的青年人得到他那巨人似的手臂的援助,才不致沉沦下去的一定还有很多。凡读了这本书的人就永远不能把克利斯朵夫的影子从心里抹去。当你在真诚和虚伪之间动摇的时候,当你对人生、对艺术的信仰的火焰快要熄灭的时候,当你四面碰壁、心灰意懒、预备向世俗的谎言妥协的时候;你就会自然而然地想到克利斯朵夫,他的影子在你的心里也就显得更光辉、更清楚、更生动……

一九四五年

二二三　早期讽刺文

龚自珍给我们留下的遗产是他的批判性的寓言,它们一直保存着生命和活力。这些寓言的最大特色就是讽刺。在浸透着温柔敦厚诗教传统的封建社会里,讽刺是受到很大歧视的。所谓哀而不伤,怨而不怒,是必须遵守的界限。而且,讽刺也的确惹人反感。瘢夷者恶燧镜,伛曲者恶绠绳,暴露真相的讽刺家往往会招来社会的不满。他在青年时代曾把自己写的诗文就教于前辈王芑孙。王芑孙读了他的作品,写信给他说:"诗中伤时之语,骂座之言,涉目皆是,甚至上关朝廷,下及冠盖,口不择言,动与世忤",劝他"修身慎言,远罪寡过"。王芑孙是过来人,亲身领受过清统治者严密苛细的文化统制政策,深知其中甘苦,所以把自己的沉痛经验告诉他说:"海内高谈之士如仲瞿(王昙)、子居(恽敬)皆颠沛以死。仆素卑近,未至如仲瞿、子居之惊世骇俗,已不为一世所取,坐老荒江老屋中。足下不可不鉴戒,而又纵其心以驾于仲瞿、子居之上乎？"他的外祖父段玉裁对他近于溺爱。他青年时作《明良论》，这位驰名当代的小学大师曾加墨矜宠，甚至在他的文章后面作了这样的批语："吾且耄，犹见此才而死，吾不恨矣！"可见段玉裁当时还是个思想开明的人物。（段玉裁可能受到戴震的影响。戴震曾倡"理不出于欲"说，认为"遏欲之害甚于防川"，抨击了程朱理学的"无欲"、"絜欲"的禁欲主义，积极主张"君子之治天下也，使人各得其情，各遂其欲"，直斥宋儒理学"不知情之至纤微无憾是为理，而其所谓理者，同于酷吏之所谓法。酷吏以法杀人，后儒以理杀人"。段玉裁从戴震那里继承了考据之学，可能在一定程度上也接受了戴震这种思想。）但是，另一方面，段玉裁也为他担心，引万季埜戒方灵皋之言曰："勿读无益之书，勿作无用之文。"嘱告他："努力为名儒，为名臣，勿愿为名士。"虽然他不断地受到亲长、前辈、友人的劝告，虽然他也经过了几度彷徨，他却没有放弃他的写作初衷。他不是昧于世情，逞性孤行的人。他熟悉掌故，懂得文字狱的厉害。（参阅他在当时环境压力下利用最大限度所写的《杭大宗逸事状》。杭大宗即鲁迅称为"认真的考据学者"的杭世骏。乾隆八年，杭世骏在殿试对策中提出"朝廷用人宜泯满汉之见"，几遭大祸，后总算侥幸，赦归故里。杭世骏是杭州人，龚自珍也是杭州人。当时浙江为人文渊薮，杭州人多成文字狱的牺牲者。雍正初发生的汪景祺案和查良嗣案，曾震动全国。雍正七年上谕曾云："朕向来谓浙江风俗浇漓，人怀不逞。如汪景祺、查良嗣之流，皆谤讪悖逆。甚至民间氓庶，亦喜造言生事，皆吕留良之遗害也。"龚自珍在国史馆任职，可以见到累朝朱签及丝纶簿，对于这些情况一定是清楚的。）所以，他那些讽刺诗文采取了寓言的形式，尽量自藏锋芒，故作隐语，读起来往往令人觉得晦涩，难以索解。这也是人们称他"文词俶诡连犿"的原因。

一九七六年

二二四 《京师乐籍说》

龚自珍的《京师乐籍说》是一篇寓意深远的文章。它犀利地揭露了封建统治者钳塞天下游士之术："自非二帝三王之醇备，国家不能无私举动，无阴谋。霸天下之统，其得天下与守天下皆然。老子曰：'法令也者，将以愚民，非以明民。'孔子曰：'民可使由之，不可使知之。'齐民且然。士也者，又四民之聪明喜论议者也。身心闲暇，饱暖无为，则留心古今而好论议。留心古今而好论议，则于祖宗之立法，人主之举动措置，一代之所以为号令者，俱大不便。"于是乃有乐籍之设，以钳塞天下之游士，"使之耗其资财，则谋一身且不暇，无谋人国之心矣。使之耗其日力，则无暇日以读二帝三王之书，又不读史而不知古今矣。使之缠绵歌泣于床笫之间，耗其壮年之雄材伟略，则思乱之志息，而议论图度，上指天下画地之态益息矣。使之春晨秋夜为奁体词赋、游戏不急之言，以耗其才华，则论议军国臧否政事之文章可以毋作矣。如此则民听壹，国事便，而士类之保全者亦众。"但是，这种约束羁縻的阴鸷之术能不能收到效果呢？他的回答是："曰：如是则唐宋明岂无豪杰论国是，掣肘国是，而自取戮者乎？曰：有之。人主之术，或售或不售，人主有苦心奇术，足以牢笼千百中材，而不尽售于一二豪杰，此亦霸者之恨也。吁！"这是一篇声讨封建统治的檄文，写得慷慨激昂，令人展卷方诵，血脉已张。清统治者为了扑灭汉族的民族意识，在文章中提到反满固然绝对不可，就是涉及金元也在严禁之列。所以这篇文章只举唐宋明,而把元剔除在外。清雍正朝虽有罢教坊乐户之谕,但只是装点门面,事实上娼妓仍存在。《平均篇》中就提到了当时有"女子鬻容之肆"。后来,曾国藩在破太平天国后,即下令盛奖勾栏,秦淮河上,笙歌彻旦,便是采取这种手法。了解了当时背景,再来读这篇文章,就不难领会它的迂回曲折笔法所隐寓的深意:说的虽是唐宋明的封建统治者,但也针对了清统治者在内;说的虽仅限于乐籍一事,但也使人一隅三反,由此推断封建统治者是怎样既阴鸷又卑怯地采取禁锢思想的愚民政策。因此它在一定意义上也是一篇寓言。读了这篇寓言后,回过头来再看看他那主张更法的经世致用的文章,什么"与其赠来者以劲改革,孰若自改革",什么"莫如使民不识知则顺我也",显得多么迂腐和保守!

一九七六年

二二五　文如钩锁　义若连环

梁启超《中国近三百年学术史》把龚自珍划为阳湖派,又说阳湖派是"从桐城派转手加以解放"而形成的。这里对于阳湖派与桐城派的渊源关系说得很清楚,二者小异而大同。桐城派宗主唐宋,专用散文。阳湖派泛滥百家,骈散兼赅,但仍跳不出考据、义理、词章合一的窠臼。所以论者多称后者为前者的"旁枝"。不过,梁启超把龚自珍划为阳湖派是不正确的。《龚自珍全集》中有一篇文章题名《识某大令集尾》。龚橙注云:"大令为恽敬。"恽敬是阳湖派开派的代表人物之一。这篇文章对恽敬作了犀利深刻的批判,是一篇写得十分出色的文学批评,像剥笋一样,层层深入,文如钩锁,义若连环。这篇批评一步进一步地揭开这位古文家装饰在自己身上借以炫耀的华彩，使他露出灵魂深处的自负、枯窘、空疏。它开头指出："大令为儒，非能躬行实践，平易质直也。以文章议论笼罩从游士，士慴然。"接着，细致地剖析了这位援引肤末、大言自壮的古文家怎样用种种漂亮借口自圆其说，虽议论日益高超，而思想却越来越混乱：

> 聪明旁溢，姑读佛书，以炫博览。于是假三藏之汪洋恣肆，以沛其文章，文章益自喜。此其第一重心。然而渐闻佛氏之精微，似不尽乎此，恧焉，怯焉，退焉，阻焉，悔焉。此其第二重心。名渐成，齿渐高，从游之士之貌而言儒与貌而言佛者，益附之矣。则益傲慢告人曰："佛未可厚非。"若以佛氏蒙其鉴赏者然，若以其赞佛为佛教增重者然。此其第三重心。有聊窃其（指佛书——引者）旁文剩义，以诘儒书，颇有合者。于是谤儒之平易质直，躬行实践者，曰："聪明莫我及。"又深没其语言文字，讳其所自出，以求他年孔庑之特豚。此其第四重心。如之何而可以讳之也？莫如反攻之，乃猖狂而谤佛。其谤佛也，无以自解其读佛也，于是效宋明诸儒之言曰："不入虎穴，焉得虎子，我昔者读佛，正为今昔之辟佛。"于是并其少年之初心而自诬自谤。此其第五重心。见儒之魁硕而尊严者，则悼而谢之曰："我之始大不正，不敢卒讳。"与前说又歧异。所遇强弱异，故卑亢异。然而又谤儒书，所谤何等也？孔子、孟子之言穷理尽性以至于命之事，《易》、《诗》、《书》、《中庸》之精微，凡与佛似，则谤之曰："儒之言绝不近佛，儒自儒，佛自佛。"如此立言，庶几深没其迹矣。此其第六重心。儒之平易者受谤，儒之精微者又受谤，读儒谤儒，读佛谤佛，两

不见收，复载无可容，其军败，其居失，其口咿嚘（小儿语声——引者），其神沮丧，其名不立，其踝旁皇，如婴儿之号于路，丐夫之僵于野。老矣，理故业，仍以文章家自遁。遁之何如？东一鳞焉，西一爪焉，使后世求之而皆在，或皆不在。此其第七重心。或告之曰："文章虽小道，达可矣，立其诚可矣。"又告之曰："孔子之听讼，无情者不得尽其辞。今子之情何如？"又不应。乃言曰："我优也，言无邮。"（邮，过也——引者）竟效优施之言，以迄于今死。

这篇批评值得注意的地方是它为我们勾画了当时一个古文家的真实面目，他的曲折微妙的心理活动，栩栩如生，活跃纸上，简直可入《儒林外史》。就写法来说，这篇批评也是值得我们注意的。

一九七六年

二二六 汉剧《宇宙锋》

当你看完了这出戏以后，难道你没有被那个善良的、充满智慧的、在柔和里闪耀着刚毅性格的女性形象赵艳容所吸引么？难道你没有被那种封建势力重重压迫下的中国妇女的苦难命运，以及她们向着强权和暴力大胆挑战的壮烈精神鼓舞起来么？

在《灯下修本》一场戏里，陈伯华很真实的表现了赵艳容的复杂心理过程。试想像她这样一个只读"诗书经传"、身居深闺的女性，一旦发现父亲利禄熏心，不惜谋死女婿一家这种卑劣性格，将是受到怎样残酷的打击！这还不够，无耻的父亲又马上要把女儿作为自己进身之阶，献给皇帝去做妃子了。封建社会视为神圣不可侵犯的人伦观念（对父亲的孝道），在赵艳容的眼前，像一座山似的崩溃下来。由于她的坚贞和倔强，要争取做人的权利，就得向父亲作反抗。在慌乱和紧张中她首先想到的是出走，可是被父亲的严厉的责骂："大胆，儿敢违抗圣旨不成！"这句话提醒了。走不成，又不能屈服，终于听从了哑乳娘的指点，用装疯来抵抗。这场装疯的戏是极难表演的，因为在这同一个"疯"的动作里，至少就要做到包含着下面几种成分：在她自己是装疯，又需要是唯恐不像真疯的装疯，在老奸巨猾的父亲看来是似真疯又似假疯，至于观众，则这几种成分都应该能够清楚地看到。

不过，这还不是这场戏的重要部分。要紧的是表达赵艳容的复杂的心理过程。她既然要用装疯来反抗父亲，那么装疯就要装得像，这就必须破釜沉舟，一步紧一步，用奇特的举动，突兀的言语，做自己一向不敢做的事，说自己一向不敢说的话，才能骗过狡诈的父亲。这结果就是把父亲当做自己的儿子和丈夫。虽然她已经看穿了父亲的无耻，引起了强烈的憎恨，企图向他做决绝的反叛，但是她终究是在旧礼教之下长大的，用陈伯华的说法，她"认为这样做是一种罪过"。恨父亲，苦自己，这种复杂的感情，使她不得不一次又一次地把痛苦抑制下去，不得不一次又一次地鼓起勇气来。所以她在反抗父亲的同时，也得反抗自己的软弱、犹豫，以及一时还不容易否定掉的对父亲的孝道观念的残余。因此，在她行动之前就有：犹豫、挣扎以至鼓足了勇气下决心的种种感情，在她行动以后就有：内疚、痛苦以至刚刚卸下重担似的疲乏的种种感情……

在《金殿装疯》的一场戏里，赵艳容由向父亲的反抗，转换到向皇帝的反抗。这是生死存亡的斗争，较之前一场，是更尖锐、更激烈的冲突。她必须有不怕死的决心，但又必须有顽强的生的意志。不怕死而不是找死，争取活而不是苟活。从这个前提出发，这场戏就很难做。走上金殿，她必须表现出：面对着这种从未见过的戒备森严威风凛凛的大场面时，初上阵的紧张情绪，以及迅速镇定下来，好把装疯装到底的决心。她必须表现出：不断地观察、揣摩秦二世的态度，以修正、加强自己的应对方法，以及在这中间流露出随机应变的智慧。她必须表现出：对于自己与丈夫的仇人秦二世的无比愤怒，准备和他决一死战，要痛骂他，可是又必须是疯人的骂，而不能是常人的骂……

可能会有这样的疑问：为什么要选择赵艳容这样一个人物来表现反抗精神呢？难道没有比她更坚强的人物了么？就反抗这一点来看，难道她是典型的么？比赵艳容更坚强的人物当然是有的。赵艳容的反抗，虽然是比较曲折、隐晦地反映了人民对封建统治者的反抗，可是它还是具有典型意义的。尽管它的"声调"不一定是典型的，可是它的"音乐"——赵艳容的反抗精神却是更加突出地显露出来。梅兰芳关于《宇宙锋》有一段话说："这位编剧者的苦心结撰，假设了赵女这样一个女子来反映古代的贵族家庭里的女性遭受残害压迫的情况，比描写一段同样事实而发生在贫苦家庭中的，那暴露的力量，似乎来得更大些。"这是相当有理由的。

一九五三年

二二七　川剧《帝王珠》

这出戏又名《元朝乱》或《铁龙山》。这次演出的只是其中一折。

这出戏的来源和出处，现在已不可考。它绝非根据《元史》是明显的。在川剧中，这是一出"江湖戏"，意即过去每个戏班都能演唱的大路戏。戏的情节是描写元朝宫廷的内部纠葛和冲突。一方面是元英宗之妃杜后，私通朝中重镇——自己的表兄蔡宗华，阴谋毒死英宗，企图再杀两个皇子以篡夺王位；一方面是英宗长子铁木耳，遭晚母杜后陷害被贬铁龙山，听到了父亲被害和两个兄弟又将问斩的消息，赶下山来，劫了法场，救出自己的亲兄弟彝留和杜后之子朔源，杀了杜后和蔡宗华，报了父仇。这样的情节，在别的戏中，的确是很少看到的。

演出的这一折戏大概是全剧的高潮，杜后一上场就集中表现了极复杂的人与人之间的各种矛盾关系，给观众带来一种紧张的气氛。用张德成先生说法，这场戏是"冤家碰头"。

以杜后为中心，铁木耳对她有被贬的前恨以及后来杀父的血海深仇。但是铁木耳对她又不能施行简单的报复，不仅因为一个是母后，一个是千岁，都有着帝王家的身份，而且也受了人伦观念的束缚，存在着怕人指摘的顾虑。另一个矛盾是铁木耳手下大将牛乃成和杜后的关系，因为杜后曾把他的状元勾掉，断送了他的功名。他怀恨在心，难忘前嫌，早存报复之念，这次随铁木耳下山，完全是抱着痛快泄忿的心理。一见面时，他就流露了占上风、操胜算、冷眼旁观的得意神气。还有一个矛盾是杜后与二千岁彝留、三千岁朔源的关系。彝留不是杜后亲生子，且为老王宠爱，亲授国玺，准备把皇位传给他。杜后对他自然有切肤之恨，因为他是实现她阴谋的最大的绊脚石，势在必除。但是彝留性格懦弱，并充满了伦理观念，始终把杜后当母后看待。他面临着自己的哥哥和自己的晚母的尖锐冲突，所感到的不是复仇的快意，而是震惊失措，找不到出路，在缄默的背后隐藏着极其复杂的心境，陷入惶惑和苦恼。至于三千岁朔源是杜后的亲生子，但是他把杜后和铁木耳一律看待，谁能够满足他那低级的本能和幼稚的愿望他就倒向谁。所以，他可以听从杜后和蔡宗华指示，在药酒中下毒谋死父王，他也可以在母亲仇人面前揭露母亲私通的丑事，使他们获得人证，把自己变成母亲的刽子手。

这出戏在处理三个皇子时，是赋予了三种不同的性格。一个是"躁"，一个是"弱"，一个是"浮"。铁木耳回宫见到杜后以后，所以没有马上动手，是由于他存在怕人指摘的顾虑。他几次都几乎沉不住气，准备拔剑杀杜后。至于他无法抑制自己的怒气，在槐树上砍了三刀来发泄，就更明显地说明了成为他性格特点的这个"躁"字。

杜后一出场，就给人一种剑拔弩张的紧张气氛，因为这时她处于情急的局势，感情不得不冲动，神经不得不紧张，这是一个箭上弦、刀出鞘的场面，四面都是仇人，到处都伏着危机，她的"谋已败，爱已失，丑已露"。处在这样的境地，她自然表现出沸腾的感情，突兀的举动，激烈的言语。她是全场人物的矛盾焦点。照理说，铁木耳下山劫了法场，救出兄弟，捉住蔡宗华四粉面，率领人马回到朝廷，这已是结局了。正像走棋，到了这时，胜败已分，大局已定。但全剧的高潮，却在后面的杜后上场才真正开始。杜后一出现，就已经立于必败之地，但在她出场的短短时间内，表现了相当复杂的心理过程。开头她惊惶失措，以急促的步子闯进宫来，见了铁木耳，两人之间就爆发了针锋相对的问答。这是互不相让的唇枪舌剑，都想压制对方，因此也都用了急促的口吻。从这里开始，形势就一步紧一步，矛盾就越来越尖锐。杜后原来还想用老王赐她的金马鞭来镇压，作孤注一掷的困兽之斗，但众人对她已毫无尊敬之心，连成为朝廷大法的金马鞭也没有一点作用了。接着,铁木耳从朔源口里拿到证据,命令将蔡宗华推出问斩。这时,杜后已是怒气填膺,到了爆炸的地步。她去抓铁木耳的领口,一方面有这样的唱词:"是好的把娘来杀了。"一方面用"碰攒头"的身段,表示她遭受了重重的打击,快要急疯了的心理状态。待到三军鼓噪起来,甚至连被她卑视的牛乃成都直斥她为贱人,使她感到最大的羞辱。但是这是一刹那的感情,接着是尖锐的转折,形势急转直下。她完全豁了出去,扯破脸不要:别人笑,她也笑,别人说她卖妖娆,她就卖妖娆;采取了放泼耍赖的手段。她究竟是母后的身份,在她的放泼耍赖之中,含有莫大的恨意。这使铁木耳也感到了棘手,终于暗示牛乃成把杜后杀死了。全剧就在这里结束。

这出戏是描写宫廷内部的纠葛与冲突的。很明显,这出戏的编写者对于杜后、朔源以及以蔡宗华四粉面,并不寄予同情。另一方面,我觉得就是对于铁木耳,也不是采取了肯定的态度。据扮演铁木耳的曾荣华告诉我,《帝王珠》的原本,是把铁木耳与杜后之间写成有过暧昧关系的,但后来的演出把这一情节删除了。我觉得这一改变是很值得研究的。如果铁木耳与杜后之间是发生过暧昧关系的,那么就不仅仅给观众看到他的报父仇、除奸佞、扶王室这一面,并且也会通过这些冠冕堂皇的举动,看到他的性格中还潜伏着阴鸷狠毒的若干成分。正由于没有一个值得赞扬的人物,才赋予《帝王珠》这出戏以一定的特点。

一九五四年

二二八　秦腔《赵氏孤儿》

陕西省戏曲演出团演出的《赵氏孤儿》是根据秦腔旧本改编的,

其中特别突出了程婴这个人物。

　　杀身成仁，舍生取义，已经令人可歌可泣。可是在这出戏里并不以此作为悲壮的极致。程婴所经历的磨难比杀身舍命还要可怕，他所表现的勇气也比杀身舍命还要坚强。这一点，司马迁在《史记》中为程婴作传时已有所阐发。程婴向屠岸贾伪装"出首"这场戏，真是使人为之情绪激荡。为了坚毅地完成自己所负的庄严使命，他必须在仇人面前俯首帖耳，忍受难以忍受的屈辱。这还不够，他偏偏在公堂上碰见了同谋救孤的卜凤。在这种场合下，他的忍辱含垢的图谋，他的舍子救孤的隐痛，怎么能够让卜凤明白？而他又是多么希望卜凤能够理解他！这时，他需要以多大的刚毅来忍受卜凤的鄙视？这里还不仅是他痛惜自己在卜凤眼中变成了卖身投靠的无耻小人的问题，他不得不想到：卜凤用了这么多心血，忍受了这么多的苦难，眼看就要就义，可是突然发现功亏一篑，一切全白费了，她能死而瞑目吗？卜凤扑过去在他手膀上狠狠地咬了一口，更把这种强烈的情绪推到了高峰。观众看到这里，心上真像压有千钧之力。

　　"会见韩厥"更是一场令人为之动容、为之心摇的戏。这时，程婴已是须发皓白的老人了。可是他的眉宇之间所流露出来的忠心不泯浩气长存的英雄气概，却是使人爱、使人敬的。这两个老英雄的会见已经预示光明在望、暴风雨将临的前奏。十五年来忍辱含垢的苦难岁月就要结束了。忠良吐气巨憝落网的一天就要到来了。可是最后的胜利还要经过一些曲折的历程才能达到。开头的时候，这场千钧系于一发的会见，对于程婴来说，并不是完全有把握的。他能否实现多年来一直肩负着的历史使命，全在于窥探韩厥是否仍有昔日的忠良初衷。另一方面，韩厥自然是鄙视他、痛恨他的。当程婴离开了朝夕与共的黑暗的屠府地狱，一旦见到了韩厥这样一位值得尊敬的人物的时候，他的心情真像拨云见日一般轻快、舒畅。可是韩厥挖苦他是屠府的得意门客，假意和他周旋之后，他不得不收敛了内心的欢乐，静观韩厥的动态。接着，更进一步，韩厥刻毒地要他卖官鬻爵，向屠岸贾说项。正当他来不及辨别真伪而感到惶惑的时候，韩厥突然一翻脸，叫家人出来把他按倒在地重重地责打。这一场"责打"真可以说是精心之作。观众到了这时不得不把自己的感情交出来，听凭剧情的摆布。尤其是责打结束，苍苍年迈的程婴趴在地上，昂起了头，从内心深处迸发出几声软弱而又欢畅的"笑"来，真可以撼天地、泣鬼神。在这动人心魄感人肺腑的笑声中间，我们的眼前出现了一个光辉的英雄形象。他为了拯救忠良，惩罚奸佞，竟达到了这样一种忘我之境。对于他来说，一切精神上的磨难和肉体上的苦楚全是渺小的，只有正义的事业是伟大的！

一九五九年

二二九 《芙蓉镇》的不足

我很赞佩谢晋把表现十年浩劫的《芙蓉镇》搬上银幕的胆识。他那严肃认真工作的态度应该赢得人们的尊敬。但我也愿把他作为一位可以交换意见的朋友，提一提我对他导演的这部片子所感到的不足之处。

我觉得那些使人憎恶的造反派是被作为传统的所谓反面人物来处理的。一旦诗人的愤怒偏离了生活的河床，无边无际地蔓延开来，就会失去明智的头脑、清晰的目光和自制的能力。我对于这部经过导演精心摄制的作品感到不满足，主要是因为它并没有揭示"文革"运动整个民族灾难的内在深层意义。造反派的横行霸道，肉体上的摧残，人格上的凌辱，自然都是事实。但仅仅表现这些，还是表面现象。这场浩劫在于煽起了人类的恶劣情欲，使它们像病菌一样侵入人们的躯体。这些毒菌咬噬着原本健康的血肉，使人形销骨枯，变成可怕的畸形。这一切是在人的精神领域内进行的，所以实质上也就是对于人性的扭曲，使人经历毛骨悚然的自我异化。我感到惋惜的是我们的导演似乎把自己的注意力主要放到外在方面，意图使观众触目惊心，或者是以相当陈旧的手法，由作者直接去宣泄去说教，以取得解恨泄愤之效。这恐怕就是这部片子不能摆脱好人坏人模式的一个重要原因。我申明过，我并不是说天下不分好人坏人。黑格尔曾经有个重要的美学原理，就是每一个人都有可辩护的理由。纵使是《奥赛罗》中的坏蛋埃古，尽管他那作恶的动机是那样扑朔迷离，令人难以索解，但他也绝不是单纯地为恶而恶。作恶可以是由于天性，但把天性作为作恶的唯一原因，那就太简单了。不要把坏人作为抽象道德的象征，或简化为烘托美德的陪衬。他同样是有血有肉的人，虽然他玷污了人这个称号。每一个人的所作所为都有许多有待我们去分析的原因和理由。我们的影片在处理人物时，作者的意图太鲜明、太直露。

一九八七年

附 录

《思辨短简》序

　　《思辨短简》是从过去文章中选出的片断，其中也包括若干未发表过的札记。前者在选入时大抵经过一些修改，但只限于文字的增删与润色，在思想内容上未作任何改动。

　　这些片断或阐述某一观点，或记述某一学案，均可独立成章。范围涉及思想、人物、历史、哲学、美学、鉴赏、考据、训诂乃至译文校订等。目前书籍中采取这种形式的尚不多，但在以前却是相当普遍的著书方法。我国传统有以笔记体所写的理论文字，如沈括《梦溪笔谈》、王应麟《困学纪闻》、顾亭林《日知录》、王念孙《读书杂志》等。除此之外，前人还往往从浩繁的卷帙中摘出旨要，汇编成集，或名为某某著作精华，或名为某某著作削繁。《思辨短简》虽不敢妄自比附前贤，但删繁就简以便浏览的目的却是相同的。这样做只是希望本书可以较广泛地传播我多年积累下来尚可供读者参考的一些知识性与理论性的文字。

本书既然经过我以今天的水平进行沙汰，自然不能表现我的思想历程，更无法代表我的思想全貌。我曾经陷入过机械论，发表过片面过激的意见，凡此种种，本书均未采入。因此倘要评价我，则应根据我那些未经删选的文集或文章。不过，差堪告慰的是不管我走过怎样崎岖的道路，我写作时是从自己的信念出发的。我有过犹豫和彷徨，但没有作过违心之论。当时对某些文艺观点以至某些政治观点的信念，今天看来，有些是幼稚的理想主义，有些则是近于自欺的愚忱，但当时我却真的相信它们。当它们和实际冲突，在我心中激起剧烈矛盾时，我曾先后有两次濒临思想崩溃的边缘，发生了精神危机。一次在一九五五年隔离时期，一次在"文革"中。这两次都在释放回家后经过精神科医生的治疗，才逐渐恢复。这些可怕的往事，我想留待将来写回忆录时再如实记载下来，作为一个中国知识分子的苦难历程留给后人。

我曾说："理论的生命在于勇敢和真诚。"对此，虽然我还有较大的差距，在荆棘丛生的理论道路上一再蹉跌，但我没有放弃自己的向往和努力。一千多年前，鸠摩罗什作为一个异邦人来到中土，他以宗教的虔诚传译梵典，自称未作妄语，死后舌不焦烂。我觉得这种对待自己事业的精神，至今仍值得效法。

我原拟为本书题名《文史辨》，后经编辑部一老友提出意见，认为在这样的时刻取这样的书名，恐怕在推销征订上有问题。他建议取思辨二字。（短简是我拟定的，取其每篇均是短章之意。）我同意了这位朋友的意见。但这里要说一下，虽然有一时期我曾倾倒于黑格尔，但本书取名并不含有推重思辨哲学之意。思辨一词具有某些歧义。中世纪曾有思辨语法（speculative grammar）之名。据《大不列颠百科全书》（十五版简编）称，"思辨"这一词语并非取其现代涵义，而用其拉丁语源 speclum（镜子）之意，以说明语言反映潜在于物质世界的实质。我觉得这比《礼记》中所谓学问思辨的"慎思之"、"明辨之"的释义较为惬恰。我以"思辨"两字为书名，不过是表示我在思想辨析方面企图发掘较深层的某些意蕴而已。

　　这篇后记是我在参加五十三届国际笔会时，住在比利时边境一个小镇兰纳根（Lanaken）的旅舍中偷闲写出的。老实说，我对笔会兴趣不大，当时推辞不掉，才勉强赴会。好在这类会议并不需要天天到会。我十分喜爱兰纳根这个具有欧洲田园风味的小镇。它一直保持着乡间的恬静，绿草成茵。旅舍附近还有一片小森林，在葱郁的浓荫中隐现出远方的一座古堡遗迹。住在兰纳根的几天，我早晚都去森林中散步，呼吸着带有潮湿泥土气息的新鲜空气。这篇后记中的一大部分就是在散步中构思，回到旅舍后断断续续写下来的。……

一九八九年五月十一日记于兰纳根

《思辨发微》序

本书原名《思辨短简》。编者要我换一个书名,我本来打算用《海上短简》,但是承义认为这个名字不好,现在就用他建议的《思辨发微》作为书名。

书中收有一些辩难文字,不论对方是相识或不相识的,我们之间的争论,并不含有学术以外的动机。自然我也碰到过恶意的攻击,曲笔构陷,捏造罪名,但这已不属于理论研讨的范围。我感到庆幸的是,我的对方也往往持同样学术民主的立场,并不以我的驳诘为忤。我曾对《中国意识危机》的作者林毓生教授提过反对意见,在我们经过比较激烈的争论后,他成了我所敬重的朋友,虽然我们的意见并未达到一致。心灵的相契有时比观点上的分歧更为重要。我很佩服青年友人学勤的远见卓识,他在为《传统与反传统》所写的书评中,就预告了我和那位后来结识的友人在精神上的接近,而那时我并不同意他这种说法。我深深服膺十力先生所言:不萌自足之念和不挟标榜之私的学风。他曾特别揭出"虚己服善"这四个字,以为亭林、船山诸老遗范可师。十力先生的放达性格最易被人误解,以为他是那种意图一手推倒天下豪杰的妄自尊大者。可是读了上面那些话,谁还能这样去看待他呢?他是一个很会读书的人,常以自己的至情与作者精神相冥会。如他读庄,曾就《天下》所叙,称惠施应黄缭之间,遍及万物而不休,乃是一大科学家。他看出庄子描写惠子博学之神趣是极详尽、极生动的。又称,庄子责惠施的逐物之学,只在其不知反己,而并不在其所阐发的科学思想。这实是高远之见,为肤学者所不能道。我尤其赞赏他论庄惠关系的几句话:"二人学术不同,卒成至友,博学知服,后人无此懿德也。"的确,学术界似乎尚缺乏这种气量与风度。我谨记这几句话,为的是鞭策自己不忘涤除逞强好胜之风。十力先生于一九五九年出版的《明心篇》,对孟子不无微词,曾遭非议,迄今未息。我不想为他的以大同反小康思想作辩解,但我认为他把孟子所主张的以圣王治天下称为"谬想",是含有反对专制主义深意的。孟有胜于孔处,也有不及孔处。孔子有攻乎异端之说,但他毕竟主张和而不同,这就比孟子不息不著的激切说法显得宽容了。

这里,我要订正本书中一个错误观点。过去我相信黑格尔说的人性恶要比人性善深刻得多,我对荀子的"善者伪也"作了肯定评价。可是近年来当我进行自我反思时,也对黑格尔作了再认识。我对他的上述说法感到怀疑。一九七六年我的《韩非论稿》,只说韩非继承了申商衣钵,发扬了韩国重术的传统,而认为他与荀子性恶论殊少关系。其实,他不过是把荀子的性恶论发展到极端罢了。荀子认为人性恶可以通过外在力量加以改造,可是韩非不这样看。从逻辑的彻底性来说,韩非是对的。种子可以长出植物,石头却长不出植物,倘使人性中没有潜在的善的基因,不管强制性的外在力量多大,化恶为善是不可能的。所以韩非认为只有利用人的利赏恶罚的自为心,才可令其听命就范。这种性恶论自然不会相信人、尊重人,因为照他们看,人是丑恶的,自私的,卑贱的。过去我只对韩非的法、术、势深感反感,一旦我弄清楚了性恶论的实质,我不禁对这种惨刻理论感到毛骨悚然。它给天下苍生带来多少苦难!我始终怀着人是神圣的信念。我相信罗曼·罗兰说的心的光明。我发现我国传统文化观念中也有几乎是同样的说法,这就是本心所具有的"明几"。《船山遗书》曾抨击王阳明的格物致知为"孤明",意谓王阳明所说的良知只是空洞的知,而没有情和意的参与。这种批评是否中肯这里且不讨论。我觉得王船山认为知、情、意必须结合在一起的说法是十分重要的见解。过去中国知识分子大都把自己的人格力量和艺术良心渗透到治学中去。陈寅恪为王国维作纪念碑铭提到独立思想、自由精神就是一例。而陈寅恪本人则更多的具有这种精神。

人的尊严是不可侮的。青年时代,我在一本通俗小册子里读到伽利略的事迹,我一直记得伽利略创地动说受到教廷审判宣告自己错误的情景,当这一切完毕以后,他怀着屈辱站起来说:"可是地球还是动着的!"至今我一想到这事,我的心仍会感到战栗。思想是古怪的东西。思想不能强迫别人接受,思想也不是暴力可以摧毁的。

本书自过去的文章撷取的片断,就时间来说,从一九四〇到一九九〇年,已跨越半个世纪。我感到遗憾的是,由于境遇,也由于疏怠,我没有把想写的都写下来。年轻时,我喜欢过一位如今似乎永沉忘川再也不被人提到的俄国作家安特莱夫。他曾被责为阴冷、灰暗、病态。我以为这不是误会就是曲解。我但愿有机会能为他的《红笑》、《往星中》、《大学教授》、《狗的跳舞》这些为我的年轻心灵拥有过的作品说几句话。我也喜欢过英国的费尔丁。他不像狄更司那样多产,那样获得读者的爱戴。他的作品少,读者也少。但如果把他的《约瑟·安德路传》和狄更司的《匹克威克外传》放在一起要我选择,我会更倾向前者。费尔丁在书的扉页上书明"拟堂吉诃德",如果不是他亲自写下这句话,别人是很难察觉它们之间的渊源关系的。狄更司的书我也爱读,他不但有才气,还有一颗仁慈的心。可是他的匹克威克太像亚当了。我可以举出这两部书有着像家族血缘所形成的那种类似的地方。

自然，至今仍使我倾心的是本书中或多或少涉及过的莎士比亚、契诃夫、罗曼·罗兰，虽然后面这位作者在他本国或国外已经被人越来越淡忘了。然而我一想到他，仍感到温暖。他的约翰·克利斯朵夫曾经在我度过漫长艰难岁月中给我以勇气。我不能一一列举我喜爱的外国作家的名字。但如果我不提一提司汤达，我会感到负疚的。这位赋有非凡才禀的作家，在他生前默默无闻，他预告一百年后会被人们理解。果然本世纪五十年代，他的作品像旋风般地风靡世界，可是令人感叹的是，冥冥之中似乎有什么力量在左右作家艺术命运的升降。不久，他在光芒四射之后，又隐没在黑暗中了。我愿意说，他在我心目中的地位，超越了当时不懂得他而对他采取漠视态度的雨果。我不禁反问自己：为什么今天的读者很多人读雨果的书而不知道有个司汤达呢？（正如在白朗底姊妹中选取了夏洛特的《简爱》而将艾密莱的《呼啸山庄》弃置不顾？）是我抱残守阙？还是艺术感觉渐渐迟钝或者变异了？我不能回答，由将来去判断吧。在这里，我唤起青年时代的记忆，让那些曾经使我迷醉的艺术精灵在眼前再生。我早就由文学转入另一个领域，已经长久不谈，以后恐怕也不一定有机会谈到他们了。不管时间的无情浪潮使他们会有怎样的升降浮沉，我是不忘记他们的。

这篇序是我在广东沿海的一个小村落里写的。这地方名叫白藤湖，距离斗门县府所在的井岸镇有数里之遥。它正在开发为一个旅游点，目前还是一个人烟稀少的偏僻处所。我在这里过着离群索居的生活已快三个月了，虽然寂寞，但我很喜欢这片幽静土地的美丽风光。我的窗外可以看到平静的湖水映照着蓝天上缓缓游动的白色云朵，永远是那样安详和恬静，即使微风徐徐拂过湖面，吹起细细的波纹悠然荡漾着的时候,也给人带来了一片和平,使我去掉浮嚣,在大自然中变得像它一样宁静……

一九九二年二月于烟雨濛濛的白藤湖

图书在版编目(CIP)数据

思辨随笔 / 王元化著. — 上海：上海书店出版社，2023.1
(王元化著作集)
ISBN 978-7-5458-2229-8

Ⅰ.①思… Ⅱ.①王… Ⅲ.①社会科学—文集 Ⅳ.①C53

中国版本图书馆CIP数据核字(2022)第189552号

统筹策划 杨英姿
责任编辑 邹　烨
封面设计 胡斌工作室

思辨随笔
王元化 著

出　　版	上海书店出版社
	(201101　上海市闵行区号景路159弄C座)
发　　行	上海人民出版社发行中心
印　　刷	苏州市越洋印刷有限公司
开　　本	890 × 1240　1/32
印　　张	12.125
字　　数	260,000
插　　页	2
版　　次	2023年1月第1版
印　　次	2023年1月第1次印刷

ISBN 978-7-5458-2229-8/C·37
定　价　88.00元